第12版

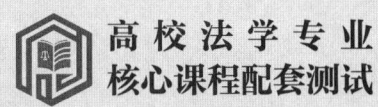
高校法学专业
核心课程配套测试

中国法制史配套测试

解 析

教学辅导中心 / 组编 编委会主任 / 赵晶

编审人员

赵 晶 王子潇 程 实 潘弋珂

中国法治出版社
CHINA LEGAL PUBLISHING HOUSE

目　录

第一章　中国法律文明的起源与夏商法律制度 ……………………………………… 1
第二章　两周法律制度 ………………………………………………………………… 6
第三章　秦朝法律制度 ………………………………………………………………… 22
第四章　汉朝法律制度 ………………………………………………………………… 31
第五章　魏晋南北朝时期的法律制度 ………………………………………………… 42
第六章　隋唐法律制度 ………………………………………………………………… 49
第七章　宋、辽、西夏、金法律制度 ………………………………………………… 61
第八章　元朝法律制度 ………………………………………………………………… 67
第九章　明朝法律制度 ………………………………………………………………… 69
第十章　清朝法律制度（上） ………………………………………………………… 76
第十一章　清朝法律制度（下） ……………………………………………………… 83
第十二章　中华民国时期法律制度 …………………………………………………… 90
第十三章　革命根据地新民主主义法律制度 ………………………………………… 101
综合测试题一 …………………………………………………………………………… 108
综合测试题二 …………………………………………………………………………… 112

第一章 中国法律文明的起源与夏商法律制度

单项选择题

1. 答案： A。赎刑是一种刑罚执行的变通方法，即允许受刑人拿出一定的金钱或物品折抵刑罚。赎刑制度在夏朝即已存在，到西周时期，被广泛使用。

2. 答案： A。《礼记》记载，夏有"大理"，主掌审判。

3. 答案： B。《尚书》记载，国家事务为"八政"，即"八政：一曰食，二曰货，三曰祀，四曰司空，五曰司徒，六曰司寇，七曰宾，八曰师"。

4. 答案： B。《墨子》记载："昔者傅说居北海之洲，圜土之上。"

5. 答案： A。商朝继续沿用不孝、违命等罪名，同时亦有新的创设，如《礼记·王制》记载商有"乱政"和"疑众"等罪："析言破律，乱名改作，执左道以乱政，杀；作淫声异服、奇技奇器以疑众，杀；行伪而坚，言伪而辩，学非而博，顺非而泽以疑众，杀；假于鬼神、时日、卜筮以疑众，杀。""析言破律"意思为凡事断章取义、曲解法律。"行伪而坚"的意思是做错了事情不认错还固执己见。"作淫声异服"的意思是制作靡靡之音、奇装异服、怪诞之技、奇异之器而蛊惑民心。"假于鬼神、时日、卜筮"的意思是假借鬼神的名义，经常用蓍草占卜的迷信举动来蛊惑民众。故，A项属于乱政；BCD三项属于疑众。

多项选择题

1. 答案： ABCD。基于生产力的提高、私有观念的发展、对外征战的扩张、对内治理需要、部落长老的扩权，为适应生产、生活以及进一步扩张的需要，特别是为了保护部落管理集团利益，部落联盟机构不断完善、调整，强制管理功能逐步固定、强化，国家的雏形渐次显现。

2. 答案： AB。《礼记》记载："殷人尊神，率民以事神，先鬼而后礼，先罚而后赏，尊而不亲。"

3. 答案： ABD。《尚书》记载："苗民弗用灵，制以刑，惟作五虐之刑曰法。杀戮无辜，爰始淫为劓、刵、椓、黥，越兹丽刑并制，罔差有辞。"八虐制度的原型是隋唐十恶制度，因此不选C项。

4. 答案： AD。《汉书》叙述："大刑用甲兵，其次用斧钺；中刑用刀锯，其次用钻笮（凿）；薄刑用鞭扑。大者陈诸原野，小者致之市朝。"

名词解释

1. 答案： 氏族习惯是法的胚胎形式，法的起源实际上是氏族习惯向奴隶制习惯法的质变过程。它是指氏族社会调整社会关系的共同规范，它产生在原始公有制的基础上，是协调社会纠纷、约束人们共同劳动以及平均分配的共同准则。

2. 答案： 习惯法是奴隶制国家法律的主要表现形式。据文献记载和考古发掘证实，夏代已经产生了奴隶制国家和体现奴隶主阶级意志的习惯法。夏代统治集团将传袭已久的原始习惯加以筛选补充，变为体现统治阶级意志的习惯法。夏代习惯法统治方式，是中国阶级社会诞生以来最早出现的最为简陋的统治方式，这种统治方式的落后性，是由生产力水平低下以及立法技术落后所决定的。

3. 答案： 夏王朝一建立，统治者便把礼摆到重要位置，无论是在民事法律关系方面还是在婚姻家庭关系方面，礼都起到了民事规范的实际调整作用。夏礼是体现国家意志的行为规范，它源于氏族社会的"礼"，在夏代奴隶制国家中被改造赋予了阶级属性和法律效力，

4. **答案**："与其杀不辜，宁失不经"载于《尚书·大禹谟》，是夏代奴隶制社会出于标榜"慎刑"的考虑而实行的刑事处罚的原则之一，意思是宁可不按常法审案，也不能错杀无辜。这一原则的实施，对商、周乃至整个封建后世都产生了重要影响。

5. **答案**：中国自夏商以来的正刑名称，分为旧五刑、新五刑。旧五刑是指夏商以来的墨、劓、刖、宫、大辟，新五刑是指经汉代等改革，至隋唐所确定的笞、杖、徒、流、死。

6. **答案**：誓是夏代法律形式的一种。它是夏代君主在战争期间发布的紧急军事命令，是调整战时军队内部关系的法律，对全体从征人员都有约束力。正如《尚书·甘誓》所载，夏启在平息有扈氏叛乱时，曾于甘地发"誓"，以此约束全体从征人员。

7. **答案**："圜土"是夏商周三代监狱的通称。"圜土"是用土筑成的圆形监狱，或在地上围起圆墙构成，或者在地下挖成圆形的大牢。"圜土"除监禁未决犯外，还关押已决犯并监督其劳役。那些有所谓"害人"行为的人，被关在"圜土"中强制劳动，并受到刑罚。能悔改从善者，重罪三年放出，中罪两年放出，轻罪一年放出。但放出的三年内仍不得列为平民；如果不改过自新乃至逃亡者，就将其处以死刑。

8. **答案**："王权神授"是商代的立法思想之一。商代统治者把奴隶主贵族对人世间的法律统治神化为"秉承天意"，以使奴隶制国家的统治合法化、神权化，并赋予商王这一奴隶主阶级总代表神圣不可侵犯的权威地位。这种宣传不仅使王权专制披上了宗教神学色彩，而且可以借此大肆欺骗愚弄被压迫的劳动群众。

9. **答案**："天讨"与"天罚"是商代的立法思想之一。这种理论是由"君权神授"的理论发展而来。商代统治者为证明其刑杀和讨伐活动的合理性，将他们在人世间的用刑诡称为"奉天行罚"与"替天讨罪"。这种神话宣传具有相当的欺骗性，它为商代统治者掩饰其刑事镇压的残酷性，以及为加强法律制度的威慑力提供了法律依据。

10. **答案**：车服之令是指商代用来区别身份等级的礼仪法令。商汤为区别尊卑贵贱而颁布的命令，在任命官吏和罢黜官吏的车马服饰上作了区别性的规定。这表明商代已经存在区别身份等级的制度。

11. **答案**：司寇是商代中央最高审判机构，它的长官也叫司寇，它与其他五个中央最高机构并称为六卿。对于重大案件的审理，司寇必须奏请商王，商王掌握生杀予夺和诉讼胜负的决定权。

12. **答案**："附从轻""赦从重"体现了商代对疑难案件的审理持慎重的态度。主张审判依据事实，有犯意无实据，不认为是犯罪。在量刑时，可重可轻者，主张从轻。可宽可严时，主张从宽。

13. **答案**："昏、墨、贼，杀"，是《左传》所引《夏书》的表述。叔向解释："己恶而掠美为昏，贪以败官为墨，杀人不忌为贼。"也就是说，"昏"是盗抢之罪，"墨"是贪污之罪，"贼"是杀人之罪，三罪的对应刑罚是"杀"，即判处死刑。

14. **答案**：大辟是中国古代奴隶制社会"五刑"中对死刑的通称。《尚书·吕刑》孔颖达疏："《释诂》云：辟，罪也。死是罪之大者。谓死刑为大辟。"夏代初步确立了奴隶制五刑制度，即墨、劓、刖、宫、大辟。大辟即五刑之一。商代也规定了五刑制度。其中，作为死刑制度的大辟最为残酷。除去斩刑外，还有醢、脯、焚、剖心、刳、剔等刑杀手段，充分暴露出商代刑法制度的野蛮与残忍。

简答题

1. **答案**："禹刑"是夏代的法律总称，具体内容有：

（1）将原始社会的礼改造成法律。夏启建立奴隶制国家以后，在神权政治法律思想的支配下，将改造后的"夏礼"与国家的重要活动结合起来，并赋予其新的阶级属性和法律效力，从而变为奴隶制国家法律统治的有效武器。

（2）法律维护专制王权，镇压各种违背"王命"和反抗国家统治的行为。夏代统治者出于维护王权的需要，改原始社会的习惯为巩固君权的习惯法。夏代为有效镇压反抗奴隶主国家统治与扰乱社会秩序的犯罪，承袭并发展了舜禹时代习惯处罚方式，从而初步确立了奴隶制五刑制度，即墨、劓、剕、宫、大辟。

　　（3）规定带有行政法规性质的《政典》，用于维护奴隶主国家机器的正常运转。夏代《政典》的制定，一方面说明，中国自有国家产生以来，就非常重视行政法律规范的建设；另一方面又说明，我国古代行政法规一问世，就采取刑事处罚的方式，惩治渎职与失职的官吏，从而反映了我国自古即有的"依法治吏"的悠久传统。

　　（4）确认土地"国有"的民法内容。按照夏代法律规定，王掌管全国的田土，享有充分的所有权和分封赏赐权。这种土地归于国家所有的民法内容又直接影响了商、周两代，成为我国奴隶制时代通行的土地所有权的原则。

　　（5）确认征收赋税的各项制度。据史料记载，夏代法律法规中规定了一些调整经济关系的带有经济法规性质的内容。这表明，我国奴隶制国家建立后，曾经及时采取法律形式确立国家赋税制度。

2. **答案**：夏商两代的法律形式有：

　　（1）习惯法。习惯法是夏代建立之初法律的主要形式，即把原始社会祭祀鬼神的"礼"，改造成奴隶主阶级实施法律统治的工具。夏代习惯法统治方式，是中国阶级社会诞生以来最早出现的最为简陋的统治方式。

　　（2）君主命令。夏商两代的各种君主命令是一种重要的法律形式，而且其法律效力高于其他法律形式。夏商两代的君主命令主要包括军法命令性质的誓、政治文告性质的诰及训令臣民的训等。

　　（3）"禹刑""汤刑"。所谓"禹刑""汤刑"，是对夏商两代刑事法律内容的统称。作为社会上出现"乱政"，即矛盾、冲突的产物，它不是成于一时的成文法律，也不是由夏禹或商汤个人所制定的，而是在夏商两代的发展过程中，出于调整社会关系的需要，逐步形成和不断扩充的。其基本内容是以制裁违法犯罪行为的刑事法律性质的习惯等为主。

3. **答案**：（1）司法机构。商代把中央最高审判机构改称为司寇，与中央其他五个机关并称为六卿。司寇对于重大案件的审判必须奏请商王批准，商王掌握生杀予夺和诉讼胜负的决定权。

　　（2）审判制度。①重案与疑案的审理：商代重要案件的审理一般要经过三级，即史与正的审理，大司寇的复审，以及三公参听的再审，最后报请商王批准。商代对疑难案件的审理持慎重态度，主张广泛征求意见，然后定案。如公认案件有疑点，就采取赦免的方针，但必须和同类典型案例相比较，然后才能做出终审判决。此外，主张审判依据事实，有犯意无实据，不认为是犯罪。在量刑时，可重可轻者，主张从轻；可宽可严时，主张从宽，即"附从轻""赦从重"。②天罚与神判：首先，统治者利用社会上普遍存在的迷信与落后，假托神意进行审判。商王每逢审判时，必先通过占卜求天问神，然后假意做出决定。其次，假托鬼神之意，实施残暴的处罚和刑杀。盘庚为顺利地迁都，把自己宣布的处罚诡称为"天罚"。

　　（3）监狱制度。商代因袭夏制，把监狱仍称为"圜土"。此外，商代又有专门关押要犯的狱，称为"囹圄"。商代为有效地镇压奴隶与平民的反抗，在全国各地遍设监狱，并对逃狱的奴隶规定了严厉的处罚措施。

论述题

1. **答案**：首先，中国法律的起源：

　　（1）夏奴隶制国家的产生。中国经过漫长的发展时期后，开始分裂为对立的两大阶级。奴隶主阶级的残酷剥削和压迫激起奴隶阶级的不断反抗，当这种对抗性的矛盾发展到不可调和的地步时，便产生了国家。依据我国古代文献记述与考古发掘的实物证明，夏初已具有国家产生的基本特征。大禹王在会稽之山大会部落首领，防风部落酋长因迟到被大禹处死，这表明大禹王已形成凌驾于其他部落之上的"公共权力"。这种权力的基础在于他已掌握了一支强大的武装部队。同时夏初已具有用金属武器装备的精锐武装。这一时期还产生了奴隶制国家实体附属物——司法机构与监狱等强制机关。奴隶制国家的产生是法律得以起源的前提条件。

（2）原始习惯到奴隶制习惯法的转变。法同国家一样，都是历史发展的必然产物，原始社会虽尚未产生体现为国家形态的法，却产生了法的胚胎形态——氏族习惯。从一定意义上讲，法律的起源实质上是氏族习惯向奴隶制习惯法的质变过程。①母系氏族习惯向父系氏族习惯的转变。产生在原始社会公有制基础上的氏族习惯，是协调社会纠纷、约束人们共同劳动以及平均分配的共同准则。但因母权制时代物质生产极其有限，私有观念刚刚萌发，不可能从根本上动摇原始公有制的基础，更不可能产生完整的私有制以及贫富的两极分化。随着母系社会向父系社会的转变，母系氏族的习惯也逐渐向父系氏族的习惯转变。②父权制习惯向奴隶制习惯法的转变。父权制习惯的变化体现在以下方面：第一，确认部落联盟酋长的权威地位。文献中关于确认酋长权威地位的记载反映了氏族习惯的某些变化，不但确认部落联盟酋长的权威地位，而且赋予他们临时处置的大权。第二，确认保护私有财产的习惯。父权制社会逐步改变了母权制的平均分配传统，规定个人所获猎物为私有财产，不归集体分配。此外，按照父权制的习惯，氏族公社的公有财产以及集体掠获其他部落的财产，氏族首领与部落联盟酋长可以取得超出常人的更多份额，不再实行平均分配。第三，确认有关处罚的习惯。原始社会的舜禹时期，特别是大禹统治的时代，氏族公社制度已经走到了尽头，不但部落联盟、军事民主制发展到高峰，有关处罚的习惯也发展到顶点。

（3）习惯法的产生。伴随夏奴隶制国家的产生，奴隶制习惯法也同时孕育而生。在社会矛盾激化、阶级矛盾不可调和的情势下，夏代统治者在军事镇压的同时，不得不借助于法律，以维护君主专制统治。但因夏奴隶制国家初建，没有立即制定较完备的法律制度，只是将有利于奴隶主阶级的氏族习惯赋予新的性质，上升为国家形态的习惯法。《左传》中所谓的"夏有乱政，而作禹刑"，一方面说明，夏代借用大禹的威望，增强其法律的威慑力量，另一方面说明，夏代法律在形成过程中，吸收了舜禹时代氏族习惯的部分内容。此外，为适应阶级斗争与社会发展的形势，夏代统治者还颁布了一些单行的命令，如《甘誓》等。

其次，中国法律起源的特点：

（1）中国法律产生于古代中国的特殊历史环境中，它的起源具有自己的特点，即实行礼法结合。夏代法律在形成中不仅改造和吸收了父权制时代的某些习惯法，也改造和吸收了原始社会沿用已久的"礼"的传统，从而实现了中国奴隶制最初的礼法结合。将奴隶主阶级的道德规范与法律规范结合使用，是其他国家于法律形成时所不具备的。

（2）中国法律在形成时具有早熟性。同东方早期文明国家一样，夏王朝提前跨入文明社会的门槛，形成了最初的国家与法。因此，对人类文明发展做出了重要贡献，同时也具有法律的早熟性。

（3）中国法律在形成时带有维护专制王权的特点。自夏奴隶制国家产生以来，就形成了以农业为基础的自给自足的经济结构，商品经济发展相对落后，因此，与此相适应只能产生君主专制制度与维护专制王权的奴隶制法律。这一特点经商、周一直到封建时代，使得古代中国的法律日益君主专制化。

（4）因自然经济的稳固，商品经济的不发达，加之过早确立君主专制制度以及礼的规范的发展，中国法律在形成时，就带有刑事法规发达而民事法规相对落后的特点。夏王朝建立，为维护专制王权以及种族奴隶制的严酷统治，镇压被奴役的部族和平民、奴隶的剧烈反抗，以夏王为代表的宗族奴隶主阶级，十分重视习惯法中的刑法内容，并陆续颁布了一些简单的刑事法规，用于稳固奴隶制国家政权。礼的作用增强以及其他方面的原因，使得民事法律规范在形成期的夏代法律中居于次要地位。

(5) 由于夏代较快跨入阶级社会，奴隶制未能充分发展，所以，它的法律在形成时带有氏族社会的浓厚色彩，以及贵族宗法统治的显著特点。夏王朝是早期奴隶制国家，它并未彻底瓦解以血缘为纽带的贵族宗法统治关系，因此维护原有宗法关系的氏族习惯相应地转化为维护奴隶主贵族的习惯法。实行"家国相通、亲贵合一"的夏王朝，君主是所有臣民的最高家长，各贵族又是各家族的家长，并任有官职。因此，中国法律带有氏族社会的浓厚色彩，以及种族奴隶制、宗法制的鲜明特点。

2. 答案：(1) 商代夏后，随着社会、政治、经济、思想、文化的发展，指导统治阶级立法的思想原则也有了进一步发展。所谓"殷尚鬼""率民以事神"，证明了商代神权法思想一直占据社会的统治地位。

① "王权神授"的法律思想。商代统治者把奴隶主贵族对人世间的法律统治，神化为"秉承天意"，无非要使奴隶制国家统治合法化、神圣化，并赋予商王这一奴隶主阶级的总代表神圣不可侵犯的权威地位。这种宣传不仅使王权专制披上了宗教神学的色彩，而且可以借此大肆欺骗愚弄被压迫的劳动群众。

② "天讨"与"天罚"的法律思想。商代统治者为证明其刑杀和讨伐活动的合理性，将他们在人世间的用刑诡称为"奉天行罚"与"代天讨罪"，这种神化宣传具有相当的欺骗性，它为商代统治者掩饰其刑事镇压的残酷性，以及加强法律制度的威慑力提供了法律依据。

(2) 商代的主要法律有：

①《汤刑》。《汤刑》为商代成文刑书，也是商代法律的泛称，如从成文刑书的意义上讲，《汤刑》显然是商代的主要法律。

②《官刑》。《官刑》是商代惩治国家官吏犯罪、违纪与失职行为的专门法律，带有行政法律规范的性质，却采取刑事制裁的方式加以处理。

③ "明居"之法。据《尚书·序》载："咎单作明居。"咎单是商汤时的司空，曾奉命制定"明居民之法"，即丈量土地、划分居住区域及安置百姓的法规。

④ 车服之令。商汤为区别尊卑贵贱的等级，曾下车服之令。在任命官吏与罢黜官吏的车马服饰上作了区别规定，这表明商代已经存在区别身份等级的礼仪法令。

(3) 商代的法律形式有：

①《汤刑》。从狭义上讲，《汤刑》是商继夏代《禹刑》后的一部不予公布的刑书；从广义上讲，《汤刑》又是商代奴隶制法的泛称。

②誓。誓是商代君主在战时发布的紧急军事命令，如商汤在讨伐夏桀时曾经发布《汤誓》，用于约束所有从征人员。

③王与权臣的命令、文告。作为殷商重要法律文献的《尚书·盘庚》，就是根据商盘庚的命令整理而成，它本身具有至高的法律效力。此外，商代权臣依据王的意志而发布的命令，当时称为"训"，《尚书·伊训》即记载商代国相伊尹命令的一份重要法律文献。

案例分析题

答案：商代立国之初，商汤从奴隶主阶级的长久利益出发，认真总结夏代后期统治者孔甲"好方鬼乱，事淫乱"，以及夏桀亡的历史教训，制定了严格约束统治集团成员的行政法律规范——《官刑》。材料中的记载说明，《官刑》是商代惩治国家官吏犯罪、违纪与失职行为的专门法律，带有行政法律规范的性质。对于卿士与邦君等奴隶主贵族具有严格约束的职能，但采取刑事制裁的方式加以处理。凡有三风十愆者，卿士丧家，邦君亡国，甚至臣下不匡正也要判处墨刑。据此可以看出，商代的"依法治吏"促进了奴隶制行政法律规范的发展，同时也对奴隶制政权的稳固产生了重要影响。

第二章 两周法律制度

✓ **单项选择题**

1. **答案：C。**与习惯法相对的是成文法，故本题实际考查成文法公布的时期，成文法之公布一般认为在春秋时期，故在此之前的西周为习惯法的鼎盛时期。

2. **答案：C。**A项错误，周礼起源于先民祭祀风俗，但不是自然流传到西周的产物，而是在前代礼制的基础上发展的结果。B项错误，西周时期的礼已具备法的性质。D项错误，"礼"与"刑"共同构成西周法律的完整体系。"礼"从正面积极规范人们的言行。而"刑"则对一切违背礼的行为进行处罚。两者关系正如《后汉书·陈宠传》所说的"礼之所去，刑之所取，失礼则入刑，相为表里"。C项正确，"礼不下庶人，刑不上大夫"是中国古代法律中的一项重要原则。"礼不下庶人"强调礼有等级差别，禁止任何越礼的行为；"刑不上大夫"强调贵族官僚在适用刑罚上的特权。

3. **答案：A。**西周时期"礼"调整的对象非常广泛，其中婚姻的缔结必须合乎一定的礼仪，履行聘娶的"六礼"程序，即"纳采""问名""纳吉""纳征""请期""亲迎"六项仪式。

4. **答案：D。**AB两项不选，西周的借贷契约称为"傅别"。"傅"，是把债的标的和双方的权利义务等写在契券上；"别"，是在简札中间写字，然后一分为二，双方各执一半，札上的字为半文。C项不选，D项应选，西周的买卖契约称为"质剂"，"质"是买卖奴隶、牛马所使用的较长的契券；"剂"是买卖兵器、珍异之物所使用的较短的契券。

5. **答案：A。**A项应选，BC两项不选，理由见上题。D项不选，典是抵押契约的一种，在西周时还未出现。

6. **答案：D。**A项。周礼将各种礼分为五大类，统称"五礼"，分别为吉礼、凶礼、宾礼、军礼、嘉礼。B、C项。《尚书·吕刑》记载："五刑不简，正于五罚……五刑之疑有赦，五罚之疑有赦，其审克之。""五刑""五罚"分别是不同等级的处罚措施，若罪有疑，则依次减等适用，体现罪疑从轻的司法原则。D项。西周法官在审判中判断当事人陈述真伪的方式叫作"五听"，是指"辞听、色听、气听、耳听、目听"，即通过观察当事人的言语表达、脸色、呼吸、是否能集中注意听问、眼神是否游移，作出判断。故选D项。

7. **答案：D。**在西周时期，故意犯罪与过失犯罪、惯犯与偶犯在观念上已有所区别，故意与过失被分别称为"非眚"与"眚"，惯犯与偶犯被分别称为"惟终"与"非终"。

8. **答案：D。**本题所问属于"六礼"中的"请期"。"六礼"是指西周时期合法婚姻的成立所必须经过的六个程序，即"纳采""问名""纳吉""纳征""请期""亲迎"。纳采是指男家请媒人向女方提亲；问名是指女方答应议婚后男方请媒人问女子名字、生辰等，以归卜于祖庙以定凶吉；纳吉是指卜得吉兆后即与女家订婚；纳征是指男方送聘礼至女家，故又称纳币；请期是指男方携礼至女家商定婚期；亲迎是指婚期之日男方迎娶女子至家，至此婚礼完成。

9. **答案：D。**同姓不婚、"父母之命，媒妁之言"以及"七出""三不去"都是西周时期的婚姻制度。但是"七出""三不去"应该说是一种解除婚姻的制度，而不是婚姻缔结制度。另外，西周实行"一妻多妾"制度，也可以说是一种"一夫一妻"制。

10. **答案：B。**西周的财产继承也采取嫡长子继承制。

11. **答案：D。**"亲亲""尊尊"是周礼的两条核心原则，"亲亲父为首"，规定了家族关系的等级；"尊尊君为首"，规定了政治关系的等级，故 A 项错误。"礼不下庶人，刑不上大夫"是中国古代一项重要法律原则，它强调平民百姓与贵族官僚之间的不平等，强调官僚贵族的法律特权。"礼不下庶人"强调礼有等级差别，禁止任何越礼的行为；"刑不上大夫"强调贵族官僚在适用刑罚上的特权，但并不是说刑罚完全不适用于贵族，肉刑一般不适用于贵族，但肉刑之外的刑罚仍会适用。故 B 错误。西周时期的礼已具备法的性质，具有规范性、国家意志性和强制性，故 C 错误、D 正确。

12. 答案：A。A 项应选，B 项不选，西周时期，中央的最高司法官为大司寇，负责实施法律法令，辅佐周王行使司法权。大司寇下设小司寇，辅佐大司寇审理具体案件。CD 两项不选，夏代中央最高司法官称为大理，一般司法官称为士或理。蒙士为基层司法官。

13. 答案：A。民事案件所缴纳诉讼费用称束矢，刑事案件所缴纳诉讼费用称钧金。傅别与质剂则是契约文书，见上题。

14. 答案：A。本题考查成文法的公布，通说认为，春秋时期的公元前 536 年郑国子产铸刑书开成文法公布之先河，战国时期则形成中国历史上第一部比较系统、完整的法典《法经》，故春秋战国时代可认为是早期习惯法向成文法转变的重要阶段。

15. 答案：D。《法经》是李悝制定的中国历史上第一部比较系统的封建成文法典，但不是第一部成文法典，故 D 错误。《法经》包括6 篇，分别是《盗法》《贼法》《网法》《捕法》《杂法》《具法》，其中《盗法》《贼法》是关于惩罚危害国家安全、危害他人及侵犯财产的法律规定。《法经》的体例即《具律》为统率、各篇为分则，为后世所继承。题干要求选择错误的选项，故 ABC 正确，应选 D 项。

16. 答案：D。郑国执政子产铸刑书是中国历史上第一次公布成文法的活动；而晋国赵鞅铸刑鼎是中国历史上第二次公布成文法的活动，要注意区别。故 D 正确。

17. 答案：D。《法经》是战国时期魏国李悝所作，分为《盗法》《贼法》《网法》《捕法》《杂法》《具法》）。其中《具法》是关于定罪量刑中从轻从重法律原则的规定，相当于近代刑法典中的总则部分。《盗法》《贼法》是关于惩罚危害国家安全、危害他人及侵犯财产的法律规定，此两篇被列为法典之首。《网法》又称《囚法》，是关于囚禁和审判罪犯的法律规定；《捕法》是关于追捕盗贼及其他犯罪者的法律规定；《网法》《捕法》二篇多属于诉讼法的范围。《杂法》是关于"盗贼"以外的其他犯罪与刑罚的规定。

18. 答案：A。A 项应选，公元前 536 年，郑国子产将郑国的法律条文铸在象征诸侯权位和国家权力的鼎上，向全社会公布，史称"铸刑书"，这是中国历史上第一次公布成文法的活动。

    B 项不选，公元前 513 年，晋国赵鞅把刑书正式铸于鼎上，公之于众，这是中国历史上第二次公布成文法的活动。

    C 项不选，公元前 501 年，郑国邓析将刑书写于竹简之上，被称为"竹刑"。

    D 项不选，叔向是在郑国子产"铸刑书"时，持反对意见的晋国旧贵族。

19. 答案：C。A 项驷颛是杀死邓析而用邓析所作"竹刑"的郑国执政。B 项范宣子是晋国铸于鼎上的刑书的制定者。C 项当选。D 项孔子所反对的是晋国铸刑鼎一事。

20. 答案：A。《大府之宪》是《战国策》记载的一部魏襄王时期的法典，《国律》则是《韩非子》记载的一部赵国制定的法律。《刑符》是申不害在韩国制定的法典。商鞅变法所据为 A 项李悝所著的《法经》。

21. 答案：D。商鞅变法。商鞅变法的主要内容有：（1）改法为律；（2）运用法律手段推行"富国强兵"的措施；（3）剥夺旧贵族的特权和对地方政权的垄断；（4）贯彻"以法治国"和"明法重刑"。关于 A 项，商鞅变法的一项重要内容是废除分封制，设立郡县制，因此 A 项错误。关于 B 项，商鞅变法中改法为律，强调法律规范的普遍性，并不是突出伦理道德是法律规范的基础，反而是希望以国家强制力贯彻统治阶级意志，因此 B 项错误。关于 C 项，商鞅在变法中实行"连坐"，并鼓励告奸，但告奸并不等于告发奸谋，而是告发奸人，即违反法律之人，因此 C 项错误。关于 D 项，商鞅提出"轻罪重刑"，对轻罪也加以重刑，因此 D 项正确。

22. **答案**：A。西周的买卖契约称为"质剂"。《周礼》载，"质""剂"有别。"质"，是买卖奴隶、牛马所使用的较长的契券；"剂"，是买卖兵器、珍异之物所使用的较短的契券。故 A 项正确。"质""剂"由官府制作，交易与制契由"质人"专门负责。故 B 项错误。借贷契约是写在简牍上，一分为二，双方各执一份。故 C 项错误。西周的借贷契约称为"傅别"，故 D 项错误。

23. **答案**：D。所谓"刑辟"就是刑法、刑律。"不为刑辟"就是不公布成文刑法。

24. **答案**：C。郑国执政子产"铸刑书"，是中国历史上第一次公布成文法的活动；晋国赵鞅"铸刑鼎"是中国历史上第二次公布成文法的活动。故 A 项错误。春秋时期成文法的公布，否定了"刑不可知，则威不可测"的旧传统，对旧贵族操纵和使用法律的特权是严重的冲击，是新兴地主阶级的一次重大胜利。故 B 项错误，C 项正确。孔子对"铸刑鼎"持反对态度，认为这是亡国之举："晋其亡乎！失其度矣。"故 D 项错误。

25. **答案**：D。《宪令》为楚怀王时期屈原受命起草，其余诸选项详见上题。

26. **答案**：D。公元前 633 年晋文公在被庐之地举行演习，创立法度，被称作"被庐之法"。公元前 621 年晋襄公命赵宣子颁布一系列法律，"行诸晋国，以为常法"，也被称为"常法"。但这两次立法均未正式公布。C、D 两项可见上题。

27. **答案**：B。A 项，西周初期统治者提出的政治法律主张是"以德配天，明德慎罚"。汉代以后该主张被儒家发挥成"德主刑辅，礼刑并用"，从而为以"礼法结合"为特征的中国传统法制奠定了基础。C 项，西周借贷契约称为"傅别"，为了保证债的履行，要求当事人订立书面契约"傅别"。"傅"，是把债的标的和双方的权利义务等写在契券上；"别"，是在简札中间写字，然后一分为二，双方各执一半，札上的字为半文。D 项，西周时期在宗法制度下实行嫡长子继承制。故 ACD 项均错误，应选 B 项。

28. **答案**：C。A 项，三赦之法，是指"一赦曰幼弱，再赦曰老耄，三赦曰蠢愚"，三者除犯故意杀人罪外，一般皆赦免其罪，这是西周"明德慎罚"思想的具体体现。B 项，三刺之法，是在审判重要案件之前充分征询意见的制度。"以三刺断庶民狱讼之中：一曰讯群臣，二曰讯群吏，三曰讯万民。听民之所刺宥，以施上服下服之刑"。带有原始民主制的遗风。C 项，三宥之法是指"一宥曰不识，再宥曰过失，三宥曰遗忘"，表明西周在定罪量刑时考虑行为人的主观动机。D 项，五过之疵是司法官在渎职方面的犯罪，包括：惟官（秉承上意，倚仗权势）、惟反（利用职权，报私恩怨）、惟内（内亲用事，暗中牵制）、惟货（贪赃受贿，敲诈勒索）、惟来（接受请托，徇情枉法）。

多项选择题

1. **答案**：AD。AD 两项应选，周礼的基本原则，可归纳为"亲亲"与"尊尊"两个方面。"亲亲"，即要求在家族范围内，各成员举止言谈应符合自己的身份。父对子要慈，子对父要孝，兄对弟要友，弟对兄要恭，夫对妻要和，妻对夫要柔，不能以下凌上，以疏压亲等。而且，"亲亲父为首"，全体亲族成员都应以父为中心。

"尊尊"，即要在社会范围内，各社会成员之间要尊重比自己地位高的人，君臣、上下、贵贱都应恪守本分。即在君臣之间，君对臣要仁，臣对君要忠，而且"尊尊君为首"，一切臣民都应以君主为中心。在"亲亲""尊尊"两大原则下，又形成了"忠""孝""义"等具体精神规范。

BC 两项不选，BC 两项表述中的"以德配天，明德慎罚"是西周统治者所提出的政治观和治国方针，并被儒家发挥成"德主刑辅，礼刑并用"的基本策略，为以"礼法结合"为特征的中国传统法制奠定了理论基础。

2. 答案：ABC。"七出"是西周时期解除婚姻的制度，又称"七去"，包括"无子、淫泆、不事舅姑、口舌、窃盗、妒忌、恶疾"。女子若有上述情形之一的，丈夫或公婆即可休弃之。

3. 答案：ABE。西周宗法分封制下，土地按照血缘亲属分封给贵族，而非按照行政登记分封给官吏。官员选拔，也采取"任人唯亲"的原则，故 C、D 两项不当选。

4. 答案：ABDE。"刑罚世轻世重"语出《尚书·吕刑》，是指不同的时世应适用轻重不同的刑罚，刑新国用轻典，刑平国用中典，刑乱国用重典。并非刑罚轻重失衡，故 C 项表述错误。

5. 答案：BC。E 选项嘉石是西周时期的一种针对有罪过而尚未触犯刑法者的处罚，兼有耻辱和劳役的性质。A、D 两项是西周时期契约文书的名称。

6. 答案：ACDE。"五过之疵"包括惟官、惟反、惟内、惟货、惟来。分别指迎合权势、挟私报复、包庇亲属、接受贿赂、受人请托而枉法裁判。B 项惟亲不在其中。

7. 答案：ABDE。六礼可见上题，C 项"媵嫁"是一种女子出嫁时，由同宗姐妹或侍女陪嫁的制度。并不在六礼之中。故不选。

8. 答案：ABE。《法经》及其所代表的春秋战国时期轰轰烈烈的变法运动及其成果，体现的是新兴地主阶级对旧的奴隶主贵族的超越。故 C、D 表述错误，不选。

9. 答案：CD。A 项，在《法经》诞生之前，商周以来的法律无不维护君主等级制度，然而《法经》的历史意义在于其所维护的是封建君主等级制度，而非旧的奴隶制君主等级制度。其历史意义要放在社会大变革的背景下认识。故 A、B、E 三项不选。

10. 答案：ABE。C、D 两项体现的是西周统治者所提出的政治观和治国方针，不当选。A 项来自司马谈对法家思想的概括，强调法律平等适用于不同主体，明显有别于西周时期"礼不下庶人，刑不上大夫"的法律原则。

B 项语出韩非，意在主张法律应该成文化并向民众公布。E 项是商鞅变法的具体内容之一。三项都体现了战国时期变法的新动向。

11. 答案：BCD。A 项"明法审令"是战国时期楚国吴起变法的内容之一。E 项，李悝变法虽有废除世卿世禄制度的内容，但并未废除旧奴隶主贵族的全部特权。故此两项不当选。

12. 答案：ABC。尽管春秋战国时期社会剧烈变革，各国虽强调法在国家治理和社会控制中的决定作用，但礼制并未被完全取代。西周的宗法制与分封制则分离，后者被郡县制取代，前者仍在古代中国政权组织中发挥重要作用。礼制与宗法制的影响持续整个帝制时代。故 D、E 两项不当选。

13. 答案：CE。"仆区之法"是楚文王所制定。"茆门之法"则是由楚庄王所制定，故 C、E 两项当选。A、B 两项系晋国变法成果，D 项则为郑国立法成果。

14. 答案：AB。《法经》是中国历史上第一部比较系统的封建成文法典。它是战国时期魏国李悝在总结春秋以来各国公布成文法的经验基础上制定的，在中国立法史上具有重要历史地位。《法经》共六篇：《盗法》《贼法》《网法》《捕法》《杂法》《具法》。其中《盗法》《贼法》是关于惩罚危害国家安全、危害他人及侵犯财产的法律规定。李悝认为"王者之政莫急于盗贼"，所以将此两篇列为法典之首。《网法》又称《囚法》，是关于囚禁和审判罪犯的法律规定。《捕法》是关于追捕盗贼及其他犯罪者的法律规定。《网法》《捕法》二篇多属于诉讼法的范围。第五篇《杂法》是关于"盗贼"以外的其他犯罪与刑罚的规定。第六篇《具法》是关于定罪量刑中从轻从重法律原则的规定，起着"具其加减"的作用，相当于近代法典中的总则部分。故①②④项表述错误。

15. 答案：ABCD。商鞅变法运用法律手段把一系列改革措施贯彻到社会经济政治等各方面，在变法过程中法家的一些基本主张凸显出来，如实行连坐制度就是"重刑主义"的体现。变法目的是实现"富国强兵"。为扫清改革的障碍，故须剥夺奴隶主贵族的特权。取消世卿世禄，按军功授爵。取消分封制，实行郡县制，加强中央对地方的统治。取消土地国有制，确立土地私有制和土地买卖的合法性。综合上述，故选 ABCD。

16. **答案**：ACD。中国古代关于德与刑的关系理论，经历了德主刑辅—礼律结合—明刑弼教的发展轨道。西周时期确立了"以德配天，明德慎罚"的思想，以此为指导，西周统治者把道德教化即"礼治"与刑罚处罚结合，形成了"礼""刑"结合的宏观法制特色。汉代中期以后，"以德配天，明德慎罚"的主张被儒家发挥成"德主刑辅，礼刑并用"的基本策略，从而为以"礼律结合"为特征的中国传统法制奠定了理论基础。唐代承袭和发展礼法并用的统治方法，使得法律统治"一准乎礼"，真正实现了礼与法的统一。宋代以降，在处理德、刑关系上开始有突破。著名理学家朱熹首先对"明刑弼教"作了新的阐释。他有意提高礼、刑关系中刑的地位，认为礼律二者对治国同等重要，"不可偏废"。经此一说，刑与德的关系不再是"德主刑辅"中的"从属""主次"关系，故 ACD 项均表述正确。秦朝全面推行法家"以法治国"和"明法重刑"的主张，而不是儒家所主张的"德主刑辅，礼刑并用"，故 B 项错误。

名词解释

1. **答案**："以德配天"是西周统治者在吸收夏、商两代"天讨""天罚"的神权法思想的基础上发展起来的法律思想。西周统治者指出天命不是固定不变的，作为世间万物的最高主宰，上天对所选择的人间君主并无特别的亲疏或偏爱，只会选择那些有德者，将天命赋予他们，并保佑他们完成自己的使命。人间君主一旦失去应有的德性，就会失去上天的保佑和庇护，天命也随之消失或转移，新的有德者会取而代之，夏商王朝的覆灭就说明了这个问题。以德配天理论的提出在中国历史上是一次巨大的进步。

2. **答案**：西周统治者在以德配天的基本政治理论下进一步提出了明德慎罚的法律主张，并以此作为国家处理立法、司法活动的指导思想。所谓"明德"就是主张崇尚德治，提倡德教，也就是说统治者治理国家首先要使用"德教"，通过道德教化，用道德的力量去感化民众，使天下臣服。所谓"慎罚"就是主张在适用法律、适用刑罚的时候应该审慎、宽缓，而不应该乱罚无辜、滥杀无辜，用严刑峻法来使臣民臣服。

3. **答案**：宗法制度是中国古代社会存在的一种以血缘关系为纽带的家族组织与国家制度的结合，以保证世袭统治的政治形式。宗法制度源自氏族社会传统，至西周而系统化、制度化。宗法制以嫡长子继承制为核心内容，将宗族区分为大宗小宗，嫡长子对其余庶子是大宗，大宗对小宗有统治权，异姓贵族则通过与周王室联姻进入宗法体系。宗法制与分封制结合，周天子的庶子被封为诸侯，对周天子是小宗，在其封国内则是大宗。卿大夫、士也相同，分别在自己的领地享有行政、司法、军事等方面的权力。如此形成以血缘关系分配国家权力的严密体制。分封制瓦解之后，宗法制继续在古代中国的家族组织中发挥着重要作用。

4. **答案**：周王朝建立之后，周公旦在夏礼和商礼的基础上，以"亲亲"和"尊尊"为基本指导思想，强调名分秩序和等级尊卑，综合本族的风俗习惯，整理制定了一整套礼制，史称"周公制礼"。周礼的内容广泛，大到国家政治军事，小到个人言行举止，无所不包。概括而言可称为"五礼"，即有关祭祀的吉礼，有关丧葬的凶礼，有关成人仪式、婚娶的嘉礼，有关外交、朝聘的宾礼以及有关征伐的军礼。

5. **答案**：嫡长子继承制是西周时期领地、财产、身份的继承制度。从天子、诸侯王到卿大夫再到士，他们的领地、身份以及相应权力利益等，都只能由宗主的正妻所生的长子来继承。在各自的管辖范围内，嫡长子为"大宗"，其他兄弟、领主相对于嫡长子则为"小宗"。

6. **答案**："亲亲"和"尊尊"是西周时期礼制

的核心内容。所谓"亲亲"是要求在亲族范围内,亲疏远近、尊卑长幼都有明确的次序;所谓"尊尊"是要求在社会范围内,君臣、上下、贵贱都有明确的分野,有明确的等级制度。"亲亲"的核心是孝,"尊尊"的核心是忠。"亲亲"原则所维护的是以父权为中心的家庭、家族伦理关系。"尊尊"所维护的是以君权为中心的政治等级关系。

7. **答案:** "出礼则入刑"反映的是西周时期"礼"与"刑"对立统一的关系。西周时期的"礼"与"刑"都是当时维护社会秩序、调整社会关系的重要社会规则,二者相辅相成,互为表里,共同构成了西周社会完整的法律体系。其中"礼"是积极主动的规范,是禁恶于未然的预防;"刑"是消极的处罚,是惩恶于已然的制裁。凡是"礼"所禁止的行为,必然为"刑"所不容,即所谓"礼之所去,刑之所取"。

8. **答案:** "礼不下庶人,刑不上大夫"是中国古代的一项重要法律原则。"礼"与"刑"两种法律规范适用的对象不同,部分贵族之礼不适用于平民,而贵族则可以免受部分刑罚的处罚。但这种区别并不是绝对的,并不是说庶人完全不受礼制约束,贵族完全不受刑罚处罚。这一法律原则强调的是庶人与贵族官僚之间在法律适用上的等级差异。

9. **答案:** "五听"是古代中国法官审理案件辨别当事人陈述真伪的重要方式,确立于西周。要求法官通过对原告和被告察言观色,以五种具体方式审理清楚案情,然后进行公正的判决。听即判断。五听是:辞听,看当事人是否言语错乱,前后矛盾;色听,看当事人是否因说谎而脸红;气听,看当事人是否喘息加重;耳听,看当事人是否注意力不集中,听不清法官的话;目听,看当事人是否两眼慌乱无神,躲避游移。"五听"反映西周的司法已经有了心理学的经验积累,但强调法官的主观判断,也容易产生冤假错案。

10. **答案:** "婚姻六礼"是西周时期婚姻缔结必须符合的礼仪,具体为纳采、问名、纳吉、纳征、请期、亲迎。西周时期的"婚姻六礼"对以后各朝婚姻成立的形式要件产生了重要的影响。直至中国近代乃至现代,在一些乡村地区,缔结婚姻的形式仍然可以看见"婚姻六礼"的痕迹。

11. **答案:** "三不去"是西周时期男子休妻的三项限制,具体指:有所取而无所归,不去,即妻子结婚时有来处,若被休则无处可归,夫不得休妻;与更三年丧,不去,即妻子曾与丈夫为公婆之一守满丧期,夫不得休妻;前贫贱后富贵,不去,即结婚时丈夫贫贱,婚后已经富贵,夫不得休妻。女子若有"三不去"的理由之一,即使犯有"七出",丈夫也不能休妻。在夫权专制的社会中,"三不去"制度一定程度上体现礼法制度对妻子权益和家庭和谐的保障。

12. **答案:** "三赦之法"是西周时期的一项刑罚原则。所谓三赦,"一赦曰幼弱,再赦曰老耄,三赦曰蠢愚。"这三种人如果触犯刑律,应该减轻、赦免其刑罚。这一原则正是西周时期"明德慎罚"的法律思想在刑法定罪量刑方面的体现。西周时期"矜老恤幼"的典型制度,后世各朝都相继效仿。

13. **答案:** "刑罚世轻世重"是西周统治者在总结前代各朝经验的基础之上得出的一项重要的刑罚原则。主张要根据时势的变化、国家的具体政治情况和社会环境等因素来决定用刑的宽严与轻重。"刑新国用轻典,刑平国用中典,刑乱国用重典。"这一理论是长期的政治统治和用刑经验的总结,对后世各封建帝王用法、用刑都有很大的影响。特别是"重典治乱世"的理论,多次被封建帝王用作实施严刑峻法的理论依据。

14. **答案:** "三宥之法"是西周时期用于区分故意与过失犯罪的刑罚原则,即对于三种情况下的犯罪要宽宥、原谅:"一宥曰不识,再宥曰过失,三宥曰遗忘。"这说明在当时对犯罪的主观恶性的差别已经有比较清楚和深刻的认识。

15. **答案:** "嘉石之制"是西周时期的一种处罚制度。按照《周礼》的记载,"嘉石之制"就是将那些犯罪轻微的犯人,束缚其手脚,命其坐于有花纹的石头上一定时日,使其思过、悔改,然后交给司空,在司空的监督下进行一定时日的劳动，期满后释放。"嘉石之制"已经兼具耻辱罚与劳役罚的各种因素。

16. **答案**：盟誓是先秦时代周天子与诸侯之间，以及诸侯相互之间通过祭祀上天等形式形成的具有很强约束力的法律规范。违背盟誓被看作一项非常严重的罪行，对于此类行为，大多数情况下是"告而诛之"，即将其背誓的行为公告于天下，再行诛灭。

17. **答案**：《吕刑》是西周时期吕侯所作的刑书。因吕侯又称甫侯，故他所作的刑书又称甫刑。《吕刑》的具体内容已无法考证。《吕刑》的基本精神在于贯彻西周初年提出的"明德慎罚"的思想，强调在国家司法工作中从司法官吏的选择到具体执法的各个环节，都必须慎重崇德；以刑统罪，厘定刑罚；详细规定赎刑制度。

18. **答案**：群饮是西周时期的罪名之一。西周初年统治者上层在总结殷商灭亡的历史教训时认识到，殷商王朝统治阶级酗酒废事，是导致政治腐败、社会动乱的一个重要原因，为此严格禁止群饮酗酒，对违反者甚至处以死刑。但对于殷商遗民的此类行为，则采取先教育劝诫，引导无效再惩罚的政策。

19. **答案**："一夫一妻多妾"是西周时期的法律所确认的婚姻家庭制度，按照宗法制度的要求从天子到诸侯再到平民百姓，一个男子只能有一个妻子，即"正妻"。除正妻以外，男子还可以合法地拥有数量不等的侧室，即"妾"。从历史资料来看，各级诸侯、封建领主，甚至"匹夫"都有数量不同的"妾"。

20. **答案**："眚""非眚""惟终""非终"是先秦典籍关于过失与故意、惯犯与偶犯区分的记载。"眚"是过失，"非眚"即故意。"惟终"是惯犯，"非终"则是偶犯。西周时期对故意犯罪、惯犯从重处罚，对过失犯和偶犯从轻处断的政策已经成形。这一原则也说明，西周时期根据主观恶性来确定刑事责任等刑法理论已经达到了相当高的水平。

21. **答案**：西周时期的继承可分为宗祧继承、爵封继承与财产继承三个方面。宗祧继承是对宗族祭祀权的继承。宗子是唯一的主祭人，在宗法制下作为大宗，对诸小宗拥有支配权。宗子的继承以嫡长子为第一顺位，嫡长孙次之，再次为嫡子之年长者、嫡孙之年长者、庶子之年长者、庶孙之年长者，若无子，则从小宗过继。

22. **答案**："同姓不婚"是西周时期婚姻制度的一项重要的原则，即禁止同一姓氏的家庭成员之间的通婚行为。在中国历史上，"同姓不婚"是一项古老的禁忌。此项禁忌主要出于两个方面的考虑：首先，长期的生活经验证明，"男女同姓，其生不蕃"，即是说同姓结婚会使下一代的素质下降，从而影响整个家族、民族的发展。所以在西周时期同姓为婚受到严格的禁止，凡同姓不论远近亲疏，均不得通婚。其次，禁止同姓为婚，多与异姓结婚，有利于"附远厚别"，即通过联姻的方式，在政治上更多地与外姓结盟，以便更好地维护既定的统治秩序。

23. **答案**："父母之命，媒妁之言"是西周时期一项重要的婚姻制度原则，也是婚姻成立的基本前提。《诗经》说："娶妻如之何，必告父母。"在宗法制度下，婚姻的目的，除繁衍后代承嗣家族以外，就是"合二姓之好"，这绝非男女当事人个人之事。未经父母家长同意而行婚姻之事，谓之"淫奔"，是不为礼法所容的。另外，婚姻的缔结还需经过媒妁的中介，即所谓"男女无媒不交"。

24. **答案**："不孝不友"是西周时期的主要罪名之一。孝对家族内的长辈，友对家族内的同辈。在以血缘关系为基础的宗法制度之下，孝友是宗法伦理的最基本的要求，也是宗法体制中最核心的内容。因此"不孝不友"罪被认为是最严重的犯罪。在宗法体制之下，"不孝不友"不仅危害到家庭伦理和亲情关系，而且危害到整个宗法社会的政治体制和社会秩序，所以被视为"元恶大憝"，作为最严重的犯罪加以处罚。

25. **答案**："初税亩"是春秋时期社会变革中出现的一种税收制度。公元前594年，鲁宣公十五年"初税亩"，鲁国开始对土地进行登记，按照土地的收成缴纳赋税。实际上等于承认了私田的合法化，也说明了井田制已经被破坏，封建土地私有制开始形成。

26. **答案**：郡县制是春秋时期出现的取代分封制的一种地方行政管理体制。郡县制下地方行政区划分为郡、县两级，郡的长官叫郡守，县的长官叫县令，不再实行世袭制，都由君主选拔任命或罢免。他们一般不享有封邑，而是向国家领取俸禄。郡县制取代分封制适应了新的经济基础的需要，是我国历史上地方行政管理体制实行郡、县两级制的开端。

27. **答案**：竹刑是春秋时期郑国邓析所私造的刑书。竹刑，就是把法律写在竹简上。竹刑原为私著，并无法律效力，后来被国家认可才成为正式法律。

28. **答案**：善平籴是战国时期魏国魏文侯任用李悝为相，李悝所实行的新政的一项措施。它是指国家在丰收之年收购一定数量的粮食，用来备荒，荒年由国家出售一定的粮食，以平衡粮价，防止旧贵族和大商人囤积居奇。

29. **答案**：公元前536年，郑国的执政子产，鉴于当时的社会关系的变化和旧礼制的破坏，因而"铸刑书于鼎，以为国之常法"。这是中国历史上第一次公布成文法典。在中国法制史上具有重要的意义。

30. **答案**："不别亲疏，不殊贵贱，一断于法"是司马谈对战国时期代表新兴地主阶级利益的法家思想的概括，实际上也是新兴地主阶级立法活动的指导思想。其中心思想是取消旧奴隶主贵族在法律上所享有的特权，不论是谁，只要违法犯罪，都要按法律论罪处刑。这种制度取消了"刑不上大夫"的特权。

31. **答案**：《法经》由战国时期的李悝所著。《法经》是适应当时经济发展的产物，是应日益强大的封建经济关系的需要而出现的。它是我国封建社会最早的一部初具体系的法典。它对封建法制的确立以及封建经济的发展都起着相当大的作用。《法经》也是后代封建社会制定法典的蓝本。

32. **答案**："重其轻者"是战国时期新兴地主阶级的立法思想之一。"重其轻者"是指在执行刑法时，加重对轻罪的处罚。商鞅认为，加重刑于轻罪，轻罪就不致产生，重罪也就无从出现，从而通过轻罪重刑的手段达到预防犯罪的目的。

33. **答案**：道家主张"道法自然"，而"自然"的天道是"无为"的。将这种天道应用于法律领域，便产生了"无为而治"的理论。所谓无为并非"没有行动"，而是指"避免反自然的行动"，即避免排逆事物之天性，凡不合适的事不强而行之，势必失败的事情不勉强去做，应该委婉以导之或因势而成之。

34. **答案**：西周时期的买卖契约称为"质剂"，质，是买卖奴隶、牛马所使用的较长的契券；剂，是买卖兵器、珍异之物所使用的较短的契券；"质""剂"由官府制作，并由"质人"专门管理。

35. **答案**："三刺"制度是指西周时凡遇重大疑难案件，应先交群臣讨论，群臣不能决时，再交官吏们讨论，还不能决的，交给所有国人商讨决定的三个程序。"三刺"制度说明西周对司法判案的慎重，是"明德慎罚"思想在司法实践中的体现。

36. **答案**："五过之疵"是《尚书·吕刑》所记录的五种徇情枉法的情形，包括惟官、惟反、惟内、惟货、惟来。分别指迎合权势、挟私报复、包庇亲属、接受贿赂、受人请托而枉法裁判。

简答题

1. **答案**：宗法制度是中国古代社会中存在的一种以血缘关系为纽带的家族组织与国家制度相结合，以保证血缘贵族世袭统治的政治形式。宗法制度的中心是掌握国家社会最高权力的周天子，天下的一切土地和臣民，都属于周天子所有。天子以下逐级分封诸侯、卿大夫、士，分别在自己的领地享有行政、司法、军事等方面的权力。这样层层分封，就形成了周天子、诸侯、卿大夫、士等相互间的支配和依赖的关系，形成了层层相依的等级结构，形成了以血缘关系为基础、以周天子为中心的家天下的宗法制度。宗法制度具体又包括三个方面的原则与制度：其一，从周天子到卿大夫、士，都实行嫡长子继承制；其二，小宗服从大宗，诸弟服从长兄；其三，各级诸侯王、卿大夫、士，既是一种家族组织，又各自构成一级政权，共同向最高宗子——周天子负责。

从宏观上看，宗法制度构成了西周社会的基本结构。在宗法统治之下，家族组织与国家制度合二为一，家族观念、家庭家族间的伦理道德与国家的法律规范结合在一起，互为表里。

2. 答案："礼不下庶人，刑不上大夫"是中国古代的一项重要法律原则。"礼"与"刑"两种法律规范适用的对象不同，部分贵族之礼不适用于平民，而贵族则可以免受部分刑罚的处置。这一法律原则强调的是庶人与贵族官僚之间在法律适用上的等级差异。但这种区别并不是绝对的，在实际上，"礼不下庶人"并不是说礼对庶人没有约束力，而是强调"礼"是有等级、差别的。天子有天子的礼，诸侯有诸侯的礼，庶人有庶人的礼，不同等级之间，不能僭越，任何悖礼、僭越的行为都会受到惩处。"刑不上大夫"也并不是说对大夫以上的贵族绝对不会适用刑罚。在实际政治中，大夫以上的贵族，如果实施谋反、篡逆等严重的政治性犯罪，同样会招致法律的严厉处罚，不过，在一些非政治性领域，贵族官僚犯罪往往会得到许多的特权。

3. 答案：夏商时期，统治者正是用"天意"来作为其实施国家统治、进行镇压活动的依据。周代商后，西周统治者不能简单地套用夏商时代的神权理论来为现实服务，亟须解决承受天命的殷商为何覆灭，周人又为何能获得统治正当性的问题，并因此在政治、法律理论上做出了较大的突破。

(1) 西周统治者在夺取政权之初，就在立法、司法领域继承夏、商两代"天讨""天罚"等神权法思想基础上，进一步发展出一套"以德配天""明德慎罚"的思想主张。西周统治者指出天命不是固定不变的，作为世间万事万物的最高主宰，上天对所选择的人间君主并无特别的亲疏或偏爱，只会选择那些有德者，将天命赋予他们，并保佑他们完成自己的使命。人间的君主一旦失去应有的德性，就会失去上天的保佑和庇护，天命也随之消失或转移，新的有德者会取而代之，夏商王朝的覆灭就说明了这个道理。在中国历史上，"以德配天"理论的提出是政治理论上的一个巨大的进步。虽然这种要求大多仅停留在理论说教上，但也说明到西周政权建立时，当时的统治者已经发展为具有相当政治智慧、深谙统治之术的统治阶层了。

(2) 在"以德配天"的基本政治理论的基础上，西周统治者还进一步提出了"明德慎罚"的法律主张，并将此作为国家处理立法、司法事务的指导理论。所谓"明德"就是主张崇尚德治，提倡德教；所谓"慎罚"就是主张在适用法律、实施刑罚时应该审慎、宽缓。"明德慎罚"的主张实际上就是强调将教化与刑罚结合。

(3) "以德配天""明德慎罚"的主张，代表了西周初期统治阶层的基本政治观点，并作为治国的基本方针而在西周政治生活、立法和司法实践中发挥了实际的指导作用。在"以德配天""明德慎罚"思想指导下，西周各代统治者把道德教化与刑罚惩罚相结合，创造了一种特殊的"礼治"社会，形成了中国早期的"礼""刑"结合的法制特色。"以德配天""明德慎罚"的法律思想的影响也是极为深远的，它不仅在西周各种具体法律制度以及宏观法制特色的形成、发展过程中发挥了直接的指导作用，而且深深扎根于中国传统政治理论之中，被后世各朝统治阶层奉为政治法律制度的理想原则和正统的标本。

4. 答案："礼之所去，刑之所取，出礼则入刑"，说明了礼与刑的关系。"礼"是从正面、积极地规范人们的言行。"刑"则多指刑法和刑罚，是对一切违法背礼行为进行处罚。

(1) 礼、刑两种手段的共同性

从宏观上看，西周时期的礼、刑两种手段，都是维护社会秩序，调整社会关系的重要社会规则，它们相辅相成，互为表里，共同构筑了西周社会完整的法律体系。凡礼之所禁，必为刑所不容。

（2）礼居主导地位

在西周礼、刑二者的关系上，礼居于主导地位，刑要服从礼的指导。因为礼是积极的主动性规范，是禁恶于未然的预防，其功能在于全面地预防社会犯罪。

（3）刑居辅助地位

在西周礼刑关系上，刑居于辅助地位，在礼的指导下对已然发生的犯罪进行制裁，处于消极与被动的状态。

西周时期将礼、刑两种手段结合起来形成共同治理国家的方式，开创了世界上的一种独有治国模式，影响了中华法系两千余年。西汉的"德主刑辅"，唐初的"德本刑用"，明朝的"明礼以导民""定律以绳顽"的治国模式，都源于西周的礼刑结合的方式。西周在治国模式上，作出的贡献是开创性的，也是至关重要的。

5. **答案**：家族主义在中国的政治、法律制度上都产生了重要影响，国家在一定程度上赋予和保护家长的权利，但也让其承担了很重的法律责任，对于违反的要给予严厉处罚。

（1）亲属间相犯

卑犯尊加重处罚，尊犯卑则减轻。亲属相盗与凡人相盗不一样，罪名是与亲等成反比例，关系愈亲，罪刑愈轻，反之亦然。

（2）容隐

先秦儒家提倡子为父隐，父为子隐。汉律规定"亲亲得相首匿"，唐以后法律容隐范围不断扩大，只要是同居的亲属，无论有服无服，都可援用此律。明清时扩大于妻亲，连岳父母和女婿也包括在内。法律容许人民容隐，也就不要求亲属在法庭上作证人。子孙如果主动来告发，与容隐的原意也就相悖了，所以历代法律都严厉制裁子孙告父母和祖父母的行为。

（3）存留养亲

中国古代还存在一种称为"存留养亲"的法律制度，是指犯人的直系尊亲属年老须人照顾侍奉，但家中除该犯人之外别无成年劳动力的，若犯人所犯死罪不属于十恶，允许通过上请程序从轻处罚，流刑可以免于发遣、徒刑可以缓期执行，留下犯人照顾家中老人，待老人去世后再实际执行刑罚。这一制度体现出中国传统法律浓重的家族主义色彩。

（4）有限度的亲属复仇

中国社会关系以五伦为限，所以以五伦为范围，而朋友也在其中。报仇的责任是按照亲疏等级为准，报仇的责任也是有所不同的。五伦中以父为尊，所以父仇责任也就最重。《周礼》规定，报仇只要事先在朝士处登记仇人的姓名，将仇人杀死便可无罪。也有调人之官专门负责和解，并且复仇以一次为限。法律机构发达以后，生杀大权被国家收回，私人不再有擅自杀人的权利，杀人也就成为犯罪行为，须受到国法的制裁。复仇与国法不相容，自然也就被禁止了。西汉末年已有禁止复仇的法令。自东汉以降，除元代允许以外，都是禁止人民私自复仇的。然而，传统法律中却有"杀人移乡"的规定，犯杀人罪而获赦免之人，为避免被害者亲属的复仇，须被迁徙至原乡千里之外。这也体现着浓厚的家族主义观念。

6. **答案**：战国时期，新兴地主阶级利用已经在各诸侯国掌握的政权进行变法运动，以此来巩固政权。

（1）各国的变法。魏国任用李悝为相，推行新政。李悝的新政主要有："尽地力之教"；"善平籴"；鼓励垦荒、废井田，发展土地私有；制定《法经》以维护新政权所建立的统治秩序。楚国任用吴起实行变法，主要内容有：逐渐废除旧奴隶主贵族特权；"明法审令"，推行法治，整顿政治机构，裁减不必要的官吏。秦国则任用商鞅主持变法，商鞅在秦国两次发布变法令。第一次是公元前359年，这次变法的重点是打击奴隶主旧贵族的政治势力，第二次是公元前350年，这次变法的重点是废除奴隶制的土地制度。

（2）立法活动。战国时期，新兴地主阶级把本阶级的意志上升为法律，各国纷纷制定新法，以适应巩固封建制的需要。魏国曾几次制定和修订新法。文侯时李悝制定《法经》，襄王时有《大府之宪》。楚怀王时命屈原作"宪令",未成。秦国,商鞅以《法经》为蓝本"改法为律",进行法制改革,制定秦律,并颁布了各种有关变法革新的法令。赵国制定"国律",以为国之常法。韩国任用申不害进行变法,制定"刑符"以伸君权。

7. **答案**:春秋中叶以后,经济基础和阶级力量的变化引起了法律制度的变革,各诸侯国法律制度的一个重大改革就是公布成文法,但从整体上看,这种变革的发展是不平衡的。

(1)郑国。郑国曾两次制定法律。第一次是郑简公三十年,即公元前536年,执政子产"铸刑书于鼎,以为国之常法",这是中国历史上第一次正式公布成文法典。第二次是郑献公十三年,即公元前501年,驷颛杀邓析而用其"竹刑","竹刑"就是写在竹简上的法律,这在法律发展史上又是一大进步。

(2)晋国。晋国自文公以后,曾四次制定法律。第一次是晋文公称霸时作"被庐之法",第二次是赵宣子为晋国执政时制定的"常法",第三次是范宣子制定的刑书,第四次是把范宣子的刑书予以公布。

(3)楚国。楚国在春秋时曾两次制定法律。第一次是楚文王时作"仆区之法",第二次是楚庄王时作"茆门之法"。

8. **答案**:西周中后期,由于社会生产力的发展,在贵族之间已经出现任意转让土地的情况,使得"溥天之下,莫非王土"的土地国有制和"田里不鬻"的法律约束开始被突破,这无疑在事实上改变着夏商以来的井田制,反映了土地私有制开始萌芽,进入春秋时期,这种情况得到进一步发展。

生产力的发展带来了所有制结构的变化。铁制工具的应用和牛耕的出现,为各诸侯国开垦荒地、兴修水利,提供了有利的条件,从而使私有土地的数量不断增加。由于剥削惨重,奴隶们消极怠工和逃亡,为了维护自己的统治,奴隶主中一些"开明"之士,不得不改变剥削方式。齐国"相地而衰征",晋国"作爰田",这些都是改变井田制的开始。公元前594年鲁国的"初税亩",开始实行按亩收税,实际上等于承认私田的合法性。此外,楚国"书土田",郑国子产"作丘赋"。这些记载都说明井田制已经遭到破坏,封建土地私有制开始形成。

9. **答案**:公元前5世纪,魏文侯重用李悝为相,实行变法改革。李悝总结了春秋末期以来各诸侯国立法司法的经验,结合魏国的具体情况,制定了我国封建社会第一部系统的法典。

《法经》是一部"诸法合体"而以刑为主的法典。其中《盗法》是涉及公、私财产受到侵犯的法律;《贼法》是有关危及政权稳定和人身安全的法律;《囚法》是有关纠劾、关押犯人的法律;《捕法》是有关追捕罪犯的法律;《杂法》是有关处罚轻狡、越城、博戏、假借不廉、淫侈、逾制等贼盗以外犯罪行为的法律;《具法》是规定定罪量刑的通例与原则的法律,相当于现代刑法典的总则部分。《具法》以外的其他五篇为"罪名之制",相当于现代刑法典的分则部分。

《法经》内容、篇目、体例、结构虽然比较简单,却是中国历史上第一部比较系统、完整的成文法典。它以"法治"思想为指导,参考、总结、吸收前代各个政权的立法经验,集中代表了当时最高立法成就。在中国法律制度发展史上,《法经》占有非常重要的地位。

10. **答案**:指导思想:《法经》是李悝在魏国推行变法的立法成果,集中体现了当时流行的法家思想。法家以主张"以法治国"为核心观点,强调"法"作为能够定分止争的统治工具的重要性,主张以赏罚驱使、统治民众实现富国强兵。重视刑罚在维护社会秩序中的威慑作用,这些都是《法经》诞生的思想背景。

历史地位:首先,《法经》是战国时期政治变革的重要成果,是战国时期封建立法的典型代表和全面总结,体现了春秋以来立法的最高水平。其次,《法经》的颁布顺应了历史发展的潮流,反映并巩固了地主阶级的利益。《法经》的体例和内容为后世封建成文法典的进一步完善奠定了重要的基础。

从体例上看,《法经》六篇为秦代直接继承,成为秦汉律的主要篇目,魏晋以后在此基础上进一步发展,最终形成了以《名例》为统率,以各篇为分则的完善的法典体例。在内容上,《法经》中的各篇的主要内容大多为后世封建法典继承与发展。因此,无论从其历史作用还是对后世的影响来看,《法经》都是中国法制史上的一部极为重要的法典。

11. **答案**:春秋以来,代表不同阶级、阶层和集团利益的各派思想家开展的"百家争鸣",到战国时期达到了高峰。而这时新兴地主阶级已经掌握了政权,他们在立法过程中,便以代表本阶级利益的法家思想作为立法指导思想。大致可归纳为以下三个方面:

(一)"不别亲疏,不殊贵贱,一断于法。"

这句话是司马谈对战国时期代表新兴地主阶级利益的法家思想的概括,实际上也是新兴地主阶级用于指导立法的思想。其中心是取消旧奴隶主贵族在法律上享受的特权。所谓"亲疏",是按血缘关系而规定的法律特权;"贵贱",是按爵位的有无和高低享有不同的待遇;"一断于法",是要求"自卿相将军以至大夫庶有不从王令、犯国禁、乱上制者,罪死不赦"。也就是说,不论是谁,只要违法都要按法律论罪处刑。这样,开始打破了奴隶制"刑不上大夫"的壁垒。

(二)"法者,编著之图籍,设之于官府,而布之于百姓者也。"

这段话是当时法家韩非子说的。所谓"编著之图籍",就是制定成文法;"布之于百姓",就是要向百姓公布,使人人皆知法而又有法可依,从而否定了"刑不可知,则威不可测"的秘密法。

(三)"行刑,重其轻者。"

"重其轻者",是指在执行刑罚时,加重对轻罪的刑罚。商鞅认为:"行刑,重其轻者,轻者不生,则重者无从至矣。"就是说,加重刑于轻罪,轻罪就不致产生,重罪也就无从出现。因为"重刑连其罪,则民不敢试。民不敢试,故无刑也"。从而通过轻罪重刑的手段达到预防犯罪的目的。这一立法的指导思想主要是针对劳动人民的。这一思想对后世历代封建王朝的立法也有很大影响。

12. **答案**:(1)商鞅变法的内容。商鞅在秦国两次发布变法令。第一次是公元前359年,这次变法的重点是打击奴隶主旧贵族的政治势力,其主要内容有:"令民为什伍,而相牧司连坐";奖励告奸;奖励农业生产;奖励军功。第二次是公元前350年,这次变法的重点是废除奴隶制的土地制度,其主要内容有:重申分户令;取消分封制,普遍建立郡县制;废除井田制,确立封建土地所有制;统一度量衡制度。

(2)商鞅变法的意义。商鞅变法顺应了战国以来生产力的发展,新法的推行,剥夺了旧贵族的特权,巩固了新兴地主阶级的经济基础和政治统治,促进了秦国生产力的发展,提高了秦的国力,从而为秦国后来完成统一大业奠定了基础。商鞅改法为律,在中国法制发展的历史上也具有里程碑式的意义,律成为后世历代的基本法律形式。

论述题

1. **答案**:(1)在西周时期,除传统的"命""诰""誓"等王命,仍在社会生活中发挥着广泛的调节作用外,以"礼"为表现形式的各种习惯法,以及一些不成文的制定法,也是重要的法律形式。西周的主要法律形式包括:①"礼"。经过周公制礼以后,周礼作为内涵广泛的言行规范调整着西周社会各方面的社会关系。"礼"也是法律规范的重要组成部分。②《吕刑》。《吕刑》是西周时期吕侯所作的刑书。从《尚书·吕刑》所反映的情况看,此次法律改革的基本精神在于贯彻西周初年提出的"明德慎罚"的法制指导思想,强调在国家司法工作中,从司法官吏的选择到具体执法的各个环节,都必须慎重、崇德。以刑统罪,厘定刑罚;详细规定赎刑制度。③"九刑"。"九刑"是西周刑罚的泛称。史籍中关于西周"九刑"的记载说明西周已有比较完整的刑书,作为统治阶级定罪科刑的依据，也从一个侧面说明西周时期已经出现了带有开创性的立法创制活动。④"遗训"及"殷彝"。遗训是指商朝时期由前代、先王留下的规则、习惯。殷彝是指商朝的某些法规或习惯。在统治那些被征服的殷商遗民时，可以适用那些适合时宜、对现实统治无害的殷商时代的法规。

（2）西周时期的主要罪名有：①不孝不友。"不孝"罪被认为是最为严重的犯罪。在宗法体制之下，"不孝""不友"的行为，所危害的不仅是家庭伦理和亲情关系，而且危害到整个宗法社会的政治体制和社会秩序，所以被视为最严重的犯罪加以处罚。②犯王命。犯王命必诛。周王的意志通过各种形式发布而形成的王命，具有最高的法律效力，要求全体臣民绝对地遵行。所以，触犯、违抗王命的行为，也是最严重的犯罪行为。③群饮。周公等西周统治上层在总结殷商灭亡的经验教训时认识到，殷商王朝统治阶层酗酒废事，是政治腐败、社会混乱的一个重要诱因。为此，周公曾再三告诫，予以禁止。④违背盟誓。盟誓是先秦时代周天子与诸侯之间，以及诸侯相互之间通过祭祀上天等形式形成的具有很强约束力的法律规范。违背盟誓被看作一项非常严重的罪行，对于此类行为，大多数情况下是"告而诛之"，即将其背誓的行为公告于天下，再行诛灭。⑤杀越人于货。西周时期对于"寇攘奸宄，杀越人于货"等抢掠财物、劫杀人命的刑事犯罪，也规定了较重的刑罚予以打击。⑥失农时，为保证农业生产的正常进行，西周统治者颇为强调重视农时，规定失农时者治以罪。

2. 答案：（1）西周时期的主要司法机关有：①周王。在西周宗法制度的体制之下，周王是天下的最高主宰。因而西周的最高审判权掌握在周天子手中。周天子对于诸侯间的争讼以及一些重大案件拥有不可争辩的最后裁决权。当然，在西周中期以后，随着西周王室的衰微，周天子所代表的中央政府对各诸侯国和地方政权的实际控制力逐渐减弱，周王也逐渐丧失了实际上的司法控制权。

②中央司法官员。在周王之下，中央主要司法官员是大司寇，辅佐周王处理全国的司法事务。大司寇之下，设小司寇，作为大司寇的属官。除小司寇外，西周时期中央政府还设有士师、司誓、司约、司刺、掌囚、掌戮等众多的司法属吏，分别负责管理监狱、执行刑罚等具体的司法工作。

③地方司法官员。在地方，各级封建领主在其领地内拥有相对独立的司法管辖权。但是，按照宗法制度的要求，在一些重要问题上，下级领主应该承认其宗主的裁判效力。

（2）从现存的史料来看，西周时期对于案件的分类、控诉、审理、判决、执行等诉讼程序都有相应的规定，其中有些制度带有比较明显的早期封建社会的特色。

①民事和刑事案件的区分。西周时期，人们在观念上已经能够根据案件的不同特性，将民事案件和刑事案件进行区分。凡民事案件，一般称为"讼"，刑事案件则称为"狱"。

②告诉与审理。西周的民事诉讼和刑事诉讼都是以当事人或受害人自诉为主。轻微的案件可以口头的形式向官府提出控诉，重大的案件须提出书面文状。且需缴纳诉讼费用。

在西周时期严格的等级制度下，下告上被禁止。

③以"五听"的方式获取口供，查明案件事实。通过对长期以来司法经验的总结和提炼，西周时期形成了审理案件的"五听"制度。所谓"五听"，具体指辞听、色听、气听、耳听、目听，是审判案件时判断当事人陈述真伪的五种观察方式。从"五听"的具体内容可以看出，西周时期已经开始注意并能够运用司法心理学的一些经验来处理案件。

④证据制度。西周时期在审判案件时，也很重视证据的使用，所谓"有旨无简不听"。审判案件时，不仅要有当事人的陈述或口供作为依据，还要有相关的物证、书证来印证。由于宗法制度的影响，当事人之间的盟誓也常常被作为重要的证据使用。

⑤"三刺"制度。是指西周时凡遇重大疑难案件，应先交群臣讨论，群臣不能决时，

再交官吏们讨论，还不能决的，交给所有国人商讨决定的三个程序。"三刺"制度说明西周对司法判案的慎重，是"明德慎罚"思想在司法实践中的体现。

⑥司法官的法律责任。西周统治者对于司法官审理案件的法律责任作出了一些要求和规定。《尚书·吕刑》记载了关于司法官法律责任的"五过"制度，"五过之疵，惟官、惟反、惟内、惟货、惟来"。凡是司法官员在此"五过"之一，即要受到法律的惩处。

3. **答案**：西周时期逐渐形成了一系列刑法原则和刑事政策，这也集中反映了西周时期的宏观法制指导思想。首先，西周时期的主要刑法原则有：

（1）老幼犯罪减免刑罚。西周时期有"三赦之法"，它是西周时期对老幼犯罪减免刑罚的刑法原则。对于幼弱、老耄、蠢愚三种人，如果触犯法律，应该减轻、赦免其刑罚。这一原则正是西周时期"明德慎罚"法律思想在刑法定罪量刑方面的具体体现。

（2）区分故意与过失、惯犯与偶犯。西周时期还有"三宥之法"，它也是西周时期的主要刑法原则之一，即对三种情况下犯罪要宽宥、原谅："一宥曰不识，再宥曰过失，三宥曰遗忘。"在一些先秦典籍中，有"眚""非眚""终""非终"等记载，是关于过失与故意、惯犯与偶犯的区分。

（3）罪疑从轻、罪疑从赦、罪疑从赎。"罪疑从轻""与其杀不辜，宁失不经"，是关于中国上古时期疑罪从轻的记载。西周时期，周王朝为保证适用法律的谨慎，继承和发扬了疑罪从轻的传统，在司法实践中贯彻和推行"罪疑从轻""罪疑从赦"的原则，对于疑案难案，采取从轻处断或加以赦免的办法。《尚书·吕刑》中还可见对于有疑问的犯罪，采取赎的经济罚，以最大限度避免冤假错案的发生，体现用刑的慎重。

（4）同罪异罚制度。不同身份等级的人犯同样罪行，所承担的法律责任不同，适用的处罚结果也有别，这是一项极不公平的等级特权制度。

（5）宽严适中。基于"明德慎罚"的思想主张，西周时期在定罪量刑上强调"中道""中罚""中正"，要求宽严适中，不偏不倚。这一原则的提出也从一个侧面说明西周统治者在政治上的成熟。

其次，西周时期的刑事政策——"刑罚世轻世重"，就是说要根据时势的变化、根据国家的具体政治情况和社会环境等因素来决定用刑的宽与严、轻与重。"刑新国，用轻典；刑平国，用中典；刑乱国，用重典。""刑罚世轻世重"的理论，是长期的政治统治和用刑经验的结晶。这种理论和做法，后来被融入中国传统政治理论中，成为中国传统政治智慧的一部分，对后世各封建帝王用法用刑有很大的影响。

4. **答案**：春秋中叶以后，经济基础的变革，阶级关系的变化，引起了法律制度的变革，各诸侯国先后公布了成文法。新兴地主要求公布成文法的目的在于，打破奴隶主贵族垄断法律的局面，坚决要求制定成文法并公之于世，以维护他们的私有财产和其他权利，摆脱旧贵族的压迫和宗法等级制度的羁绊。

但是，郑国子产公布刑书，遭到了晋国以叔向为代表的旧贵族的反对。叔向曾写信给子产，认为公布成文法会令民众对上层失去敬畏，引起争夺和是非。此后不久，晋国铸刑鼎，也遭到孔子的反对，声称这会令晋国贵贱失序。显然，无论叔向还是孔丘，均是从旧贵族的立场出发，是为了维护旧贵族的特权而发的议论。

但是，成文法的制定和公布是历史发展的必然趋势，这种国家治理与社会控制的新方式，在一定程度上限制了旧贵族的特权，提高了法律的地位，还让广大民众知晓法律内容，打破了"刑不可知，则威不可测"的壁垒，使法律在社会生活的方方面面得到贯彻执行。同时，标志着奴隶制法制的瓦解，封建制法制的建立，从而促进了封建生产关系的发展。

5. **答案**：婚姻制度至西周时由于"礼"的发达而进化得非常成熟，并且对后世影响极大。特别是其婚姻原则、婚姻成立的条件和有关婚姻解除的制度，在其后三千余年的历史发展中几乎没有任何实质性的变化。

（1）婚姻制度的基本原则

①在西周时期，婚姻的基本制度可以说是"一夫一妻多妾"制。按照宗法制度的要求，从天子到诸侯再到平民百姓，一个男子只能有一个"妻子"，即正妻。除正妻以外，男子依照其身份，还可以合法地拥有数量不等的侧室，即"妾"。正妻及其所生子女，与妾及其所生子女，在家庭中有着明显不同的地位。这种嫡、庶之分，是为了保证家族延续和维持正常家庭关系，对维护和延续宗法制度有着重要的意义。

②"同姓不婚"。即禁止同一姓氏的家族成员之间的通婚行为。此项禁忌，主要基于两个方面的考虑。首先，长期的生活经验证明："男女同姓，其生不蕃。"即是说，同姓结婚，会生下不强健的下一代，从而会影响整个家庭、民族的发展。其次，禁止同姓为婚，多与异姓结婚，有利于"附远厚别"，即通过联姻的方式，在政治上更多地与外姓结盟，以便更好地维护既定的统治秩序。

③"父母之命，媒妁之言。"在宗法制度之下，婚姻的终极目的，除繁衍后代、承嗣家族以外，就是"合二姓之好"，绝非男女当事人个人之事。因此，婚姻的成立，基本前提就是"父母之命"。男女双方未经父母同意和媒妁中介私定终身，非礼非法，称为"淫奔"，必不为宗族和社会所承认。

（2）婚姻的成立。"一夫一妻""同姓不婚"及"父母之命，媒妁之言"，是西周时期婚姻成立的三项实质要件。除必须符合这些实质要件以外，在西周时期，婚姻的缔结还必须有庄重的仪式，这就是"婚姻六礼"。所谓"六礼"是指纳采、问名、纳吉、纳征、请期、亲迎。纳采是指男家请媒人向女方提亲；问名是指女方答应议婚后男方请媒人问女子名字、生辰等，以归卜于祖庙以定凶吉；纳吉是指卜得吉兆后即与女家订婚；纳征是指男方送聘礼至女家，故又称纳币；请期是指男方至女家商定婚期；亲迎是指婚期之日男方迎娶女子至家，至此婚礼始告完成，婚姻也最终成立。"六礼"中每一程序都有具体繁杂的要求，在当时条件下，如此繁复的程序，只有贵族才能履行，庶人以下是谈不上的。"六礼"是中国古代婚姻成立的形式要件，自西周以后，作为古代礼制的一部分，它为后世历代所继承。

（3）婚姻的解除。西周时期关于婚姻的解除也有若干制度，被称为"七出""三不去"。所谓"七出"，又称"七去"，是指女子若有无子、淫泆、不事舅姑、口舌、窃盗、妒忌、恶疾七项情形之一者，丈夫或公婆即可休弃之。但是，按照周代的礼制，已婚妇女若有下列三种情形则可以不被夫家休弃，即所谓"三不去"："有所娶无所归，不去；与更三年丧，不去；前贫贱后富贵，不去。"其中，"有所娶无所归"是指女子出嫁时有娘家可依，但休妻时已无本家亲人可靠，若此时休妻则会置女子于无家可归之境，故不能休妻。"与更三年丧"是指女子入夫家后与丈夫一起为公婆守过三年之孝，如此已尽子媳之道，不能休妻。"前贫贱后富贵"是指娶妻时贫贱，但经过夫妻的同甘共苦之后变成富贵，不能休妻。"三不去"在某种程度上对于任意休妻作了限制，但更主要的是为了维护宗法伦理的需要。"七出""三不去"制度是宗法制度下夫权专制的典型反映。作为西周时期婚姻制度的重要内容，其影响极为深远。中国后世几千年的传统法律中，关于婚姻解除的规定大体上都没有超出"七出""三不去"的范围。

6. 答案：西周初期统治者在"敬天保民""明德慎罚"思想的指导下，在整理夏商之礼的基础上制定了一套完整的"周礼"；同时，"制九刑"，规定了刑罚制度。礼刑相辅相成、互为表里，"失礼则入刑"，二者共同构筑了当时完整的社会规范体系。这种礼治与刑治结合的政治模式，开创了世界上一种独有的治国模式，对西汉的"德主刑辅"、唐初的"德本刑用"、明朝的"明礼以导民，定律以绳顽"等政治模式都有深刻影响。但是，在礼治与刑治二者关系上，根本地，前者居于主导，后者服从前者指导，也就是说后者处于消极和被动状态。可以说礼治与刑治结合的政治模式，没有把中国引向法治，相反，其成为人治与专制的渊源。

7. 答案：中国早期的社会文明在西周建立以后得到了较快的发展，其民事活动比以前更为活跃，调整民事活动的法律规范也相应丰富。特别是到西周中期以后，随着严格意义上的宗法体制的松弛和演化。以私人所有权为中心的民事关系和相应的民事规则也得到了进一步的发展。西周时期的民事规范涉及所有权、债、契约、商品交换规则等许多领域。

（1）所有权。西周实行政治上的分封制，周天子通过"授民授疆土"的形式，将天下的土地和臣民封赐给各诸侯王，各诸侯王实际占有、使用、享受收益，并可以进行再次封赐赠，形成各级更小的封建领主。在理论上，对于土地和臣民的最终所有权，掌握在周天子手中。除土地和臣民等与政治密切相关的特殊社会资源外，对于一些基本的生活资料和生产资料，动产和不动产以及奴隶，各级封建领主乃至自由民都拥有完全的所有权，可以自由地交换、买卖。

西周中期以后，随着地方经济的发展，原有宗法制度和宗法观念逐渐松弛，以各诸侯国为代表的地方势力逐渐强大，对于土地和人民的实际所有权，已经逐渐转移到有真正实力的诸侯或其他领主手中，一种新型的所有制关系——私人而非国家对于土地享有完全所有权的制度——由此萌生。从整体上看，在西周中期以后，土地私有化的趋势愈演愈烈。在主要依赖农耕生产方式的中国古代社会，土地是最为重要的社会资源，也是最为重要的一种商品。土地制度的变革，直接带动了整个社会结构的变化，包括经济关系、政治制度的变革。

（2）债和契约。在西周时期，随着商品经济的进一步发展，相对成熟和稳定的债权逐渐形成。与这种形式相适应，调整这种债权债务关系的法律规则也开始丰富起来。据史籍记载，"债"的称谓在西周时期已经出现，称为"责"。

从文献资料和金文资料所反映的情况看，西周时期的债权债务关系大致有两类：一是因契约而产生的债，二是因侵权和损害赔偿而产生的债。与债权债务关系的发展紧密联系在一起的，是民事契约关系的发展。据史料记载，西周时期的契约关系比以前有了较大的进步。在当时，比较普遍的契约形式有两种：一种称为"质剂"，另一种称为"傅别"。"质剂"是使用于买卖关系中的契约形式；"傅别"是使用于借贷关系中的契约形式。

案例分析题

1. 答案："礼"根本上是一个无所不包的文化体系，它一方面继承了早期祭祀活动社群团体内部秩序规定的传统，另一方面发展为各种具体的行为规范和各种人际关系的行为仪节。从上述的史料记载中可以看出，周礼在当时的社会生活中占有非常重要的地位，渗透到各个社会领域。周礼是一个庞大的体系，在国家和社会生活的各个方面都发挥着广泛而重要的作用。上述记载中提及在国家的行政、司法、军事、宗教、教育，乃至伦理道德、家庭生活等各个方面，都有礼的调节和规范。也就是说，在西周时期，维系整个社会的核心，保证国家机器和社会秩序正常运行的主要规范是"礼"的精神、"礼"的规范。而作为设范立制、禁于未然的规范，礼体现着国家意志，具有规范性和强制性，已经具备法的性质和作用。

2. 答案：这段话反映了春秋战国时期因为公布成文法所引起的争论。以郑国子产为代表的新兴地主阶级反对奴隶主贵族垄断法律，坚决要求制定成文法并公之于世，以维护他们的私有财产和其他利益。晋国旧贵族的代表叔向则完全从旧贵族的立场出发，为了维护旧贵族的特权而发表上述评论。子产虽然出身郑国旧贵族，但他的改革适应历史的发展，从而给郑国带来新气象，因此，事实证明以子产为代表的新兴地主阶级所主张的制定并公布成文法是适应历史发展的。

第三章 秦朝法律制度

✓ 单项选择题

1. **答案**：C。《睡虎地秦简·法律答问》中可见最早以身高作为法律责任能力衡量标准的记述。

2. **答案**：D。法律答问是以问答方式表现出来的秦官方对法律所作的解释，它对律文、术语、律文意图以及诉讼程序等都作出了明确解释，具有法律效力。

3. **答案**：C。秦律规定，凡属未成年犯罪，不负刑事责任或减轻刑事处罚。秦律以身高判定是否成年，目前存在两说，一说认为男性身高六尺五寸、女性六尺二寸为成年标准，一说认为男女均以身高六尺为成年标准，两说均不同选项表述，故 A 项错误。秦律重视故意与过失犯罪的区别。如据《法律答问》，故意诬告者，构成诬人之罪；主观上没有故意的而错告，按"告不审"从轻处理。故 B 项错误。秦律规定，教唆未成年人犯罪者加重处罚。故 D 项错误。C 项正确。

4. **答案**：B。A 项不选，城旦舂是秦朝徒刑中的一种，它强制犯人从事修筑城墙、舂米之类的劳役，其中男子修城墙，女子舂米，合称为城旦舂。

    B 项应选，鬼薪、白粲也是秦朝徒刑中的一种，男为鬼薪，即男犯为祠祀鬼神砍柴。女为白粲，即女犯为祠祀择米。

    C 项不选，司寇也是秦朝徒刑中的一种，即伺寇，意为伺察寇盗，令男犯到边疆服役。

    D 项不选，隶臣妾同样是秦朝徒刑中的一种，即将犯人及其家属罚为官府服役，男为隶臣，妇为隶妾。

5. **答案**：B。四选项均为出土自云梦睡虎地秦墓的与法律相关的竹简，被称为云梦秦简或睡虎地秦墓竹简。A、D 两项不选，《秦律杂抄》《秦律十八种》均是对秦律的摘抄，性质类似今天的实体法。B 项应选，《封诊式》是关于司法机关审理案件的原则、治狱程序、调查勘验等方面的法律规定，同时也包括一些具体的案例。C 项不选，《法律答问》主要是对秦律的某些条文、术语与立法意图以问答形式进行具有法律效力的解释，包括对诉讼程序中的一些具体问题进行解释和说明。

6. **答案**：D。秦朝把杀伤人、偷盗等危害封建统治的犯罪，列为严惩对象，这类犯罪称为"公室告"；把"子盗父母""父母擅刑"等引起的诉讼，称为"非公室告"。对非公室告，官府不予受理，子女坚持告诉的，还要给予处罚。

7. **答案**：B。A 项不选，枭首，是指斩首后悬其首级于杆上示众。

    B 项应选，弃市，是指在闹市将犯人杀死。

    C 项不选，腰斩，是指从腰部斩杀犯人。

    D 项不选，车裂，即人们常说的五马分尸。

8. **答案**：B。耐刑是剔去犯人胡须的惩罚，在秦律中适用范围很广，可与劳役刑复合使用。

9. **答案**：A。从出土简牍文献来看，虽然也有令、程、式等法律形式，但律仍是秦最基本、最主要的法律形式，目前可知的秦律篇目至少已有三十种。

10. **答案**：A。秦律依据案件的性质及所涉及当事人范围，区分"公室告"和"非公室告"两种情形。根据《法律答问》，"贼杀伤、盗他人"属于"公室告"。

11. **答案**：C。赀是秦律刑罚体系中的财产刑，睡虎地秦简可见赀盾、赀甲的刑罚。即要求受罚者缴纳价值一块盾牌或一副铠甲的财物。

12. **答案**：D。秦代奉行法家思想，轻罪重罚。特别是"偶语诗书""以古非今""非所宜言"等言论犯罪，不区分故意和过失，处罚极重，秦朝专制色彩浓厚。"失刑"是渎职罪，指司法官因过失而量刑不当，若系故意，则构成"不直"罪。该罪区分故意和过失，最不具有专制色彩，故选 D。

13. 答案：C。废除宫刑制度、创设鞭刑和杖刑，均在三国两晋南北朝时期完成。当时刑罚制度改革的主要内容有：一是规定绞、斩等死刑制度。二是规定流刑。把流刑作为死刑的一种宽贷措施。三是规定鞭刑与杖刑。北魏时期开始改革以往五刑制度，增加鞭刑与杖刑，后北齐、北周相继采用。四是废除宫刑制度。北朝与南朝相继宣布废除宫刑，自此结束了使用宫刑的历史，故 C 项表述错误。

14. 答案：B。"纵囚"指应当论罪而故意不论罪，以及设法减轻案情，故意使案犯达不到定罪标准，从而判其无罪，故 A 项正确。"失刑"指因过失而量刑不当（若系故意，则构成"不直"罪），故 C 项正确。"不直"指的是罪应重而故意轻判，应轻而故意重判，故 D 项正确。"见知不举"指官吏发现犯罪而不揭发、举报，该罪的适用以官吏发现或知道犯罪为前提，而不是所有"已经发生的犯罪"，故 B 项表述有误。

多项选择题

1. 答案：ABCD。刑罚适用原则有以下几种：刑事责任能力的确定以身高为准；区分故意和过失；盗窃按赃值定罪；共犯与集团犯罪加重处罚；累犯加重；教唆犯罪加重；自首减轻处罚；诬告反坐。

2. 答案：ABCDE。秦代的徒刑体系复杂。最重一级称为城旦舂，男犯被罚从事修筑城墙一类的劳动，女犯则被罚从事舂米一类的劳动；次一级的称为鬼薪白粲，男犯被罚从事为祭祀砍斫薪柴一类的劳动，称为鬼薪，女犯则被罚从事择米一类的劳动，称为白粲；再次一级为隶臣妾，指被罚没在官府做奴婢，男犯为隶臣，女犯为隶妾；再次一级为司寇、舂司寇、候，指被罚伺查盗寇或警戒敌情。

3. 答案：ABCDE。依据《睡虎地秦简·语书》，司法官不能察觉吏民违法犯罪的，被称作"不胜任"，察觉吏民违法犯罪而不敢处置的，被称作"不廉"，这两种行为均是"大罪"。而据《法律答问》，司法官故意轻判重罪或故意重判轻罪，称作"不直"；犯人有罪而故意不判或判无，称作"纵囚"；过失增减罪责，称作"失刑"。可见全部选项均当选。

4. 答案：ABCD。应注意题干设问，E 项不属于诉讼原则，而属于立法原则。

5. 答案：AB。吏臣妾因犯罪而受刑，官、私奴婢属于贱民，商贾和赘婿则因法律规定而被剥夺部分权利。在秦代，这三类人均不具备完整的民事权利能力。

6. 答案：AB。五个选项均属于睡虎地秦墓竹简中的《秦律十八种》，其中《田律》是关于农田水利、山林保护的法律。《仓律》是关于粮草仓的法律。《金布律》有关货币与市场交易的法律。《工人程》是关于官营手工业者工作量换算的法律。《效律》是关于检核官府物资财产的法律。

不定项选择题

1. 答案：ABD。"髡"是指剃光犯人的头发和胡须、鬓毛；"耐"指仅剃去胡须和鬓毛，而保留犯人的头发。故①错误。赎刑并非独立的刑罚，而是以缴纳赎金的方式，免受原有的刑罚，与之相对的，秦律中对轻微罪适用的强制缴纳一定财物的刑罚主要是"赀"。"赀"是用经济制裁来惩治官吏的一般失职和人民的一般违法行为的独立刑种。故②错误。⑤正确。具五刑又称俱五刑，并不是单一的一种肉刑，而是多种刑罚同时施加的残忍肉刑。故③错误。据《法律答问》，"定杀"是指将犯罪的麻风病人沉入水中溺死，是一种针对特殊主体的刑罚。故④错误。

2. 答案：C。这三项罪名均是关于官吏行为的规制。"不直"是指故意加重或减轻刑罚，"纵囚"则是指故意为罪人出罪，使其免受刑罚处罚。"失刑"则是因过失导致判决轻重失当。故均属于渎职类犯罪。

3. 答案：E。刖刑虽然属于肉刑，但并不会立即夺取犯罪人生命，并非死刑。其余四种均是秦代的死刑。

4. **答案**：BCDE。秦代的定罪量刑原则有，以身高为刑事责任标准；区分犯意有无、故意和过失；教唆同罪、累犯加重；自首从轻；连坐。故A项称规定责任年龄，并不准确，不当选。

5. **答案**：AB。C项腹诽罪最早由汉武帝创制，为秦代所无。D项虽然对象也是民众，但不属于言论犯罪。E项投书罪，据《法律答问》，应当是以投递匿名书信的方式告人罪，这为秦律所不许，秦代法律规定告诉必须亲自到官府进行。因此投书罪不属于言论犯罪。

名词解释

1. **答案**：公元前221年秦始皇统一中国后，充分认识到健全法制对国家富强的重大意义。秦始皇"使法令由一统"，将原来秦国的法制推广到统一后的全国各地；同时又采取种种立法措施完善法制，特别是在秦始皇三十四年（公元前213年），由丞相李斯主持"明法度、定律令"，对原有的法律加以全面的修订和补充，颁行全国。

2. **答案**：律是秦朝最主要、最基本的法律形式。它是朝廷就某一专门问题正式颁布的法律。律是由商鞅继受李悝《法经》，改法为律而来。秦律采取以罪统刑的编纂体例，打破了传统模式，律从此成为传统中国基本法律形式之一。从出土秦简可知，秦朝的律远超法经六篇，篇目超过三十种。

3. **答案**：令是对律的重要补充形式。它主要是君主或皇帝针对一时之事而以命令形式发布的法律文件。"令"的法律效力要高于"律"。自秦以后，皇帝的诏令成为中国古代最基本和效力最高的法律形式，充分体现了古代中国皇权的至高无上。

4. **答案**：《法律答问》也是秦代的主要法律形式之一。《法律答问》是秦朝朝廷和地方主管法律的官员对律令所作的权威解释，是对秦律的某些条文、术语以及律文的意图的解释，是对秦代律令条文的重要补充，它们与法律条文一样都具有普遍的约束力。

5. **答案**："不直罪""纵囚罪"是秦朝时期所规定的渎职方面的犯罪。"不直罪"是指对罪犯应该重判而故意轻判，应该轻判而故意重判。"纵囚罪"是指对罪犯应当论罪而故意不论罪，以及设法减轻案情，故意使案犯达不到定案的标准，从而达到判其无罪的目的。

6. **答案**："城旦舂"是秦代的一项关于剥夺犯罪人人身自由，强制其参加劳役的刑罚制度。具体要求是男犯筑城，女犯舂米。但实际从事的劳役并不限于男犯筑城，女犯舂米。

7. **答案**："具五刑"是秦代对被处以族刑的犯人本人的处罚方式。即"当三族者，皆先黥、劓、斩左右趾，笞杀之，枭其首，菹其骨肉于市。其诽谤詈诅者，又先断舌，故谓之具五刑"。即多种刑罚并用，成为秦法严苛的象征之一。

8. **答案**：廷行事是具有法律效力的判案成例。先秦的司法实践中已适用判例，判例可作为同类案件判决的依据。《法律答问》中多次提到廷行事，说明已成为律文之外可以援引的判例法。

9. **答案**："赀"是秦代用经济制裁来惩治官吏的一般失职和人民的一般违法行为的独立刑种。它包括三种刑种：一是纯罚金性质的"赀甲""赀盾"；二是"赀戍"，即发往边地做戍卒；三是"赀徭"，即罚服劳役。后两者均以劳动报酬抵扣罚金。

10. **答案**："公室告"与非"公室告"是秦代自诉案件的两种分类。所谓"公室告"，是指控告他人的杀伤和盗窃行为。所谓"非公室告"，是指父母控告子女盗窃自己的财产，以及子女控告父母、奴妾控告主人肆意加诸自己各种刑罚。对于这两类告诉，只有"公室告"才予受理；凡属"非公室告"，官府不予受理，若当事人坚持告发，则告者有罪；若是他人接替告发，也不能受理。

11. **答案**：诬告反坐是秦代定罪量刑的原则之一，即对于诬告他人者，以所告之罪罪之。按照《法律答问》，判断是否构成诬告需要区分故意和过失，只有故意陷害他人才构成诬告罪。若是出于过失则不算诬告，须依照"告不审"处理。但若诬告他人杀人，即使是出于过失，同样要以诬告罪论处。

12. **答案**：劾是将诉讼案件向司法机构告发的一

种方式，秦律区分"告"与"劾"，"告"指百姓纠举他人犯罪。"劾"即官吏纠举，指官吏非因自己被侵害，而是按照其职责要求对犯罪人向司法机构提起的诉讼。

13. 答案：御史大夫是秦代三公之一，专司对中央百官的监察，同时也是副丞相，下设御史若干人。御史大夫职责相当广泛。除掌管群臣奏章和下达皇帝的诏令外，还审理诏狱，承担一部分司法职能。

14. 答案：秦代的最高机构的设置。三公分别指丞相、太尉、御史大夫。其中丞相总管全国行政事务，是皇帝之下的最高执政官；太尉是最高专职武官，掌握军政；御史大夫专司中央百官的监察，也是副丞相之职，除掌管群臣奏章和下达皇帝的诏令外，还负责审理诏狱。

15. 答案："九卿"即奉常（掌宗庙礼仪）、郎中令（掌皇帝侍从警卫）、卫尉（掌宫廷警卫）、太仆（掌宫廷御马和国家马政）、廷尉（掌司法）、典客（掌外交和民族事务）、宗正（掌皇族事务）、治粟内史（掌租税钱谷和财政收支）、少府（掌专供皇帝需用的"山海池泽之税"）。九卿构成中央重要的行政官职和机构。

16. 答案："爰书"是秦代一种司法记录文书。秦律明确规定，在案件审讯时，须将审讯经过、在场人员、被告人的口供和所使用的证据等一一记录下来。秦代司法机构的审讯记录和在此基础上整理出来的案情报告，在《封诊式》中均称"爰书"。从《封诊式》所载事例来看，秦代的审讯记录大体上应包括以下内容：被审讯者的姓名、身份、籍贯、现居住地址，以及因何原因被控告；原告的诉词，被告的供述，司法官吏追问时他们的辩解词；被告人是否有前科；证人在讯问过程中提供的证词；有哪些证据；审讯过程中是否进行拷打。

17. 答案："盗徙封"是秦律规定的一种罪名。睡虎地秦墓所见的《法律答问》可见"盗徙封，赎耐"的规定。所谓封，即田界，盗徙封即私自移动田界，以侵占他人田地。这在秦律中是严加禁止的。这说明土地所有权

受到法律保护。

18. 答案："司寇"是秦代劳役刑的一种。也称"伺寇"，原意应是令犯人侦伺贼寇，后发展为一种轻罪劳役刑，犯人不一定从事伺查寇盗的工作。本刑重于"候"，而轻于"隶臣妾"。

19. 答案："睡虎地秦简"是1975年于湖北云梦县睡虎地秦墓所出土秦简的简称。该批秦简包含大量战国晚期至秦始皇时期秦代法制的重要资料，填补了传世文献的空白，内容包括《秦律十八种》《秦律杂抄》《效律》等律文，还有官方所作的法律解释《法律答问》、记录文书程式的《封诊式》和供学习做吏之人使用的识字课本《为吏之道》。

简答题

1. 答案：秦代虽然没有成文的行政法典，却有一系列单行的行政法规。这些行政法规的内容相当全面，几乎涉及当时行政活动的各个领域，并且，这些法规大多数类型完整，结构严密，确定性程度高，从而为各个行政机关提供了行为准则，充分体现出秦代"事皆决于法"的特征。

（1）皇帝制度。秦始皇统一天下后，创制了一整套保障皇帝地位和专制集权的制度，深远影响后世。不仅大量修改称谓，如命为制、令为诏，皇帝自称朕，印信称玺，死亡称崩等。而且由皇帝掌握最高权力，"天下之事无小大，皆决于上"。建立起一整套以皇帝为核心和顶点的中央集权体制。

（2）机构设置。秦代中央朝廷的机构设置是"三公九卿"。"三公"指丞相、太尉、御史大夫三个最高职官。其中，丞相总管全国行政事务，是皇帝之下的最高执政官；太尉是最高专职武官，执掌军政；御史大夫是丞相之副，专司中央百官监察，掌管群臣章奏和下达皇帝诏令。"三公"之下是"九卿"，即奉常、郎中令、卫尉、太仆、廷尉、典客、宗正、治粟内史、少府，九卿构成中央各重要的行政职官和机构。地方则废除封建，实行郡县制，由中央直接掌管地方。

（3）治官。官吏的任用强调严格标准。

睡虎地秦简《为吏之道》云："审民能，以任吏，非以官禄史（使）助治。不任其人，及官之暋岂可悔？"即要严格考察其德、才，方可任用为官吏，而不是以俸禄来驱使激励官吏处理政事。秦代统治者对官吏必须具备的基本条件作了较为明确的规定，以"五善"为标准。秦简《置吏律》《除吏律》还对任用官吏的时间、原则，特别是违法任用官吏的责任作了规定。重视对官员职责的考核和奖惩。秦代的各类经济法规和行政法规大多是以确定各专职官吏之职责的形式出现的，秦所见中的《田律》《厩苑律》《仓律》等各篇，对各类专职官吏的职责都作了明确规定。通过考核，一方面对政绩优异、在履行职务中取得卓著成效的官吏给予奖励，以调动官吏为朝廷效力的积极性；另一方面则对履行职务不力，玩忽职守，给国家政治、经济造成损失的行为，或违法营私行为，分别情形给予处分。秦律中专有"不直"和"纵囚"等渎职类犯罪的罪名。

2. **答案**：秦代监狱很多，秦简中的许多律条都载有监狱管理的规定，如有关工程建设管理的《司空律》，其内容就主要是管理刑徒的各种法律规定；其他如《工人程》《均工》《工律》《厩苑律》《行书律》《仓律》《金布律》也都有管理刑徒的内容。

秦代已形成了一套较为严密的监狱管理制度。当时法律对于囚犯饮食、衣着的供应标准和服劳役的办法，对于是否加戴刑具以及加戴什么种类、什么规格的刑具，对于不同等级、身份、年龄和不同犯罪性质的囚徒所应享受的不同待遇，都作了相当具体的规定。同时，秦代还形成了一种利用轻罪的"城旦司寇"来监领重罪刑徒的管理办法，城旦司寇一人可管理二十名城旦舂。秦律还规定，若刑徒不服管理要加重刑罚。狱吏若管理不力或违反规定，也要给予法律制裁。

3. **答案**：（1）婚姻制度。秦律对于婚姻的成立条件、婚姻的形式、夫妻双方的权利义务及婚姻的解除等方面都作了具体的规定。结婚只有到官府登记才有效，未经登记的婚姻是不受法律保护的。如婚姻已经登记，妻子私自逃亡，要负刑事责任，但若婚姻未经登记，私自逃亡的妻子则不受处罚；丈夫休妻也同样必须报官登记，据《法律答问》，弃妻不书，要被处以赀刑。

关于夫妻间的权利义务关系，秦律虽然也维护男尊女卑和夫权，但因受儒家文化影响较小，因而对夫权有所限制，秦律明确规定，丈夫不得随意伤害妻子，若殴打致伤，要被处以耐刑。而妻子则有权控告丈夫的一般性犯罪。对妻子人身权利的保护超过汉以后的历代王朝。

（2）继承制度。秦代的继承范围很广，除常见的继承外，还有皇位继承、宗祧继承、官职继承、爵位继承及其他身份继承。秦律对继承人的确认则有法定继承和指定继承两种，同时对于继承的方法也有比较明确的规定。比如，秦简《法律答问》云："何谓'后子'？官其男为爵后"，意即爵位继承人须到官府登记、经官方认可方为有效。

4. **答案**：秦代中央机构采用三公九卿制，地方则实行郡县制。

（1）秦代中央朝廷的机构设置是"三公九卿"。"三公"指丞相、太尉、御史大夫三个最高职官。其中，丞相总管全国行政事务，是皇帝之下的最高执政官；太尉是最高专职武官，执掌军政；御史大夫是丞相之副，专司中央百官监察，掌管群臣章奏和下达皇帝诏令。"三公"之下是"九卿"，即奉常、郎中令、卫尉、太仆、廷尉、典客、宗正、治粟内史、少府，九卿构成中央各重要的行政职官和机构。

（2）地方机构和基层组织：秦代地方废除西周以来的封建制，在地方实行郡、县制。郡以郡守为最高行政长官，执掌一郡全部政务，由朝廷任命、节制；郡守之下设郡尉，主管一郡军政事务。县以县令为行政长官，主管一县政务并兼理司法，由朝廷任免；其下设丞和县尉，协助县令工作。县之下有乡、里、亭等基层行政组织。乡以"有秩"为主管官吏，其下设乡老、啬夫、游徼等职；里以"里正"或"里典"为主管官史，里以下按什伍组织编制民户。此外，十里为一亭，设亭长，负责亭内侦察、拘捕人犯等警察事务。

5. **答案**：睡虎地秦简《为吏之道》对官吏必须具备的基本条件作了较为明确的规定，规定对民众要严格考察其德、才，方可任用为官吏。因此，以"五善"为标准。所谓"吏有五善：一曰忠信敬上，二曰清廉毋谤，三曰举事审当，四曰喜为善行，五曰恭敬多让"。这说明秦时对任官的要求，即忠君敬上、廉洁奉公、以身作则、宽厚平和、严肃认真、果断坚决、讲求工作效率。对于具备五善的官员，则有奖赏。

6. **答案**：秦代的民事权利主体大致有以下几类：

（1）国家—皇帝，这是最完全的民事权利主体。虽然秦廷设治粟内史和少府分别管理国家财产和皇帝私产，但大量的国家财产实质上也均是皇帝的私产；社会的基本生产资料，如土地、山林、河川等均为国家所有。国家经营农牧业，垄断采矿、冶铁、铸钱、兵器等手工业，官府亦经常与百姓发生买卖关系。

（2）有爵者、士伍或百姓，这是具有完全权利能力的民事权利主体。他们有完全的人身权利、财产权利和婚姻权利，还有单独立户的权利。

（3）作务、商贾、赘婿、后父，这是有限制权利能力的民事权利主体。他们没有完全的人身权，常与被剥夺了人身自由的罪犯一样发往边地；他们仅有受限的财产权。

（4）隶臣妾，这也是限制权利能力的民事主体。他们有一定的人身权；由于有服兵役的义务，有可能立功拜爵成为"有爵者"；他们有一定的由法律确认的财产权；也有完全的婚姻权和自立门户的权利。

（5）人奴妾和官奴婢，这是完全不具有权利能力的人。作为私人或官府的奴婢，他们只是被买卖的客体，完全没有人身自由权利，也没有任何私有财产权和单独立户权，他们只具有不完全的婚姻权，因而不能作为民事权利主体。

7. **答案**：从史籍记载来看，秦已创立了御史监察之制，皇帝是当然的最高监察权享有者，而以御史大夫专司中央百官监察之事。对地方则派遣监御史。秦的御史制度源于西周、春秋和战国时期的史官制度。至秦时，随着中央集权的君主专制制度的确立，原先在君主左右"掌赞书而授法令"的御史遂发展为兼司纠察之任的监察官吏。据史籍记载，秦代御史的职责相当广泛。

御史大夫属"三公"之一，是秦代的最高监察官，众御史之长。其地位在廷尉之上，十分显赫。御史大夫率属吏，构成秦代的中央监察机关。秦在各郡还设有监御史，是由朝廷派往地方执行监察任务的官吏，其主要职责是对所在郡的官吏实行纠察，并参与治理刑狱。但监御史并不是地方官职，也不专驻地方，而是受御史大夫和御史中丞直接指挥和节制。

从上面可以看出，秦代的御史监察之制尚处于初创阶段，其御史大夫、御史中丞及其他御史虽领有纠察之责，辅佐皇帝监察百官，但仍有其他各种行政事务，还不是专职的监察官员。不过，秦代开创的监察制度不仅为后世历代王朝所继承，而且，御史监察百官还成为中国古代政治制度和司法制度的一大特色，其历史影响是极为深远的。

8. **答案**：统一后的秦代法制形成了律、令、式、法律答问、法律文告以及程、课、廷行事等多种法律形式。

（1）律

"律"是最主要、最基本的法律形式。它是朝廷就某一专门问题正式颁布的法律。律是由商鞅继受李悝《法经》，改法为律而来。秦律采取以罪统刑的编纂体例，打破了传统模式，律从此成为传统中国基本法律形式之一。从出土秦简可知，秦朝的律远超法经六篇，篇目超过三十种。

（2）令

"令"是对律的重要补充形式，是皇帝针对一时之事而以命令形式发布的法律文件，它同"律"一样也是秦时经常使用的一种主要法律形式，但其效力高于律。"制"与"诏"成为皇帝命令的专称，从而不仅使之与其他人发布的命令区别开来，而且更赋予其最高威严，使之具有最高的法律效力。

(3) 式

"式"是朝廷统一颁布的规定官吏审理案件的准则以及书写审讯笔录、现场勘察笔录、查封笔录等法律文书程式的法律文件。"式"在文字上指"准则""标准""范例""模式"或"格式"之意。睡虎地秦简有《封诊式》，提供了秦代式的实例。

(4) 法律答问

《法律答问》是朝廷和地方主管法律的官员对律令所作的权威性解释，它们与法律条文一样具有普遍的约束力。采用问答形式，对秦律的某些条文、术语以及律文的意图作出了明确解释，是对秦代律令条文的重要补充。

(5) 法律文告

"法律文告"是秦代各级官吏在其职权范围内发布的具有法律效力的文告，但其效力通常仅限于发布者职权所辖的特定地区和范围之内。

(6) 程、课、廷行事

从睡虎地秦墓竹简来看，秦代还有"程""课""廷行事"等多种法律形式。秦简载有《工人程》三条，是朝廷颁布的用来规定主管人员考核官营手工业生产者劳动数量与质量的法律，由其内容分析，"程"与"式"一样含有"标准"之意。秦简中还载有《牛羊课》一条，其内容乃是关于牛羊畜养的法律。此外，秦墓竹简《法律答问》中有十余条直接以"廷行事"作为依据，其"廷行事"即判案成例。

9. 答案：秦朝刑罚以严苛著称，可大致分为六种类别。

(1) 死刑。秦律死刑有多种，主要有戮、弃市、枭首、腰斩、车裂。

(2) 肉刑。西周五刑中除大辟外的其他四种均保留在秦律中，即黥，也就是刺字；劓，割鼻子；刖，斩左右趾；宫，摧毁生殖器。

(3) 耻辱刑。从秦律可见，主要有髡和耐两种，前者指剃去犯人的头发和胡须，后者仅剃去犯人的胡须。常与劳役刑并用。

(4) 劳役刑。秦代的劳役刑有不同等级。最重一级称为城旦舂，男犯被罚从事修筑城墙一类的劳动，女犯则被罚从事舂米一类的劳动；次一级的称为鬼薪白粲，男犯被罚从事为祭祀砍薪柴一类的劳动，称为鬼薪，女犯则被罚从事择米一类的劳动，称为白粲；再次一级为隶臣妾，指被罚没在官府做奴婢，男犯为隶臣，女犯为隶妾；再次一级为司寇、候，指被罚伺查盗寇或警戒敌情。

(5) 财产刑。秦代的财产刑主要是赀，包含三种，第一是罚金，如"赀甲"，即罚没一副盔甲的财产；第二是赀戍，即发配戍边；第三是赀徭，即罚服劳役。后两者是以劳动来支付罚金。

秦代还有赎刑，虽然与"赀"都是缴纳财物，但赀本身是独立的刑罚，而赎是以缴纳金钱来免除其他刑罚，是一种替用刑。

(6) 迁徙刑。主要是迁，指将犯罪者迁徙到边远地区，不得迁回。

10. 答案：秦代的定罪量刑原则有：①以身高确定刑事责任。秦律规定，凡属未成年人犯罪，不负刑事责任或减轻刑事责任。②确认主观意识状态，区分故意与过失。秦律十分重视人的主观意识状态，一方面注重区别有无犯罪意识，这是判定被告人的某些行为是否构成犯罪的重要依据；另一方面则明确区分故意与过失。③教唆同罪，教唆未成年人犯罪加重处罚。④加重原则。累犯加重，共同犯罪和集团犯罪加重。⑤减轻原则。自首减免刑罚，消除犯罪后果减免刑罚。⑥实行连坐。一人犯罪，全家、邻里和其他有关的人连同受罚。⑦诬告反坐。秦律即对于故意诬告他人者，以所告之罪罪之。

论述题

1. 答案：秦代的诉讼制度包括：

第一，诉讼程序：

(1) 诉讼的提出。秦代的诉讼案件一般采取以下两种方式向司法机构告诉：一是劾，即官吏纠举，指官吏非因个人被侵害，而是按其职责要求对犯罪人向司法机构提起的诉讼。二是告，即民众为维护自己的利益而向司法机构提出诉讼。

（2）告诉的限制。秦代将自诉案件分为"公室告"与"非公室告"两种。所谓"公室告"，是指控告他人的杀伤和盗窃行为；所谓"非公室告"，是指父母控告子女盗窃自己的财产，以及子女控告父母、奴妾控告主人肆意加诸自己各种刑罚。对于这两类告诉，只有"公室告"才予受理；凡属"非公室告"，官府不予受理，若当事人坚持告发，则告者有罪；若是他人接替告发，也不能受理。秦律还禁止诬告和轻罪重告，对于诬告实行反坐原则，对于轻罪重告也予以惩罚。在通常情况下，也不受理对已死亡被告的控告。对于不实的告发，还设有"告不审"的罪名。

（3）案件的审理。在秦代，案件的审理主要包括原、被告双方到庭、讯问、调查、做审讯记录等内容。秦代同西周一样，在案件审讯时须原、被告双方到场；在案件审理过程中，讯问也是最重要的环节，它包括讯问原告人、被告人和证人，其中尤以讯问被告人以获取口供为关键。调查分为三方面内容：一是为了案件的局部不清问题而专门进行的单项或几项调查工作；二是现场勘验；三是法医检查或鉴定。在案件审理时，须将审讯经过、在场人员、被告人的口供和所使用的证据等一一记录下来。爰书，就是秦代司法机构的审讯记录和在此基础上整理出来的案情报告。

（4）案件的判决和再审。若对判决不服，当事人有权"乞鞫"，即提出重新审判的要求。这种要求既可以由其本人提出，也可以由他人代为提出，但这种要求只能在判决以后提出方予受理，若在案件判决之前则不能受理。

第二，诉讼原则：

（1）有罪推定原则。秦代诉讼最基本的原则是"有罪推定"，即刑事被告人一经被告发，在未经司法机关判决之前，就被推定为有罪，并以罪犯对待。

（2）依法律和事实判决的原则。虽然实行"有罪推定"，但在诉讼过程中，秦律还是严格要求司法官吏认真查验证据，依事实去适用法律，依据法律和事实对案件进行判决。而秦律针对法官责任所规定的"失刑罪""不直罪"和"纵囚罪"，则是对这一原则的保障。

（3）有条件的刑讯原则。秦简《封诊式》所载《治狱》《讯狱》两则是现存最早的关于中国古代刑讯问题的法律规定。秦代在一般情况下不提倡刑讯，但当司法官吏认为当事人回答问题不实、狡辩时，则允许刑讯，这说明秦律实行的是有条件的刑讯原则。

（4）证据原则。秦代诉讼过程中还贯穿着一系列的证据原则，主要有：以被告人口供作为主要定案依据原则；官吏举奸与民人告奸必须举证原则；广泛收集证据原则；各种证据必须详载于笔录的原则；等等。

作为古代中国第一个中央集权的专制王朝，秦代的诉讼制度在中国法制史上具有承上启下的重要地位，秦代上承夏、商、周三代和春秋战国，下启汉以后两千余年的中国古代诉讼传统，其诉讼制度的基本方面，均长久地为后世所沿用，直到清末仍基本未改，可见其影响是极为深远的。

2. 答案：（1）韩非法治思想的内容

韩非的法律思想体系，概括了前期法家思想的内容，并在其基础上有所发展，简要地说，一是从历史的发展、人性的好利恶害、人口的增长方面论述了法治的必然性；二是从法的本质、特征、作用等方面论述了法治的必要性；三是从法、势、术三者结合方面论证了法治的可行性。

（2）韩非法治观对中国传统法律文化的影响

①韩非是战国末年法家主要代表，先秦法家法律思想的集大成者。他将刑名法术作为治国之大器，竭毕生之力来为自己的主张游说，虽然最终未能摆脱因游说不力而被诛杀的命运，未能亲自施展自己的理论，但其法术治理国家的理论，发扬了法家的思想，使之成为中国历史上与儒家相抗衡的最为重要的思想，以今天的眼光来看，其原创的许多重要思想，现实意义要远远超过儒家理论，

为横在时代十字路口的中华民族，指明了发展的方向。

②韩非在其理论中详细论述了国富民强的根本之策在于法。韩非提出："法者，事最适者也。"法律是适合时代的东西，必须具有现实的作用。"宪令著于官府，刑法必于民心，赏存乎慎法，而罚加乎奸令者也""法者，编著之图籍，设之于官府，而布之于百姓"。法律是由官方编撰的成文法，而且要使人民知晓。这种国家法的观念仍然深刻地影响着现今国家法的建构。

韩非提出的法治思想，对当时及后世的社会产生了重要的影响。

他主张用赏罚分明的手段、严酷的刑法和相对稳定的律令来实现国家的强盛。对于法，韩非提出"是以赏莫如厚而信，使民利之；罚莫如重而必，使民畏之；法莫如一而固，使民知之"。法成为赏罚的标准，而要使法律规则相对稳定，否则"法趣上下，四相反也，而无所定，虽有十黄帝不能治也"。

3. **答案**：(1) 法家所提倡的、秦所实践的"法治"主要包括：

① "一断于法"。中心思想就是取消旧贵族在法律上所享受的一切特权。同时，"刑过不避大臣，赏善不遗匹夫"，主要是指平等适用法律的原则。但这一原则同等级制度原则并不是根本对立的。

②法律必须公开。"布之百姓"，就是必须向百姓公布所制定的成文法，使民众知晓，让他们"知所避就"，以便在实践中按法律的要求行事，从而否定了"刑不可知，则威不可测"的秘密法。

③轻罪重刑。通过轻罪重刑的手段达到预防犯罪的目的。

④赏罚分明，将法律理解为简单的赏罚，作为驱使民众的工具，而弱化法律规范的伦理基础。

该种"法治"虽然强调依法办事，但是在传统封建社会，国家统治、判断是非抛不开君主至高无上的权利，实质上是君主领导下的"法治"。法律本身来自，也最终服务于君主的个人意志，其本质仍然是一种"人治"。

(2) 现代法治强调法律作为一种社会治理工具在社会生活中的至上地位，并且关切民主、人权、自由等价值目标。法律通过民主程序创立，反映民众的意志，并通过同样产生于民主程序的国家机关实现社会的治理。国家公权力的行使受到法律的制约。法治是人类政治文明的重要成果。全面推进依法治国、建设社会主义法治国家，既是经济发展、社会进步的客观要求，也是巩固党的执政地位、确保国家长治久安的根本保障。

(3) 法家所提倡的、秦所实践的"法治"与现代的"法治"的异同。两者都强调法的统治，都制定颁布了一系列法律法规，都对社会秩序调整起到了重要作用。但是两者存在本质区别：

①古代法治建立在封建专制主义统治的基础上。秦代法治维护的是少部分统治阶级的利益，就是封建贵族的利益，现在的法治维护的是最广大人民的利益。

②古代法治的内涵是运用"势、术、法"三种手段统治人民，是一种驭人之术，体现出强烈的工具主义色彩；现代法治是通过民主的立法程序，完善科学的立法技术，以法律制度维护公民权利和社会公平，是一种民主保障。

③古代的法治只是统治者统治人民的一种手段，维护的是其专制统治，统治阶层可以凌驾于法律之上，所以本质上是"人治"；近代法治，赋予法律最高的地位，国家的一切政治生活都在其框架内运行，没有法外公民，是真正的依法治国。

第四章　汉朝法律制度

☑ 单项选择题

1. **答案**：A。上请制度是汉代法律儒家化的体现之一，汉高祖时下诏，官僚贵族犯罪，司法官不得擅自判决，必须上报请求皇帝裁决。以示优待。

2. **答案**：A。汉律六十篇中，《傍章律》是关于礼仪制度的专门法律；《朝律》是关于朝贺制度方面的法律；《越宫律》主要是关于宫廷警卫方面的专门法律；《九章律》是汉朝的基本法律，内容较广。

3. **答案**：D。该原则来源于儒家创始人孔子所言的"父为子隐，子为父隐，直在其中"理论，确立于汉宣帝时期，即亲属之间可以互相隐瞒犯罪。具体来说，对亲属中的卑幼首匿尊长的犯罪行为，不追究刑事责任。对尊长首匿卑幼的，若是死刑案件，可上请皇帝。这一原则一直为后世封建王朝所沿用。

4. **答案**：B。当时宫刑被视为贷死之刑，汉武帝时的司马迁即曾受宫刑。

5. **答案**：D。A项轻徭薄赋和B项约法省刑是汉初在黄老无为而治思想的指导下的具体政策，而C项德主刑辅则是汉武帝以后在独尊儒术的指导思想下的具体主张。

6. **答案**：B。汉文帝开始刑法改革的直接起因是发生在文帝十三年（公元前167年）的一件事情：齐太仓令获罪当处墨刑，其女缇萦上书请求将自己没为官奴，替父赎罪，并指出肉刑制度断绝犯人自新之路的严重问题，文帝为之所动，下令废除肉刑。B项正确。

7. **答案**：C。汉代的"春秋决狱"是法律儒家化在司法领域的体现。其特点是根据儒家的经典《春秋》等著作中提倡的精神原则审判案件，而不仅仅依据汉律审案。《春秋》决狱实行"论心定罪"原则，其要旨是必须根据案情事实，追究行为人的动机，如犯罪人主观动机符合"忠""孝"精神，即使其行为构成社会危害，也可以减免刑事处罚。相反，犯罪人主观动机严重违背儒家倡导的精神，即使没有造成严重危害后果，也要认定犯罪给予严惩。以《春秋》经义决狱为司法原则，对传统的司法和审判是一种积极的补充，但如果仅以主观动机的善、恶判断有罪、无罪或者罪行轻重，也会为司法官吏主观擅断提供依据。综上可知，本题选C。

8. **答案**：C。汉承秦制，仍以廷尉为最高司法机构。A项刑部，汉代还未发展出六部制。BD项。御史台，秦汉时虽有御史大夫及御史，但主掌监察，偶涉司法，不是最高司法机构。司隶校尉也是检察官而非司法官。故本题选C。

9. **答案**：A。汉律儒家化的表现之一为"亲亲得相首匿"，主张亲属间藏匿犯罪可以不负刑事责任。来源于儒家"父为子隐，子为父隐，直在其中"的理论，对卑幼亲属首匿尊长亲属的犯罪行为，不追究刑事责任。A项正确。

10. **答案**：B。并非近亲属之间首匿所有的犯罪行为均不负刑事责任。尊亲属为犯死罪的卑亲属隐匿，其首匿之罪需要上报廷尉定夺，仍有可能承担刑事责任。

11. **答案**：C。C项，阿党附益，即诸侯国的官吏与诸侯王结党，知其犯罪不举奏为"阿党"；朝廷大臣交通诸侯，助其获得非法利益构成"附益"。本题中，朝廷大臣严助接受诸侯王"厚赂"，与其"交私论议"，助其获得非法利益，构成的罪名是阿党附益。

    A项，见知故纵，即官吏见知贼盗犯罪真情而不及时举告者，也构成犯罪。

    B项，通行饮食，即为盗贼提供饮食，传递情报，充当向导者，罪至大辟。

    D项，怨望诽谤，即因怨恨不满而诽谤朝政。

12. **答案**：C。汉律规定的左官罪指官吏违犯法令私自到诸侯国任官，即"舍天子而仕诸侯"。左官受到各种限制，如不得驻留京师、不得宿卫宫廷、诸侯犯罪左官要负连带责任等。A项为汉律规定的阿党罪。B项为汉律规定的附益罪。阿党罪和附益罪合称"阿党附益罪"。D项为汉律规定的露泄省中语罪。

多项选择题

1. **答案**：BD。"以德配天""明德慎罚"是西周的法制指导思想。汉中期以后，被儒家发挥成"德主刑辅，礼刑并用"的基本策略，从而为以"礼法结合"为特征的中国传统法制奠定了理论基础，故BD正确。

2. **答案**：ACD。"春秋决狱"是汉代法律儒家化的重要表现之一，以儒家经典体现的伦理精神作为裁判的重要依据。"八议"制度则是西周"刑不上大夫"传统和汉代上请制度的发展，体现出"尊尊"原则。"准五服制罪"则是以服制亲疏来作为亲属间犯罪定罪量刑的重要考量，体现传统儒家"亲亲"原则。这三项制度都直接接受儒家思想影响。

3. **答案**：ABD。C项《具律》本就是《法经》六篇之一。

4. **答案**：AE。汉代主要的法律形式为律、令、科、比。

5. **答案**：CDE。ABD三项见前题解析。C项《酎金律》是规定诸侯所进献的用于宗庙祭祀的黄金的成色的法律，汉武帝以此为由大大削弱诸侯势力。E项《左官律》则是禁止官员违犯法令私自到诸侯国任官。故本题选CDE。

6. **答案**：ABD。徒刑即剥夺罪犯人身自由，强制其服劳役的刑罚。秦汉时期的徒刑主要包括城旦舂、鬼薪白粲、隶臣妾、司寇、候等。弃市属于死刑。

不定项选择题

1. **答案**：ABC。汉宣帝诏令"父子之亲，夫妇之道，天性也……自今子首匿父母，妻匿夫，孙匿大父母，皆勿坐，其父母匿子，夫匿妻，大父母匿孙，罪殊死，皆上请廷尉以闻"。也就是说，亲属间的卑幼首匿尊长的犯罪行为，不追究刑事责任，故选ABC项。对亲属中的尊长首匿卑幼的犯罪，一般犯罪不负刑事责任。死刑案件则上请廷尉，是有条件地不负刑事责任，故不选D项。

2. **答案**：ABE。汉文帝十三年下诏废除肉刑，规定：当完者，完为城旦舂；当黥者，髡钳为城旦舂；当劓者，笞三百；当斩左趾者，笞五百；当斩右趾者，弃市。

名词解释

1. **答案**：乞鞫是汉代复审制度。汉律有"有故乞鞫"的规定，就是说对原司法机关的判决不服，允许当事人上诉，向上级司法机关请求复审。复审期限是判决后的三个月，过了三个月，便不得请求复审。汉律关于乞鞫的规定，体现了汉代统治者"慎刑"考虑。通过这项制度，也可对司法官吏执行法律的情况能起到检查的作用。

2. **答案**："鞫"是司法官制作的确认案情内容的文书。读鞫就是司法官员向被告宣读"鞫"文书。也被称作读书。

3. **答案**：汉代对死刑的执行，实行"秋冬行刑"制度。汉代统治者根据"天人感应"理论，规定春夏不执行死刑。除谋反大逆"决不待时"者外，一般死刑囚犯须在秋天霜降以后冬天以前执行。因为这时候"天地始肃"，杀气已至，便可以"申严百刑"，以示所谓"顺天行诛"。"秋冬行刑"制度对后代有深远的影响，唐律规定"立春后不决死刑"。明清律中规定的"朝审""秋审"制度亦可源于此。

4. **答案**：黄老思想形成于战国后期，集道家与法家的思想于一体，西汉初期成为当时的立法指导思想。黄老思想的特点是无为而治，反映在立法指导思想上是"轻徭薄赋""约法省刑"。黄老思想适应了当时与民休息的现实需要。成为从秦朝"专任刑罚"的法家思想向西汉中期以后"德主刑辅"的儒家思想过渡的一种法律思想。

5. **答案**："春秋决狱"是西汉中期儒家代表人物董仲舒提出来的，是一种审判案件的判断方式，主要用儒家经义对犯罪事实进行分析、定罪，即除用法律外，可以用儒家经典中的思想来作为判决案件的依据。主张原心定罪，除考虑客观的犯罪行为外，也重点关注犯罪者的主观动机。

6. **答案**：最早提出这一原则的是孔子。他主张"父为子隐，子为父隐"。汉代儒家思想定为一尊之后，"亲亲得相首匿"便成为汉律中定罪量刑的一项原则。根据这一原则，卑幼首匿尊长，不负刑事责任；尊亲长首匿卑幼，除死罪上请减免外，其他也不负刑事责任。这一原则为后世封建法典所继承。

7. **答案**："六条问事"是汉武帝为刺史监察地方而制定的监察法规，是刺史用于行使监察权的依据。"六条"的内容是：一条，强宗豪右，田宅逾制；二条，二千石不奉诏书；三条，二千石不恤疑狱；四条，二千石选署不平；五条，二千石子弟恃怙荣势，请托所监；六条，二千石违公下比，阿附豪强。除第一条是针对地方豪强势力之外，其余五条均是针对地方长吏及其子孙。

8. **答案**：为了有效镇压农民起义，汉武帝作《沈命法》规定："群盗起不发觉，发觉而弗捕满品者，二千石以下至小吏，主者皆死。""敢蔽匿盗贼者，没其命也。"沈，即沉、没的意思，沈命，即指对敢于隐藏盗贼的人，剥夺其生命。《沈命法》的意思就是惩处隐匿盗贼之法。颁布此法的目的是督促官吏及时发现和缉捕盗贼。根据这个法律，如果"群盗起"有关官吏未发觉或者发觉而未全部逮捕，郡守以下皆处死。

9. **答案**：两汉时期颁布了多部关于贵族官员有罪先请的诏令。规定公侯及其嗣子和官员三百石以上者在法律上皆享有有罪"先请"的特权，司法机关不得擅自判决。凡经上请一般都可以减刑或免刑。先请制度确立于西汉，并为后世封建帝王所沿袭，也是"刑不上大夫"刑法原则的体现。

10. **答案**：所谓"录囚"，是指上级司法机关对在押囚犯的复核审录，以检查下级司法机关对案件的审理是否有失公正，并纠正冤假错案。汉代录囚有皇帝录囚、刺史录囚及郡守录囚。两汉时期，通过皇帝、刺史及郡守的录囚活动，一些冤假错案得到了平反，这也有利于提高地方司法官明法慎刑的自觉性，从而使当时的司法状况得到一定程度的改善，并对后世的司法实践产生了积极的影响。

11. **答案**：汉代法律形式之一。又称"比"，是用来比照判案的典型判例。"比"能补律令之不足，"凡律无条，取比类以决之"。汉代广泛采用判例断案，"比"的数量很多。其渊源于秦朝的《廷行事》，可视为一种判例法。

12. **答案**：廷尉是秦汉至北齐主管司法的最高官吏，审理全国案件。廷尉属丞相之下的列卿之一，地位颇高，其下设正和左右监等属官，助其办理具体事务。廷尉的主要任务：一是负责审理皇帝下令审理的案件；二是审理地方移送的重大和疑难案件。两汉时期，廷尉制度日臻完善，它的奏谳定刑、司法监察、制定法律的功能日趋凸显，反映出我国封建社会上行阶段司法制度的完善。与此同时，廷尉制度维护了封建君主的绝对独尊地位，使封建君主有效地约束官吏的行为，达到了以法治吏从而肃清吏治的目的，但这也带来了一定负面的影响。

13. **答案**：《九章律》是汉朝的主要法律之一。汉朝建立后，汉高祖刘邦鉴于全国形势，感到"三章之法，不足以御奸"，于是令萧何参照秦律"取其宜于时者，作律九章"。《九章律》是在《法经》六篇的基础上加上《户律》（户籍、赋税、婚姻的法律）、《兴律》（征发徭役、预防守备的法律）、《厩律》（牛马畜牧、驿传的法律）共九章，史称《九章律》。

14. **答案**："德主刑辅"思想来源于西周的"明德慎罚"思想和先秦儒家的"宽猛相济"，而有所发展，是由汉朝董仲舒正式提出来的，一直影响着整个中国封建社会的法律思想。"德主刑辅"思想的主要内容在于：①统治者应秉承"天意"，对人民进行教化。②不反对动用刑罚，但教化是"本"，刑罚为"末"，本末不可倒置。③德主教化，而教化的核心是"三纲五常"。

15. **答案：**"约法三章"是指西汉初年的一项立法活动。汉高祖刘邦率军攻入秦都咸阳之时，为了争取民心，便以废除秦朝苛法为号召，与关中父老约法三章："杀人者死，伤人及盗抵罪。"这与繁密严苛的秦朝法律相比，简便易懂，故使"兆民大悦"，颇受秦人欢迎。后来，随着汉朝政权在全国的确立，新的政治、经济形势使汉帝国的统治者深感"三章之法，不足以御奸"，于是丞相萧何受命制定新的法典。

16. **答案：**"汉律六十篇"，是汉朝最重要、比较稳定的四部律的统称，具体包括萧何取舍秦律所作《九章律》9篇、叔孙通所作主要规定仪礼的《傍章律》18篇、张汤所作关于宫廷禁卫的《越宫律》27篇以及赵禹所作关于诸侯朝见天子的《朝律》6篇，共计六十篇。

17. **答案：**缇萦上书是汉初肉刑改革的起因。汉文帝时期，齐太仓令淳于意犯罪，于法应受肉刑。其女缇萦随刑车至长安，上书汉文帝，愿意将自己没入官府为奴婢，以赎其父当受肉刑。汉文帝感念其孝诚，遂下诏改革肉刑。

简答题

1. **答案：**西汉刑事法律以全面维护以君主为核心的中央集权制度为目标，主要体现在以下几个方面：

    其一，维护皇帝的安全与尊严。在西汉的立法中针对危害皇帝安全与尊严的行为，规定了一系列罪名，对这些犯罪处以严厉的刑罚。

    其二，颁布特别法限制和打击诸侯王的势力，以巩固皇帝和中央政府的权威。主要包括：阿党附益之法，阿党附益是指中央官员外附诸侯，犯此罪者皆处重罚；《左官律》，规定舍弃朝廷的官职而奉事诸侯，是对抗中央的犯罪行为；《酎金律》是惩罚诸侯在酎祭时所献贡金质量不合标准的法律；《事国人过律》，诸侯不得未经中央许可而过度役使地方官吏，否则以违法论罪。

    其三，严厉镇压民众反抗，并强化官吏的镇压职能。汉律中有谋反、贼盗、群盗、通行饮食等罪名及相应的严厉处罚，以镇压民众的政治反抗。

    其四，宣扬并维护家国一体，忠君孝亲。汉律把"盗贼""群盗"与杀父母都作为大逆不道的重罪给予严厉惩罚，从而把齐家与治天下联系起来，通过对孝道的维护达到维护君主权威的目的。

2. **答案：**两汉的爵位继承仍实行嫡长子继承制，强调父死子继。汉律有关于"非子""非正"的规定，非子指"非亲生子"，非正指"非嫡妻子"，若非子、非正继承爵位，将被免除爵位及封国。即不承认非亲生之子、非嫡妻之子的继承权。

    关于财产继承，主要指土地和财物。汉代开始出现诸子均分财产的情况。汉代已有遗嘱继承，书面遗嘱叫"遗令"或"先令书"。

    此外汉代出现了收养制度，宦官的养子，与亲生子的地位相同。

3. **答案：**由于汉中期诸侯王实力不断加强，逐步形成与中央对抗的割据势力，并最终酿成"七国之乱"，因此汉中央政府制定了一系列限制、打击诸侯势力的单行法律，主要包括：

    （1）阿党附益之法。阿党附益是指中央官员外附诸侯，犯此罪者皆处重罚。

    （2）《酎金律》，酎金律是惩罚诸侯在酎祭时所献贡金质量不合标准的法律。

    （3）《左官律》，"舍天子而仕诸侯"，被称为"左官"。舍弃朝廷的官职而奉事诸侯，是对抗中央的犯罪行为。

    （4）《事国人过律》，诸侯不得未经中央许可而过度役使地方官吏，否则以违法论罪。

4. **答案：**汉承秦制。汉初，朝廷执掌行政、军事、监察事务的最高官吏仍是丞相、太尉和御史大夫。丞相势力极大，至汉武帝，随着封建经济、政治实力的增强和战争的胜利，皇权显著上升，丞相职位虽高，权力则逐渐缩小。皇帝经常通过内廷保管文书的尚书署亲自裁决政务。有时更加给宦官以"中书令"的称号，使之与闻国政。与此同时，汉武帝撤销了太尉，亲自管理军事行政，另设"大司马"，成帝时御史大夫改称"大司空"，哀帝时丞相改称"大司徒"。至此，秦时创设的丞相、太尉、御史大夫的职位，遂为大司徒、大司马、大司空所取代，也即"三公"制度。

大司徒掌管民政、财政、教育，其具体职权带有很大的伸缩性，经常以皇帝的信赖程度为转移。

大司马初设时仅作为领兵统帅"大将军"的加衔，西汉后期外戚权臣担任大司马，遂掌握了管理军事行政的权力。

大司空管理土木营造，原御史大夫主管的文书工作，归尚书令，监察的职权专属御史中丞，御史台的机关名称开始出现。从此在我国封建国家的发展史上，第一次建立了专门的监察机构。

"三公"制度的确立。一方面，是围绕着加强皇权，削弱丞相权力进行的。另一方面，也是为了在封建社会关系日益复杂的情况下，更有效地发挥国家的统治效能。

5. **答案**：两汉时期，随着封建国家机构的逐渐完善，逐渐形成了中央、地方两级比较完备的司法机关。

（1）中央司法机关

皇帝掌握最高审判权和对疑难、重大案件的最后裁决权。廷尉则是中央朝廷的最高司法机关，这时机关名与长官名一致，掌全国刑狱，其长官也叫廷尉。廷尉的主要职责是负责审理皇帝交办的诏狱，同时审理地方上报的疑难案件。其属官有：廷尉正、左右监等。

其他参与司法活动的机关：如汉初规定丞相有诛罚之权；汉中后期为了限制相权特别赋予尚书以司法审判权，其下设"三公曹"断狱；御史大夫与御史中丞是监察机关的长官，但也可以参与重大案件的审判。

（2）地方司法机关

地方司法机关基本上是郡、县两级。郡守、县令兼理司法。郡设决曹掾，是专职司法机关。地方若遇疑难案件，县则送郡，郡则上报廷尉。

汉代县以下设乡，乡有三老：有秩、啬夫、游徼，他们调解处理轻微的刑事案件和民事纠纷，调解不成再到县廷起诉。

6. **答案**：由于社会政治经济前后发生了重大变化，汉王朝的法制指导思想，也相应发生很大变化，从总体上看，大致可分为两个阶段：

（1）汉初至文景时期。这一时期，是以黄老思想为主，并辅以法家思想为法制观念的指导思想。黄老思想的特点是"无为而治"。

汉初，连年战争，社会生产遭到严重破坏，统治者需要有一个相对稳定的局面，以巩固刚刚建立的政权。崇尚无为的黄老思想受到了统治阶级的重视。无为而治的思想，反映在立法指导思想上是"轻徭薄赋""约法省刑"。

在黄老思想的指导下，汉高祖首先废除秦朝繁苛的法律，制定《九章律》，奠定汉代法制的基础；减轻百姓的租税负担，与民休息。文景时期继续减轻赋税，并推行刑制改革，废除某些肉刑。黄老思想与西汉初期的社会需要相符合，促进了社会生产的恢复和发展。

（2）汉武帝以后。这一时期，是以儒家思想为主，并辅以法家思想为法制指导思想，其中心是"德主刑辅"。

这时，汉初分封的诸侯王势力也逐渐强大，同中央发生了尖锐的矛盾。为了建立大一统的中央集权，汉武帝采纳董仲舒的建议，"罢黜百家，独尊儒术"，在思想上确立了儒学的独尊地位，以"德主刑辅"作为官方正统法制思想。强调治理国家要把德与刑结合起来，但以德为主，以刑为辅；要先用德礼进行教化，教化无效再辅以刑罚。这一思想对后世历代王朝的立法影响很大。

7. **答案**：汉初黄老学派的法律思想及其在政治、法制实践中的运用，可以从四个方面来加以阐述。

（1）无为而治，与民休息

西汉初期，汉初君臣严厉批判了"专任刑罚"的法家思想，主张"无为而治""与民休息"。刘邦死后，惠帝继位，吕后称制。

在他们统治时期，相继重用崇尚黄老之学的曹参、陈平等为相，积极推行"黄老之治"。文帝、景帝在位期间，继续实行西汉建国以来"无为而治""与民休息"的方针，"轻徭薄赋""平狱缓刑"，移风易俗，以至"政宽人和"，天下"富实"，出现了多年未见的繁荣景象，史称"文景之治"。

(2) 文武并用，"德刑相济"

汉初封建统治者认识到在崇尚和推行黄老"无为而治"的同时，还必须兼采儒法各家的思想，以便有效地统治天下。西汉建国之初，陆贾经常在刘邦面前称道《诗》《书》，陆贾在《新语》一书中，论述了以仁义德教治国的重要性。文帝在位期间，议论务在宽厚，"专务以德化民""兴于礼义"。

(3) "罚不患薄""约法省刑"

陆贾总结了秦亡的教训，极力劝谏刘邦："设刑者不厌轻"，"行罚者不患薄"，惠帝、吕后继承了"约法省刑"的传统，"刑罚罕用"，并进一步采取了一些省刑除苛的措施。特别是文帝，他曾获得"几致刑措"的好评。其一，废除连坐法。其二，废除诽谤妖言法。其三，废除肉刑。

(4) "轻徭薄赋""以粟为赏罚"

西汉建国初年，刘邦先后颁布了"以有功劳行田宅"和"复从军吏卒"的法令。陆贾曾极力向刘邦建议"稀力役而省贡献"。惠帝、吕后时期，"天下晏然""民众稼穑，衣食滋殖"。贾谊主张"以民为本"，并向文帝建议"轻赋少事，以佐百姓之急"。文景时期确实采取了一系列"劝趣农桑""轻徭薄赋"的措施。总的来说，汉初实行"轻徭薄赋"等政策，取得了较好的效果。

8. **答案**：两汉刑法中的罪名也多沿袭秦制，如不敬、诽谤、杀伤、妄言等，但随后又规定了许多新的罪名。主要归纳为以下几个方面：

(1) 危害中央集权的犯罪，汉代实行郡国并行制，相较秦代，面对日益坐大的诸侯国，中央集权面临威胁，为此汉代发展出大量打击诸侯势力的罪名，包括：阿党与附益；事国人过律；非正；僭越；出界等。

(2) 危害君主专制的犯罪，包括：欺谩、诋欺、诬罔；非议诏书毁先帝；怨望诽谤政治；左道；废格诏书等。

(3) 危害皇帝尊严和皇帝安全的犯罪，包括：不敬、大不敬；阑入宫殿门。

(4) 危害封建统治的犯罪，包括：大逆不道；群饮罪；首匿罪；通行饮食罪；见知故纵罪。

9. **答案**：文景时期的刑罚改革的背景和起因。汉初在黄老思想的指导下，朝廷有宽省刑罚的主张，而承袭自秦法的严苛肉刑，不仅断绝了犯罪者的自新之路，也严重破坏了社会生产力。汉文帝时期，齐太仓令淳于意犯罪，于法应受肉刑。其女缇萦随刑车至长安，上书汉文帝，愿意将自己没入官府为奴婢，以赎其父当受肉刑。汉文帝感念其孝诚，遂下诏改革肉刑。此事即肉刑改革的直接动机。

肉刑改革的内容。(1) 汉文帝十三年（公元前167年），下诏废除肉刑，规定：当完者，完为城旦舂；当黥者，髡钳为城旦舂；当劓者，笞三百；当斩左趾者，笞五百；当斩右趾者，弃市。

(2) 景帝即位元年（公元前156年）至中元六年（公元前144年）曾两次下诏减少笞数，第一次是笞五百减为三百，笞三百减为二百。第二次是笞三百减为二百，笞二百减为一百，而且规定了刑具规格、受刑部位以及施行时中途不得换人。而宫刑未改。

影响和评价。对汉初文帝"除肉刑"之举，后世多有评说，大多认为是出于"怜悲"缇萦，体现了文帝的"德政"。然而，从封建制度确立到汉初，已经历了三百多年，地主阶级在其统治实践中逐步认识到，既要使犯罪者受到惩罚，又能使其保存劳动能力，是更为有利的。这一刑制的改革，在中国法制史上意义重大，它是中国古代刑制由野蛮阶段进入较为文明阶段的转折点。这一改革，更加适应了封建经济基础需要，同时为封建刑制向新"五刑"的过渡奠定了基础。不过，这一改革也存在令人诟病之处，导致刑罚体系内部轻重失衡，故班固对此曾有"外有轻刑之名，内实杀人"的批评。

10. **答案**："春秋决狱"又称"经义决狱"，是西汉中期儒家代表人物董仲舒提出来的，是一种审判案件的推理判断方式，主要用儒家经义来对犯罪事实进行分析、定罪。在西汉中期儒家思想取得正统地位后，董仲舒等人提倡以《春秋》大义作为司法裁判的指导思想，凡是法律中没有规定的，司法官就以儒家经义作为裁判的依据；凡是法律条文与儒家经义相违背的，则儒家经义具有高于现行法律的效力。"春秋决狱"主要根据案件的事实，追究犯罪人的动机来断案。如果行为人的动机是好的，那么一般要从轻处理，甚至可以免罪。如果动机是邪恶的，即使有好的结果，也要受到严厉的惩罚，犯罪未遂也要按照已遂处罚。首犯要从重处罚。

11. **答案**："亲亲得相首匿"是汉代法律规定的直系三代血亲和夫妻之间相互首谋隐匿犯罪，免予刑事追究的制度。它源于孔子"父为子隐，子为父隐，直在其中"，是汉代法律儒家化的典型体现。其具体内容为："子首匿父母，妻匿夫，孙匿大父母，皆勿坐。其父母匿子，夫匿妻，大父母匿孙，罪殊死，皆上请廷尉以闻"，即卑幼首匿尊亲长，不负刑事责任；尊亲长首匿卑幼，除死罪上请减免外，其他也不负刑事责任。"亲亲得相首匿"与今天我们在刑事诉讼法理论上探讨的沉默权有着某种价值上相通的意义。

唐代在汉代亲亲得相首匿的基础上，扩大了允许相隐的范围。唐律规定：凡同财共居以及大功以上亲属有罪皆可以互相包庇隐瞒，部曲、奴婢也可以为主人隐瞒犯罪；即使为犯罪者通报消息，帮助其隐藏逃亡，也不负刑事责任；小功以下亲属相容隐的，减犯人三等刑罚，但唐律规定了法律保留：犯谋反、谋叛、谋大逆的不得适用这一原则。

12. **答案**：汉代的起诉又称"告劾"，告是指当事人自己直接到官府告诉，就是今天所说的"自诉"；劾是指官府的官吏，主要是监察官吏御史和司隶校尉，"察举非法""举劾犯罪"，就是今天所说的"公诉"。

两汉时期对诉权有一定的限制。第一，在一般情况下，必须按司法管辖逐级告劾，但有冤狱，可以越级上书皇帝。然而，当时有冤者往往"不远千里，断发刻肌，诣阙告诉，而不为理"，甚至"百上不达"。结果，劳民伤财，有冤难伸。

第二，告既是权利，也是一项义务，知情不告要受到法律处罚，但根据汉律"亲亲得相首匿"原则，直系亲属犯罪，可以为其隐匿而不受处罚。且子不得告父母，妻不得告夫。

第三，严禁控告不实和诬告。

13. **答案**：景帝后元三年（公元前141年）著令：对年八十岁以上的老人、八岁以下的幼童，及怀孕未产的妇女、老师、侏儒等，在有罪监禁期间，给予不戴刑具的优待。宣帝元康年间也下诏说，除诬告与杀伤人罪外，八十岁以上老人犯罪都享受免予刑事处分的优待。东汉光武帝下诏令，凡老人幼童及连坐妇女，除犯大逆不道或诏书指明追捕的犯罪外，一律不再拘捕监禁。

汉朝统治者以"为政以仁""以仁孝治天下"相标榜，强调贯彻儒家矜老恤幼的恤刑思想。汉律之所以给老幼以优待，是因为他们的犯罪行为较少构成严重危害。如构成严重危害，如犯"大逆不道"等罪时，同样严惩不贷。

14. **答案**："春秋决狱"的核心是"原心定罪"，也就是按当事人的主观动机、意图、愿望来确定其是否有罪及量刑的轻重。其积极作用有：（1）对中国古代法律的儒家化有重大推动作用。（2）有利于维护国家的统一。"春秋决狱"案件有不少都是用《春秋》中的"君亲无将，将则诛焉"的原则，对直接危害封建政权和皇权的犯罪给予严惩，维护皇权，从历史上看，在皇权巩固的时期，国家都是统一的，国家统一时期，社会基本是稳定的，人民生活也相对安定些。反之，国家分裂，社会动荡，人民流离失所。（3）对封建法律中有关人情之处有所纠正。（4）在量刑上改重为轻，有利于缓和社会矛盾。春秋决狱在一定程度上限制了刑罚株连家族的问题，对减轻秦朝以来的严酷法律制度有一定的帮助。"春秋决狱"一定程度上稳定了当时的汉朝政权统治，并将儒家思想带进法律之中，进一步加强了儒家思想对统治阶级的影响力。（5）对中国古代犯罪构成理论的完善起到重大推动作用。

但由于其具有一定的主观性及模糊性，尤其是将道德和法律的界限也模糊处理，为后世的"文字狱"等统治者的主观擅断提供一定的依据。其实际上是扩大了断案者的主观判断影响力，也使断案产生了一定的随意性，从而给最终的断案结果带来负面影响。

论述题

1. 答案：汉武帝时期是西汉自汉初以来的又一次立法高峰。当时黄老之术已逐渐失去权威地位，儒学虽已经被确立为官学，但是尚未对立法产生重大影响。汉武帝时期立法以加强中央集权为主要内容。具体表现在以下方面：

（1）进一步加强皇帝的权威。命张汤制定《越宫律》27篇，命赵禹制定《朝律》6篇，加强宫廷警卫、规范朝会礼仪，以严密保护皇帝的人身安全，尊崇皇帝权威。

（2）重刑镇压人民反抗。定《沈命法》"见知故纵之法"，严"首匿罪""通行饮食罪"，并制定了钳制思想的"腹诽罪"。

（3）严厉打击诸侯割据势力。行"推恩法"，作《左官律》"阿党附益之法"，定"非正""出界"等罪名，使地方诸侯动辄获罪削藩，加强大一统皇帝的权威。

（4）打击地方豪强，颁布算缗、告缗等法令。

此外汉武帝时期还颁布了大量诏令，作为律的补充。

2. 答案：汉律的刑法原则，基本上沿袭秦制，但也有所发展和变化：

（1）关于刑事责任年龄。秦律以身高确定刑事责任，汉律则直接按年龄确定刑事责任，并有最低年龄和最高年龄的区别，这一方法为后世封建法典所沿袭。两汉刑事责任年龄有最低年龄和最高年龄，不同时期、最低刑事责任年龄曾有7岁、8岁、10岁等不同规定，最高刑事责任年龄也有70岁和80岁两种规定。在此年龄之内，根据犯罪情节，确定科刑轻重，但一般都处以轻刑或免刑。虽有"矜老""怜幼"之意，但实际上老、幼犯罪的社会危害性较小，对这些人同正常犯罪在处刑上有所区别。

（2）"亲亲得相首匿"，是指在直系三代血亲之间和夫妻之间，除谋反、大逆外，均可以互相隐匿犯罪行为，而且减免刑罚。根据这一原则，卑幼首匿尊亲长，不负刑事责任；尊亲长首匿卑幼，除死罪上请减免外，其他不负刑事责任。这一原则为此后封建法典所继承。

（3）先自告除其罪。汉律的自首叫"自告"或"自出"。犯罪者在其罪行未发觉以前，自己到官府报告其犯罪事实，可以免除其罪，叫作"先自告除其罪"，但在数罪并罚的情况下，只免除其自首之罪，其未自首之罪，仍予追究；对犯罪集团中的出谋划策者，自首也不免其罪。

（4）贵族官员有罪"先请"。两汉时期，多次颁布贵族官员有罪"先请"的诏令，以便保护他们在法律上特权。公侯及其嗣子和官员三百石以上者在法律上皆享受有罪"先请"的特权，凡经上请，一般都可以减刑或免刑。

以上几项法律原则，或秦律所无，或虽有但两汉时发展变化较大，而"亲亲得相首匿"，则是自汉代始入律条。

3. 答案：西汉中期"罢黜百家、独尊儒术"以后，儒家思想逐渐渗透到司法领域之中，极大地影响了汉代的司法原则和司法制度，形成了汉代独具特色的司法制度。主要体现在以下方面：

（1）实行春秋决狱，是指在审判案件时，如果法律无明文规定，则以儒家经义作为定罪量刑的依据，其首创者为董仲舒，基本精神是"必本其事而原其志。志邪者不待成，首恶者罪特重，本直者其论轻"。即其要旨是根据案情事实，追究行为人的动机；动机邪恶者即便犯罪未遂也不免刑责；首恶者从重惩治；主观上无恶念者从轻处理。这里强调审判时应重视行为人在案情中的主观动机，在着重考察动机的同时，还要依据事实，分别首犯、从犯和已遂、未遂。在法律烦琐而又不完备的当时及此后相当长的时间里，《春秋》经义决狱为司法原则的发展和审判提供了一种积极的补充，实质上是把儒家的伦理道德准则法律化了。然而以《春秋》经义决狱在实践中容易产生流弊，在某种程度上为擅断论提供了依据。

（2）实行"秋冬行刑"制度。汉代统治者根据"天人感应"理论，规定春夏不执行死刑。除谋反大逆"决不待时"者外，一般死刑犯须在秋天霜降以后、冬天以前执行。因为这时"天地始肃"，杀气已至，便可以"申严百刑"，以示所谓"顺天行诛"。"秋冬行刑"制度，对后世有深远影响，唐律规定"立春后不决死刑"，明清律中的"朝审""秋审"制度亦可溯源于此。

（3）实行"乞鞫"制度的规定。就是说对原司法机关的判决不服，允许当事人上诉，向上级司法机关请求复审。"乞鞫"是汉代统治者出于儒家"慎刑"原则，企图缓和阶级矛盾的一种制度。

此外，汉代还实行录囚制度，时常进行大赦等，都体现了儒家思想的影响。

4. **答案**：汉代的监察制度，最初沿袭秦制，后来不断调整，从中央到地方建立了一套自成体系的监察组织。汉初，御史大夫位居三公之一执掌中央监察权，有权按举丞相，借以牵制丞相权力机关的行使。

至西汉末年，"三公"制发展演变成"三司"制，具体的职权范围发生了变化，为了适应这种变化，建立了"御史台"作为专门行使监察权的监察机关，以御史中丞为长官。东汉沿袭这种体制，监察机关的地位和职权不断加强，组织机构也不断扩大。御史台职权极为广泛，可以监察礼仪、财政、军事、官风、官纪并参与制定法律，以及考察百官、荐举人才。御史台与尚书台，以及管理宫廷传达的"谒者台"，并称"三台"。

为了加强中央对地方的监督，汉初废秦时"监御史"，而由丞相随时派出"丞相史"监察数郡。至汉武帝时由于推行强化中央集权的政策，严格中央对地方的控制。遂划分全国为十三部州，作为监察区，各派出刺史一人为固定的监察官。值得注意的是，汉代地方监察官的职权范围均有法律明文规定。汉惠帝三年（公元前192年）颁行御史监察州郡九条。汉武帝时，各部刺史在中央御史中丞的领导下，根据汉武帝手订的"六条"，对部内所属郡、国进行监督。"六条"内容是"一条，强宗豪右，田宅逾制……二条，二千石不奉诏书……三条，二千石不恤疑狱……四条，二千石选署不平……五条，二千石子弟恃怙荣势，请托所监；六条，二千石违公下比，阿附豪强……"其中一条规定监察强宗豪右，五条规定监察郡守、国相等地方长吏。

西汉刺史进行监察的依据，除上述六条外，还有一条不成文的规定，即考察诸王，如有罪状及时上报皇帝。由于刺史是皇帝在地方上的耳目，并代表中央监察地方，所以实际职权不断发展。刺史只是中央派出的监察官，而非郡守以上的地方官，郡守失职，刺史可以上报朝廷，但无权直接处理。如超出"六条"滥用职权，要受到丞相的弹劾。但到西汉末年，刺史的实际权限已超出"六条"的范围，直接干预地方行政事务。这就使刺史的侵权行为由非法变成合法。监察区也逐渐向行政区演变。

西汉中央监察机关御史台的建立与地方固定监察官刺史的设置，不仅标志着封建监察制度的发展，同时也是中央集权进一步加强的结果。汉代监察机关的活动，对于严肃吏治，纠弹不法，确实起到一定作用。汉代的监察制度，有些颇有借鉴意义。

5. **答案**：董仲舒是西汉中期最重要的儒学大师。从法律思想方面来看，他倡导的君权至上、"三纲五常"、"德主刑辅"、春秋决狱等，反映出地主阶级的法律思想已初步完善，封建正统法律思想已经形成。这种封建正统法律思想，完全适应了地主阶级加强专制皇权和统治人民的需要，影响中国达两千年之久。

（1）君权神授，皇权至上

西汉中期，汉武帝为了巩固大一统局面，加强对人民的思想统治，迫切需要一种为专制皇权服务的新的政治法律理论。董仲舒秉承汉武帝的旨意，在《天人三策》《春秋繁露》等著述中，把封建皇权和封建统治的基本原则神圣化、永恒化、合理化了。董仲舒新儒学的基础是"天人感应"学说，即认为天是宇宙间最高的主宰，自然界的变化规律、国家的治国之道以及个人的道德、情感、思想、行为都要与天道相符，整个宇宙是一个大一统的秩序体。董仲舒对天的神化，是为了对地上统治者进行神化，是为了给"君权神授"制造理论根据。君权不仅是神授的，而且君主又是代表上天来统治人世的，这样他就把天和人沟通起来，建立起"君权神授"说。至于君主的思想言论，即是用于表达天意的"名"。董仲舒认为它是区分是非的标准。

既然君主的言论是区分是非的标准，当然就具有法律效力了。在封建制度下，君主的言论是金科玉律，神圣不可侵犯，绝不允许阳奉阴违，抗拒不从。君主的诏令具有至高无上的权威，它可以取消法律，更改法律，代替法律。为了维护皇权，确保君主的权力及其人身的绝对安全，历代封建王朝都从立法方面作了严格规定。所谓谋反、谋大逆、谋叛、大不敬等罪名，都是为了维护皇权而制定的。

(2) 维护封建等级制的"三纲五常"论

董仲舒根据人间君臣、父子的伦理纲常、仁义道德思想，以及"阳尊阴卑"的神学理论，提出了一套维护封建等级制度的"三纲五常"论，并被董仲舒及后世经学大师立为德礼教化和立法的根本原则。"三纲"是指君为臣纲、父为子纲、夫为妻纲，是对儒家礼教"尊尊""亲亲"原则的具体化，构成了国家与家族互相维系的纵向服从关系。

董仲舒倡导的"三纲"，是以"君为臣纲"为主，"父为子纲"和"夫为妻纲"是从属于"君为臣纲"的。所以，封建统治者为了维护君主至高无上的权力，巩固他们的统治，就极力宣扬"三纲"的说教，并使之成为封建立法的根本原则。"五常"是指仁、义、礼、智、信，是处理君臣、上下关系的准绳，是调整统治者与被统治者的关系的基本原则，构成了维系横向社会关系的首要规范。只要统治者用仁、义、礼、智、信教化人民，就能得到天和鬼神保佑。"三纲"是单向的服从关系，"五常"是双向的互动关系，"三纲""五常"纵横交叉，成为维护封建专制秩序的伦理支柱。董仲舒的"三纲""五常"是围绕维护和巩固君主的权力而展开的，它体现了整个封建统治的各种关系，纠正了法家思想极端功利与暴虐的一面，同时也使得中国古代法律思想开始具有以儒家道德为主导、法律规则与道德规则相混同的特点。

(3) "大德小刑"与"德主刑辅"的立法思想

德刑关系问题是中国古代法律思想史上一直争论不休的问题，也是中国古代法律思想的一个核心理论。先秦以孔孟为代表的儒家继承了西周"明德慎罚"思想，提倡"为政以德"的"德治"和"以德服人"的"仁政"，重视道德感化作用，轻视法律及其强制作用。董仲舒继承儒家这一观点，并对其进行了充分的论证，使之系统化和理论化，使"大德小刑""德主刑辅"成为中国正统法律思想的重要组成部分。汉初统治者鉴于秦朝"专任刑罚"二世而亡的教训，在统治方法上特别强调德的一面。

(4) 春秋决狱

春秋决狱又称经义决狱，在儒家思想取得正统地位以后，董仲舒提倡以《春秋》大义作为司法裁判的指导思想，凡是法律中没有规定，司法官就以儒家经义作为裁判的依据。凡是法律条文与儒家经义相违背的，则儒家经义具有高于现行法律的效力。精研《春秋》的董仲舒是引经断狱，以儒家的经义应用于法律的第一人。

春秋决狱虽已失传，但根据当时和后代其他著作的记载，亦可窥见"春秋决狱"的一些原则：第一，尊尊："春秋之义，君亲无将，将而必诛"，即保护君主和嫡亲尊长的特权。第二，亲亲："春秋之义，父为子隐，子为父隐"，即亲属之间，尤其是父子之间应相互包庇隐瞒，不得相互揭发犯罪行为。第三，反对株连："春秋之义，善善及子孙，恶恶止其身""春秋之义，诛首恶而已"。第四，"原心定罪"："春秋之听狱也，必本其事而原其志。志邪者不待成，首恶者罪特重，本直者其论轻。"即应该根据犯罪的动机、心理的善恶来定罪量刑，而将犯罪的行为、效果放在次要地位。春秋决狱对中国封建法制的发展产生了深远的影响。首先，它推动了法律的儒家化，使得儒家的思想与法家已经创制完成的法律规则结合起来，并有所发展，从而奠定了中华法系儒法结合的基本样式。春秋决狱修正了法家偏重客观归罪的定罪量刑标准，确立了"必本其事而原其志"的新原则，强调在客观事实的基础上推究行为人的主观方面。

但是，引经决狱也具有相当的消极性。在引经决狱的过程中，往往会任意改变法律的规定，从而使本来就不稳定的法律进一步失去其应有的严肃性、公正性和权威性，为法律虚无主义开了门户。

（5）"德刑时令说"与秋冬行刑

董仲舒的新儒学是汉代处于独尊地位的官方学说。它是在先秦原始经学的基础上，吸收了阴阳家、名家、法家等学说，杂糅而成的一种学术思想体系。它把战国时期以邹衍为代表的阴阳家的阴阳五行学说纳入其唯心主义轨道的同时，也把阴阳家"德刑时令说"进行了加工改造，变成了其思想体系的一个重要组成部分，进而对汉代乃至整个封建时代的立法、司法活动都有着很大的影响。

董仲舒认为天地间的阳和阴，分别代表着春夏秋冬4个季节。春夏是万物生发、成长的季节，这时只能施行仁德；秋冬是萎缩、收敛的季节，这时始可执行刑罚。自此，汉代立春至秋分停止决囚、春季行赦、遇灾异行赦、秋冬行刑等遂成定制，并对后世产生了巨大的影响。

综上所述，董仲舒的法律思想，完全适应了封建统治阶级的需要，因而成为官方的统治思想，在封建社会长期居于统治地位。在汉代，中国封建社会还处于上升时期，地主阶级生气勃勃，积极进取，因此董仲舒为之创造的维护和巩固封建大一统的政治法律思想体系，曾起了一定的进步作用。然而，随着封建制度的日益腐朽，它消极、反动的一面就日益显露出来，成为封建统治阶级镇压人民的思想武器。

案例分析题

答案：本案例体现的是汉代的财产继承。汉代的继承制度强调父死子继。从材料中可以看出：第一，当时已出现遗嘱继承，这个遗嘱是家长生前病危时立的，反映了家长的意愿。第二，庶子、女儿都有财产继承权。

然而这个故事耐人寻味之处尚不仅于此。本案的裁判官何武最终的判决却并未尊重死者的遗嘱，而是以"原其本志"，推断而知死者的真实意图，实际上是依据当时的社会风俗，做出了令民众称道的判决。这种比客观的遗嘱、书证，更强调当事人主观心理状态和伦理道德的断案方式，深受当时春秋决狱断案方式的影响。

另外，这实际也反映出，虽然当时已经存在遗嘱继承的方式，但男性后代的继承权仍然被社会公众认为是当然的。

第五章 魏晋南北朝时期的法律制度

单项选择题

1. 答案：A。B项"官当"、C项"准五服以治罪"、D项"重罪十条"是三国两晋南北朝时期法律制度发展变化的内容，而春秋决狱是汉代的一项制度，因此是错误的。

2. 答案：A。A项应选，《晋律》又称《泰始律》。"五服"制度本是中国古代以丧服为标志，规定亲属之间亲疏远近的一种制度。在西晋定律时，第一次把"五服"制度纳入法典之中，作为判断是否构成犯罪及衡量罪行轻重的标准。B项《北齐律》首先将严重危害封建统治秩序的重大犯罪归纳为"重罪十条"，C项《北魏律》首先将"存留养亲"的制度列入法典，D项曹魏《新律》首先将"八议"制度列入法典。

3. 答案：C。北魏时期确立存留养亲制度，以儒家养老孝亲思想为宗旨，对犯死罪者，如祖父母或父母七十岁以上，家中无成年子孙或其他期亲家属赡养，可上奏皇帝决定是否执行死刑；对犯流罪者，先处鞭笞刑，责成回家赡养老人，待养老送终后，再执行流刑。

4. 答案：C。《北齐律》以儒家三纲五常制度为标准，将统治者视为"亏损名教，毁裂冠冕"的十种严重犯罪列为"重罪十条"，规定"犯此十者，不在八议论赎之限"，即不得享用赦免、赎减等司法特权。这十种罪名，许多在北齐以前即已存在，但以"重罪十条"之名规定国家法典，则始于《北齐律》。

5. 答案：B。《北齐律》将五刑制度分为十八等，即杖刑为十、二十、三十共三等，鞭刑为四十、五十、六十、八十、一百共五等，刑罪即徒刑为一年至五年共五等，流刑为一等，死刑为绞、斩、枭首等四等。

6. 答案：B。曹魏《新律》首先将"八议"制度列入法典。

7. 答案：C。《北齐律》是三国两晋南北朝时期立法成就最高的一部法典。其所确立的"重罪十条"制度、以"名例"为总则并冠于律首的体例、十二篇的体例对隋唐律典有着重要影响。B项为东魏法典，D项为西魏法典，它们与《北魏律》的成就皆不如《北齐律》。

8. 答案：A项当选。少府为财政机关，御史台为检察机关，尚书省为中央行政机关，均不当选。

9. 答案：D。为了保障官僚贵族的经济利益，西晋颁布《户调式》，规定了品官占田荫客制，赋予官僚贵族按官品高低占有免税土地和荫庇免役人口的经济特权。该法规定，一至九品官员，可占有五十顷至十顷土地，每品相差五顷；同时荫庇九族至三世亲属，并占有衣食客三到一人、佃客五十户至一户。

10. 答案：A。《北齐律》将魏晋律首创的"刑名""法例"两篇合为一篇，正式确立"名例律"的总则篇目，使法典结构及篇章内容更加规范。

11. 答案：B。B项"两和相害"为"戏"，重在行为人与被害人双方"相和"，对犯罪结果并无主观上的害意。A项"两讼相趣"为"斗"，指因斗争而趋近，C项"不意误犯"为"过失"，D项"知而犯之"为"故意"。

多项选择题

1. 答案：ABC。《北魏律》规定了官当和死刑复奏制度，故AC项正确；《晋律》首次规定了准五服治罪，此后历代沿袭，故B项正确；《北齐律》首次规定了重罪十条，故D项错误。

2. 答案：ABD。首次规定了"重罪十条"的法典是《北齐律》而不是《北周律》。

3. 答案：ABCD。"八议"是指法律规定的以下八种人犯罪，一般司法机关无权审判，必须奏请皇帝裁决，由皇帝根据其身份及具体情况减免刑罚的制度。这八种人是："议亲""议故""议贤""议能""议功""议贵""议勤""议宾"，"八议"制度源于西周时的"八辟"，正式入律是在曹魏时期。

4. **答案**：ABCD。八议、官当体现对官僚贵族的特殊保护，反映"尊尊"，服制制度则是对传统伦理秩序的保护，反映"亲亲"，重罪十条则两者兼有。四选项均当选。

5. **答案**：ABCE。三国两晋南北朝时期律、令、格、式四种法律形式发展成为法律的主要形式。

6. **答案**：BCD。"准五服以制罪"。依据服制所代表的远近亲疏关系定罪量刑，服制愈近，以尊犯卑处罚愈轻，以卑犯尊处罚愈重。BD项是以尊犯卑，故而从轻；C项是以卑犯尊，故而从重。但应注意，有少数犯罪恰恰相反，如卑幼盗窃尊长财物，即C项。

不定项选择题

1. **答案**：ABD。《曹魏律》在《九章律》的基础上增加了诈伪、断狱等九篇，共十八篇，故A项不正确。把《九章律》中的"具律"改为"刑名"，故D项不正确。改革刑罚，使刑罚制度进一步规范化，故C项正确，《晋律》首次以"准五服制罪"入律，故B项不正确。

2. **答案**：BD。《晋律》二十篇，"纳礼入律，礼律并重"为其突出特色，是六朝中使用最久的法律，因经律学家张斐、杜预作注，故又称《张杜律》；《北齐律》最早确立法典十二篇结构，以"法令明审，科条简要"著称；南朝陈制《陈律》，首次以"官当"入律。故③⑤错误。

3. **答案**：C。死刑复奏制度是指奏请皇帝批准执行死刑判决的制度。北魏太武帝时正式确立这一制度，为唐代的死刑三复奏打下了基础，这一制度的建立既加强了皇帝对司法审判的控制，又体现了皇帝对民众的体恤。B项登闻鼓制度与皇帝加强对司法审判有关，但与恤刑无关。

4. **答案**：B。存留养亲在北魏入律，并为后世沿袭。

5. **答案**：CD。《晋律》经律学家张斐、杜预作注，故又称《张杜律》。

6. **答案**：C。《泰始律》的"刑名"具有总则性质，包含刑法适用制度的规定。

名词解释

1. **答案**："八议"对八种特殊的人物，在他们犯罪以后，在审判上给予特殊的照顾，官府不得专断。这八种人是"亲""故""贤""能""功""贵""勤""宾"。"八议"之说源于《周礼》"八辟丽邦法"。这一制定开启了以国家法典保障官僚贵族特权的先例，并为后世历代刑律所沿用。

2. **答案**：《晋律》是贾充、杜预、裴楷等人以汉魏律为基础修订而成的法典，共二十篇，于晋武帝司马炎泰始时期完成颁行，又称《泰始律》。该律又经张斐、杜预作注，故又称《晋律》为《张杜律》。《晋律》为东晋、宋、齐沿用，是两晋南北朝时期行世最久远的一部法典，对后世的立法影响深远，促进了传统法律和法学的发展。

3. **答案**：依服制定罪是《晋律》的首创，目的在于"峻礼教之防"。它是指亲属间的犯罪，依据五等丧服所规定的亲等来定罪量刑。尊长杀伤卑幼，关系越近则定罪越轻，反之加重，但有些犯罪，如卑幼盗窃尊长财物，则恰恰相反。这是自汉以来礼法合流的又一体现。以后历代法典均相沿用，明代更将丧服图列于律首。

4. **答案**：指犯人直系尊亲属年老应侍而家无成丁，死罪非"十恶"，允许通过上请程序从宽处罚；流刑可免发遣，徒刑可缓期执行。将人犯留下以照料老人，老人去世后再实际执行。这是中国古代法律家族化、伦常化的具体体现。这一内容亦为后代法律所承袭。

5. **答案**：晋武帝始设登闻鼓，悬于朝廷或都城之内，百姓可以击鼓鸣冤，有司闻声录状上奏。这种不以诉讼管辖等级，直接诉于皇帝的直诉制度，是诉讼中的特别程序。自晋代以后直诉制度方为历代相承。

6. **答案**：九品官人之法是魏文帝采纳尚书陈群

的建议而定的，沿用至宋、齐、梁、陈各代。规定郡设小中正官，州设大中正官。中正官的职责是依照家世、才能、德行，将辖区内的士分成九等；由下中正将品评结果申报大中正，再经大中正申报司徒，最后由中央按品第高下任官。这一制度的施行巩固了大土地所有制基础上建立起来的士族制度，保障了士族垄断政治统治权的特殊地位。

7. **答案**："官当"即官员犯罪的可以用官职折抵一定的刑期。晋律虽无"官当"之名，已有以除名、免官抵当劳役刑的规定，北魏始以爵位折当劳役刑，南朝《陈律》则将"官当"制度进一步系统化。这种制度到隋唐时期日臻完备。明清时为加强官吏控制而被取消。

8. **答案**："五服"制度是中国古代礼治中为死去的亲属服丧的制度，由亲至疏依次是斩衰、齐衰、大功、小功、缌麻。《晋律》首次把"五服"制度纳入法典之中，确立"准五服以制罪"的定罪量刑原则。它在刑法方面的适用原则是：亲属相犯，以卑犯尊者，关系越亲，处罚越重；若以尊犯卑正好相反。这是法律儒家化的又一次重大发展。

9. **答案**：《北齐律》是南北朝时期北齐的一部重要法典。共十二篇，将魏晋律首创的"刑名""法例"两篇合为一篇，正式确立"名例律"的总则篇目，并确立"重罪十条"，以"法令明审，科条简要"著称。上承汉魏律之精神，下启隋唐律之先河，成为隋唐法典的蓝本。

简答题

1. **答案**：北齐在封述等人主持下，以《北魏律》为蓝本，校正古今，锐意创新，省并篇名，务存清约，制定《北齐律》十二篇，以"法令明审，科条简要"著称于世。

（1）《北齐律》进一步改革法典体例，省并篇目确定为十二篇。将《刑名》《法例》合为一篇，称《名例》，冠于律首增强了法典结构上的科学性。改《宫卫》为《禁卫律》，将原来宫廷警卫扩及关禁。增加《违制律》，完善吏制的法律规定，以保证国家机器的正常运转。其他篇目也多有损益。

（2）《北齐律》为加强镇压危害皇权专制统治和违反伦理纲常的行为，将"重罪十条"正式入律。此"重罪十条"即后世法典中之"十恶"。即将直接危害朝廷根本利益的最严重的十种犯罪置于律首。这十条是："一曰反逆，二曰大逆，三曰叛，四曰降，五曰恶逆，六曰不道，七曰不敬，八曰不孝，九曰不义，十曰内乱。其犯此十者不在八议论赎之限。"隋唐律在《北齐律》规定的"重罪十条"基础上发展为"十恶"定制，并为宋、元、明、清历代所承袭。

（3）《北齐律》进一步改革刑罚体系，《北魏律》定刑为六，计：死、流、宫、徒、鞭、杖。《北齐律》承其后，最终确立死、流、徒、鞭、杖五刑，为隋唐以后死、流、徒、杖、笞的刑罚体系奠定了基础。

《北齐律》上承汉魏律之精神，下启隋唐律之先河，成为隋唐法典的蓝本。近人程树德曾评说："南北朝诸律，北优于南，而北朝尤以齐律为最。"

2. **答案**：魏晋南北朝时期对先朝的法律形式有所改进。其时律令分化、以格代科、式的出现、比的消亡等成为变化的主要内容。

（1）这一时期律仍是法律的主要形式。

（2）令的发展与变化。晋朝开始明确区分律令。有所谓"律以正罪名，令以存事制"的说法。律为固定之规范（主要是刑事法律），令是一时之制度（主要规定国家制度），违令有罪者，依律定罪处刑。

（3）以格代科。曹魏时期，科是当时主要的法律形式。至魏明帝制定《新律》，将科按性质分列为律、令，科作为一种独立的法律形式走向衰落。北魏中期，开始以格代科，格成为一种辅律而行的法律形式。北魏后期至北齐初期，格取代律成为当时主要的法律形式，《北齐律》颁行后，律重新取得主要法律形式的地位，而格虽与律并行，但退回辅法地位，在律无正条情况下暂作定刑依据。

（4）式的出现。式，西魏文帝时编定《大统式》，成为隋唐以后律、令、格、式四种基本法律样式之一的"式"的先声。

3. **答案**：《晋律》又称《泰始律》是由贾充、杜预、裴楷、羊祜等律学家以汉魏律为基础修订而成的。颁行之后又经张斐、杜预作注，律文与释文合为一体，具有同等的法律效力。《晋律》为东晋、宋、齐沿用，是两晋南北朝时期行世最久远的一部法典，对后世影响深远。与汉魏律相比较，《晋律》在律学成就和内容上具有以下特点：

（1）经过张斐、杜预对法律概念系统的解释，使得法律概念更加规范化、科学化。

（2）篇章体例更加合理。《晋律》将魏律《刑名》改为《刑名》《法例》两篇，置于全篇之首，进一步加强了它们作为刑法总则的功能。

（3）礼法合流进一步完善。《晋律》首创服制定罪，以"峻礼教之防"；在沿用八议的同时，还规定官吏可以通过除名或免官来抵罪。

（4）《晋律》将法定刑简化为死、髡、赎、杂抵罪和罚金五种，每一种又细分为数等。

4. **答案**：在晋以前，汉朝的律与令概念和界限很不明确。汉武帝时，廷尉杜周声称"前主所是著为律，后主所是疏为令"，表明律与令并无本质上的差异。

曹魏时已经把不宜列入《新律》的重要法令，分门别类编成各种单行法规，建立了"于正律九篇为增，于旁章科令为省"的律令体系。西晋进一步对《晋律》之外不宜废除的重要内容，编成《晋令》四十卷，并且确立"违令有罪则入律"的律令体系，取得了"刑宽禁简"的立法成效。

西晋张斐、杜预注释晋律时，将律令二者的概念、界限及其关系进行了明确区分："律以正罪名，令以存事制"，"违令有罪则入律"。此后，律成为定罪量刑的刑事立法，令是典章制度方面的政令法规，两者的性质发生分化。

5. **答案**：自汉武帝采纳董仲舒"推明孔氏，抑黜百家"的建议以来，法律制度开始走上儒家化道路。魏晋以后，引礼入律，礼法合流，刑法适用制度进一步向礼教化发展。

（1）"准五服以制罪"的确立。晋律以儒家伦理纲常制度为指导，首次确立"峻礼教之防，准五服以制罪"的原则。"五服"即按血缘关系的远近亲疏而规定的五种丧服的服制。所谓"准五服以制罪"，即对有服亲属之间的相互侵害行为，依据服制所代表的远近亲疏关系定罪量刑，服制愈近，以尊犯卑处罚愈轻，以卑犯尊处罚愈重。

（2）"留养其亲"制度的出现。北魏律以儒家养老孝亲思想为宗旨，明确施行"留养其亲"制度。对犯死罪者，如祖父母或父母七十岁以上，家中无成年子孙或其他期亲家属赡养，可上奏皇帝决定是否执行死刑；对犯流罪者，先处鞭笞刑，责成回家赡养老人，待养老送终后，再执行流刑。

（3）"重罪十条"制度的产生。北齐律以儒家三纲五常制度为标准，将统治者视为"亏损名教，毁裂冠冕"的十种严重犯罪列为"重罪十条"，规定"犯此十者，不在八议论赎之限"，即不得享用赦免、赎减等司法特权。这十种罪名，许多在北齐以前即已存在，但以"重罪十条"之名规定于国家法典，则始于北齐律。

论述题

1. **答案**：（1）三国两晋南北朝时期不同阶段对五刑的规定不同，表现在魏《新律》将法定刑分为死、髡、完、作、赎、罚金、杂抵罪数种。

晋律定刑为五种：死、髡、赎、杂抵罪和罚金。其中死刑三等，髡刑四等，赎、杂抵罪和罚金各五等。《北魏律》定刑为六种：死、流、宫、徒、鞭、杖。《北齐律》承其后，最终确立死、流、徒、鞭、杖五刑。

（2）三国两晋南北朝时期诉讼制度的变化主要体现在以下几个方面：

①限制诉讼权利。秦汉时不许未决犯告发犯罪。晋律规定囚徒诬告人犯，罪及家属。北魏律："诸告事不实者，以其罪罪之。"北齐法律规定禁止囚犯告诉。②皇帝频繁直接干预和参与司法审判。如魏明帝改"平望

观"为"听讼观",南朝宋武帝也"折疑狱"录囚徒,北周武帝常常亲自听讼。③直接诉制的形成。直诉讼作为制度成于西晋,即不依诉讼等级直接诉于皇帝或钦差大臣,晋武帝始设登闻鼓,悬于朝堂或都城内,百姓可击鼓鸣冤,有司闻声录状上奏。这种不依诉讼等级直接诉于皇帝或钦差大臣的直诉制度,是诉讼中的特别程序。自晋以后直诉制度方为历代相承。④刑讯用测立法。《梁律》首定测罚之制。凡在押人犯,不招供者均施以"测罚"之刑。具体做法是"断食三日,听家人进粥二升,女及老小,一百五十刻与粥,满千刻止"。《陈律》在此基础上创立"测立"之制。此法入隋而止。⑤死刑复核制度形成。魏明帝曾下令死罪"有乞恩者,使与奏";北魏律规定"当死者,部案奏闻"。北魏时期死刑决定权只归皇帝,一方面是慎刑,另一方面也是控制。⑥上诉制度的变化。曹魏时期即改革汉代上诉制度,防止诉事拖延,限制当事人漫无限制地上诉;北魏律规定,虽然可以受理上诉,但是可以对上诉人实行刑讯,以防止上诉不实。⑦加强自上而下的司法监督。为加强司法监督,至曹魏及晋代,县令的审判权受到限制,凡重囚,县审判官须报郡,由郡派出督邮验案。各代还普遍施行特使察囚制度,加强对地方审判的监督。⑧妇女犯罪行刑上享有特殊规定。对妇女实行体罚,减鞭、杖之半数执行,并可以赎金代之。对孕妇不得实行体罚,须处死刑者,产后百日才可以执行。

2. 答案:(1)三国时期的立法成就。

魏明帝时期,陈群等人"删约旧科,傍采汉律,定为魏法",制定《新律》十八篇,取得了重大成就。

①增删精简。在汉朝《九章律》的基础上,将《新律》扩充为十八篇,克服了《九章律》"篇少则文荒,文荒则事寡,事寡则罪漏"的缺陷,提高了国家基本法典的主导地位。把不宜列入《新律》的重要法令,分门别类编成各种单行法规,建立了"于正律九篇为增,于旁章科令为省"的律令体系。

②"刑法总则"。《新律》改旧律的"具律"第六为"刑名"第一,并"冠于律首",突出了法典总则的性质及地位,纠正了旧律"罪条例既不在始,又不在终,非篇章之义"的结构问题。

③调整刑罚。《新律》中改革刑罚体系,正式规定于"刑名"篇,包括死刑、劳役刑(髡、完、作)、赎刑、罚金、杂抵罪;同时缩小族刑连坐范围,对"大逆无道"重罪,不再诛及祖父母及孙辈等三代以外血亲,并把夷三族刑排除于律令的法定刑名之外。

④八议入律。《新律》将源自《周礼》"八辟"的"八议"制度正式列入《新律》,开启了以国家法典保障官僚贵族特权的先例,并为后世历代刑律所沿用。

(2)两晋南朝的立法成就。

《晋律》。曹魏末年,晋王司马昭下令贾充等人制定"新律",至晋武帝泰始三年完成,故称《泰始律》。它参考汉魏旧律编订而成,共二十篇六百二十条。晋律吸收曹魏《新律》的立法成就,在篇章体例结构与条目内容等方面又有新的改进。

①增加"法例"篇。《泰始律》在首篇"刑名"之后新增第二篇"法例"。这充实了刑法适用制度的规定,丰富了法典总则内容,规范了法典体例结构。

②精简律令体系。西汉创立《春秋》决狱制度后,经学家纷纷引经注律,致使律令章句之学日渐"烦杂",出现了"言数益繁,览者益难"的问题。西晋对晋律之外不宜废除的重要内容,编成《晋令》四十卷,并且确立"违令有罪则入律"的律令体系,取得了"刑宽禁简"的立法成效。

③完善刑罚制度。《泰始律》规范曹魏《新律》的刑罚制度,将其刑名由七种三十七等精简为五种二十余等。即将完刑与作刑合于髡刑,使得五刑名副其实。《泰始律》通过调整刑罚使刑罚制度向相对文明人道进步。

④增加律疏注释。晋律由于内容过于精简,使法律的理解和适用常常产生歧义,张斐、杜预对晋律进行注释疏义,统一了法律概念、术语及律文含义,弥补了立法内容的

疏漏，经过注释的晋律，也被称为"张杜律"。经由晋武帝下诏颁行，成为与晋律条文具有同等法律效力的官方法律解释，对后世产生了深远的影响。

不仅在两晋时期沿用一百五十余年，而且影响南朝四代一百七十年之久。"梁陈虽各定新律"，但并未摆脱晋律影响。刘宋至南齐初，沿用晋律。南齐律也基本因袭晋律。梁武帝时期"增损晋律"，制定《梁律》二十篇，内容与晋律基本相同；陈武帝时期删定完成《陈律》三十卷，亦"即晋律之张杜旧本"。南朝的立法始终处在晋律影响之下，基本无新的立法成就可言。

(3) 北朝时期的立法成就。

北魏，自道武帝，历经太武帝、文成帝、孝文帝、宣武帝四代的多次修律活动，最终完成了成文法典《北魏律》二十篇，该律吸收魏晋以来的篇章体例结构与法典内容，取得了重要立法成就。陈寅恪评价说："取精用宏"，东西魏和北周的立法均未超过后魏律的成就。

北魏分裂后，东魏孝静帝下诏"群臣于麟趾阁议定新制"史称《麟趾格》。西魏将本朝制定的"二十四条新制"和"十二条新制"合编为"三十六条新制"，史称《大统式》。北周取代西魏后，廷尉赵肃等人"撰定法律"，仿效周公《大诰》，完成《大律》二十五篇。

北齐取代东魏后，"以魏《麟趾格》未精"为由，在出身于渤海律学世家的封述主持下，完成了《北齐律》的制定。

①北齐律系统总结《法经》以来法典篇目不断增多的利弊，最终将法典结构精简为十二篇、九百四十九条，以"法令明审，科条简要"而著称。其后，隋朝《开皇律》略作调整，仍然沿袭十二篇的法典结构，并为《唐律疏议》和《宋刑统》所继承。

②北齐律将魏晋律首创的"刑名""法例"两篇合为一篇，正式确立"名例律"的总则篇目，使法典结构及篇章内容更加规范。此后，隋、唐、宋、元、明、清各代法典的首篇均为"名例律"。

北齐律全面总结战国以来的历代立法经验，代表了当时的最高立法水平。以其立法水平之高、成就之大，成为隋初制定《开皇律》的蓝本，而唐律又参照《开皇律》进一步完善，最终将中国传统立法推向成熟鼎盛的巅峰。

3. **答案**：汉末魏晋以来，豪族地主阶级政治经济实力迅速扩大，官僚贵族垄断集团地位日益加强。为了维护自身权益，巩固等级秩序，他们不断通过法律手段，强化官僚贵族特权法。

(1) "八议"入律。曹魏政权制定《新律》，正式规定了源自周礼"八辟"的"八议"制度。所谓"八议"，即议亲（皇亲国戚）、议故（皇帝故旧）、议贤（有大德行者）、议能（有大才艺者）、议功（有大功勋者）、议贵（高级权贵）、议勤（有大勤劳者）、议宾（奉为国宾者）；所谓"议"，指奉旨"议罪"，即这八种人违法犯罪，不适用普通司法审判程序，司法官不得直接审理，而要奏报皇帝召集公卿进行议决，最后由皇帝按其身份作出裁决。

"八议"的实质是赋予以上八种人物以凌驾于国家法律及司法程序之上的法外特权，从而维护同罪异罚的社会等级秩序。曹魏"八议"入律对后世影响极大，其后的唐宋元明清各代法律仍有此规定，它在中国历史上一直延续一千六百余年。

(2) "官当"产生。"官当"本义是指某些官僚违法犯罪后，可以其官职抵当相应罪刑。后魏律扩大"官当"范围，又允许五等列爵抵当罪刑。

晋律虽无"官当"之名，已有以除名、免官抵当劳役刑的规定，可抵当三年刑。北魏始以爵位折当劳役刑，五等爵位及从五品以上官职，可折抵二年劳役刑。南朝陈律将"官当"制度进一步系统化。职官可以官职折当二年劳役刑；五年至四年刑，仅服折当二年后的剩余刑期；三年刑，可以财产赎抵剩余的一年刑期；因公而过失误犯，只缴纳罚金，免予服刑；普通人只能赎免一年刑以下轻罪。

"官当"制度的产生,反映了官僚贵族特权法的进一步扩大。

(3) 九品官人法的出现。九品官人法是曹魏初年创立的,曾被三国两晋南北朝时代长期沿用,原为一项为选用官吏而品评鉴定人才的制度。因汉末战乱,"乡举里选"制度无法实施。曹丕采纳吏部尚书陈群建议,在各地设置中正官,由这些中正官根据出身家世、道德行状、才能大小等标准,将本地士人按九个品级进行评定,作为吏部选用官吏的参考依据,称九品官人法。

根据九品官人法的规定,各地中正官由任职中央的本籍人士兼任。他们在品评人物时,越来越注重出身家世标准,出现了"计资定品""唯以居位为贵"的倾向。至两晋时期,发展为"上品无寒门,下品无势族",九品官人法最终变成了士族门阀集团垄断政治权位、维护等级特权的工具。

(4) 品官占田荫户制的确立。为了保障官僚贵族的经济利益,西晋颁布《户调式》,规定了品官占田荫户制,赋予官僚贵族按官品高低占有免税土地和荫庇免役人口的经济特权。该法规定,一至九品官员,可占有五十顷至十顷土地,每品相差五顷;同时荫庇九族至三世亲属,并占有衣食客三到一人、佃客五十户至一户。这些数额并非限制其占有的最高限额,而是可以享受免税免役特权的数额。在此之外,他们可以占有更多的土地人口,只是要向国家纳税服役而已。因此,这不是一种限田限客制度,而是保障其经济特权的等级制度。

东晋南朝继续扩大这一经济特权制度。刘宋颁布官品《占山格》,规定一二品官可占山三顷,三四品官二顷五十亩,五六品二顷,七八品一顷五十亩,九品以下一顷。

案例分析题

1. 答案: 材料中主要涉及的是当时的"八议"制度。所谓"八议"是指"议亲""议故""议贤""议能""议功""议贵""议勤""议宾"。"亲"是皇帝宗室亲戚;"故"是皇帝故旧;"贤"是朝廷认为有大德行的贤人君子;"能"是政治、军事等方面有大才能者;"功"是对国家有大功勋者;"贵"是有一定级别的官爵者;"勤"是为国家服务卓著有大勤劳者;"宾"是前朝皇帝及后裔。对这八种权贵人物,在他们犯罪后在审判上给予特殊照顾。"八议"之说源于《周礼》"八辟"。周有"刑不上大夫",汉有"先请"之别,但未必已成完整体系。曹魏总结前代经验,制定魏律时,"八议"成为封建法典主要内容之一。"八议"的入律,使得贵族官僚地主享有特权,凌驾于一般法律制裁之上,为统治阶级中不法分子破坏法律大开方便之门。

2. 答案: (1) 相较于晋以前各朝法律,晋律首创准五服以制罪,集中体现了儒家伦理对法律的影响,使法律成为"峻礼教之防"的工具。晋朝律学家以儒家经义解释法律,形成定说,促进了法律的儒家化。

(2) 表现为"准五服以制罪""存留养亲""重罪十条""八议"等制度。

(3) 法律儒家化萌芽于汉代,形成和发展于魏晋南北朝,成熟于隋唐,唐律达到"一准乎礼"的水平,为宋以后各朝代所继承。

(4) 法律儒家化是中华法系的重要特征。礼律结合,德法共治,成为中国古代治国理政最重要的传统。自汉武帝确立儒家思想的正统地位后,儒家思想逐渐成为立法和司法的根本指导,对后世历代和周边国家的法律产生了重大而深远的影响。

第六章 隋唐法律制度

✅ 单项选择题

1. **答案**：A。封建制五刑是由《开皇律》首次规定的；加役流是由《贞观律》首次规定的；"重罪十条"是由《北齐律》首次规定的；折杖法是由《宋刑统》规定的，故只有A正确。

2. **答案**：D。萧龄之是齐高帝五世孙，即前代皇族后代，属于"八议"之"议宾"。

3. **答案**：C。"义绝""七出""三不去"都是唐朝沿袭前朝的婚姻解除制度，所谓"义绝"是指夫妻情义已绝，即夫妻中任何一方殴伤对方尊亲属，或夫妻双方家庭成员相殴伤，即为"义绝"。犯"义绝"者，必须强制离婚；否则，夫妻双方要承担相应的法律责任。"和离"，是指如果夫妻在感情不和时，双方愿意离婚，法律不予惩处。"二心不同，难归一意……一别两宽，各生欢喜"即反映"和离"制度。

4. **答案**：B。唐律规定的"十恶"是指"谋反""谋大逆""谋叛""恶逆""不道""大不敬""不孝""不睦""不义""内乱"等。

   A项不选，A项的"不孝"是指告发祖父母、父母，祖父母、父母在世而别立户籍、分异财产等不孝行为。

   B项应选，B项的"恶逆"是指殴打或谋杀祖父母、父母等尊长亲属的行为，应选。

   C项不选，C项的"不睦"是指谋杀或杀缌麻以上亲属，殴打或控告丈夫及大功以上尊长、小功以上尊亲等行为。

   D项不选，D项的"不义"是指杀主管上司、现授业师等行为。

5. **答案**：A。唐代中央和地方发生特别重大案件时，由大理寺、刑部和御史台长官会同审判，称为"三司推事"。

6. **答案**：A。"诸化外人，同类自相犯者，各依本俗法"，指双方皆属于同一族类，则依据属人主义适用其本族法；"异类相犯者，以法律论"指双方皆不属于同一族类，则依据属地主义适用唐朝法律。

7. **答案**：A。唐律详细规定了自首犯罪的处理原则和方法。所谓自首，是指犯罪未被举发而到官府交代罪行。《唐律疏议·名例》规定："诸犯罪未发而自首者，原其罪。"即自首者不追究其刑事责任。但是，若一人犯数罪，自首其中一罪者，只能免除自首之罪的刑事责任，其他犯罪仍旧依律处罚。本题案例材料中，某甲自首私铸钱犯罪，依律可不予处罚，但是，他盗牛之罪责不得免除。

8. **答案**：B。A项是对刑讯条件的规定，即在拷讯之前，必须先审核口供的真实性，然后反复查验证据。证据确凿，仍狡辩否认的，经过主审官与参审官共同决定，可以使用刑讯；未依法定程序拷讯的，承审官要负刑事责任。故A项不合题意。B项体现的是根据证据定罪的原则，即对那些人赃俱获，经拷讯仍拒不认罪的，也可"据状断之"，故B符合题意。C项规定的是禁止使用刑讯的情形。D项体现的是依法判决的原则。故选B。

9. **答案**：A。刑部是司法行政机关，御史台是监察机关。

10. **答案**：D。"纠正百官之罪恶"即指监察。

11. **答案**：D。"大不敬"即盗用天地神灵祭祀用品或皇帝御用器物，盗窃或伪造皇家印玺，过失危及皇帝安全或毁谤皇帝，对抗钦差制使。

12. **答案**：C。唐律五刑承用隋《开皇律》中所确立的五刑，即笞刑、杖刑、徒刑、流刑、死刑，凡二十等，徒刑的最低一等为徒一年，再减一等处罚则为杖的最高一级，杖一百。

13. **答案**：D。《唐律·名例律》规定："诸化外人，同类自相犯者，各依本俗法；异类相犯者，以法律论。"即同国籍外国侨民在中国犯罪的，由唐王朝按其所属本国法律处理，实行属人主义原则；不同国籍侨民在中国犯罪的，按唐律处罚，实行属地主义原则，故本题答案为 D。

14. 答案：B。唐律完善了自首的规定，对犯罪分子交代犯罪性质不彻底的，叫"自首不实"；对犯罪情节不作彻底交代的，叫"自首不尽"。《名例》规定，凡"自首不实及不尽者"，各依"不实不尽之罪罪之。至死者，听减一等"。如实交代的部分，不再追究。某甲盗布二十匹，畏罪自首，如实交代，但自首不彻底，对其如实交代的十五匹不予追究，仅以盗五匹论罪。

15. 答案：B。唐朝立法注重保护债权人的利益，《杂律》规定："诸负债违契不偿，一匹以上，违二十日，笞二十，二十日加一等，罪止杖六十。三十匹加二等，百匹又加三等。各令备偿。"A 选项正确。《杂令》规定："诸公私以财物出举者，任依私契，官不为理。每月取利不得过六分，积日虽多，不得过一倍……又不得回利为本。""诸以粟麦出举，还为粟麦者，任依私契，官不为理。仍以一年为断，不得因旧本更令生利，又不得回利为本。"显然立法也注意保护债务人的合法权益，禁止私人高利贷。B 选项错误。唐朝法律还规定，允许债权人在债务人不能清偿债务时扣押债务人的财产，称为"牵掣"，但牵掣前须向官府报告并经批准。C 选项正确。债务人确无财产可供清偿，则可"役身折酬"，即驱使债务人及其家属以劳役抵偿债务。D 选项正确。

16. 答案：D。唐律作为中华法系的代表作，不仅在本国而且在世界法制史上也占有重要地位。它对亚洲诸国产生了重大影响：朝鲜《高丽律》篇章内容都取法于唐律；日本文武天皇制定《大宝律令》，也以唐律为蓝本；越南李太尊时期颁布的《刑书》，大多参用唐律；但对欧洲诸国产生重大影响的提法不准确，故 D 项错误。

17. 答案：D。类推适用于对律文无明文规定的同类案件，法律有明文规定不可"比附援引"，A 项错误。被类推定罪（即入罪）行为，表示该行为比律文规定的行为违法性或社会危害性更大，但是处罚是否重于或轻于同类案件，不可一概而论，如同类案件被处以斩刑，被类推入罪的行为则不可能处罚更重，故 BC 项错误，D 项正确。

18. 答案：A。《唐律·名例律》规定："诸断罪而无正条，其应出罪者，则举重以明轻；其应入罪者，则举轻以明重。"即对律文无明文规定的同类案件，凡应减轻处罚的，则列举重罪处罚规定，比照以解决轻案；凡应加重处罚的罪案，则列举轻罪处罚规定，比照以解决重案。唐律规定，谋杀（即预谋杀害）尊亲处斩，但无已伤已杀（即既遂，出现伤害、死亡的客观结果）重罪的条文，在处理已杀已伤尊亲的案件时，通过类推就可以知道应处以斩刑，故 A 项正确，BC 项错误。D 项，谋杀尊亲属于"十恶"犯罪中的"不睦"行为。

多项选择题

1. 答案：BC。《唐律疏议》体现了"礼法合一"，是中华法系形成的标志。故 BC 正确。《唐律疏议》在《武德律》之后，由张斐、杜预完成法律注释的是《晋律》而非《唐律》，故 AD 错误。

2. 答案：BD。唐律中"十恶"的处理。唐律中规定，凡犯"十恶"者，不适用八议等规定，且为常赦所不原，故 AC 错误，正确答案为 BD。

3. 答案：ABCD。《永徽律疏》作为中国封建法制的最高成就，全面体现了中国封建法制的水平。A 项正确。《宋刑统》是中国历史上第一部刊印颁行的法典，所以 B 项正确。唐律中的刑罚原则有区分公罪与私罪、自首、类推、化外人原则，所以 C 项正确。在中央司法机构的设置上，宋代基本沿袭唐制，所以 D 项正确。

4. 答案：BCD。唐朝把侵夺官、私财物的行为归为六类，定名为"六赃罪"，其中枉法赃（接受当事人的财物而枉法处断的行为）、不枉法赃（接受当事人的财物，没有枉法处断的行为）、受所监临赃（监临主司官员收受所辖部内之人馈赠的钱物的行为），此三者皆职务犯罪，必须是具有一定身份的人才构成此类犯罪，故称身份犯。其他三赃分别是坐赃、强盗赃、窃盗赃。

5. 答案：BCD。唐律依犯罪人的主观意图将杀人罪分为六种，即"谋杀""故杀""斗杀""误杀""戏杀""过失杀"。

   A 项不选，A 项的"谋杀"是指预谋杀人，属故意犯罪，故不选。

   B 项应选，B 项的"斗杀"是指在斗殴中出于激愤失手将人杀死，不属于故意杀人的行为，而属因主观上过失而构成犯罪，故应选。

   CD 两项应选，C 项的"戏杀"是指双方相互嬉戏，因行为不当造成一方死亡；D 项的"过失杀"是指因过失而造成他人死亡。据此，CD 项均为因当事人的过失而造成他人死亡，故应选。

6. 答案：BCE。"恶疾"属于"七出"，存留养亲与婚姻无关。

7. 答案：ABC。"议"适用于皇太子妃大功以上亲、应议者期以上亲及孙、官爵五品以上。

8. 答案：BC。A 项合并论罪从重即从重罪吸收轻罪，是指一人犯两种或两种以上罪者，从重者论，但不累加处刑。本处并未提及。B 项轻重相举即类推原则，盗窃尚能减轻处罚，比盗窃危害更小的诈骗和坐赃类犯罪就更应当减轻处罚，此即"举重以明轻"。C 项依服制定罪是指亲属间的犯罪，据五等丧服所规定的亲等来定罪量刑。凡以尊犯卑，服制愈近，处罚愈轻，服制愈远，处罚愈重；凡以卑犯尊，服制愈近，处罚愈重，服制愈远，处罚愈轻。对于家庭（族）内的财产侵犯，则服制愈近，处罚愈轻，服制愈远，处罚愈重。盗窃缌麻以上亲等的财物，按服制减轻处罚。D 项老幼恤刑即老幼废疾减刑，唐律对老幼废疾者，分不同情形实行减免刑罚。本处并未提及。

9. 答案：ABC。《疑狱集》由五代后晋和凝父子编撰，是中国现存最早的一部案例选编。刑讯在唐代比较规范。唐律确认了刑讯逼供的合法性，但是对刑讯手段的使用却作了严格

限定。《断狱律》规定，审判时"必先以情，审察辞理，反复参验，尤未能决，事需拷问者，立案同判，然后拷问，违者杖六十"。也就是要求承审官员在拷问之前，必须先审核证据的真实性，然后反复查验证据。证据确凿，仍狡辩否认的，经过主审官与参审官共同决定，可以使用刑讯；未依法定程序拷讯的，承审官要负刑事责任。同时规定对那些人赃俱获，经拷讯仍不认罪的，也可以"据状断之"，即根据证据定罪。由此可知，本题答案为 ABC。

10. 答案：ACE。"三司推事"包括大理寺卿、刑部侍郎、御史中丞。

11. 答案：AC。"十恶"为《开皇律》所定，"八议"为曹魏《新律》所定，存留养亲为北魏所定，十二篇的体例为《北齐律》所定。

12. 答案：ABCD。唐代对于官僚犯罪，可用议、请、减、赎官当等方法抵罪。

13. 答案：ABD。《开皇律》确定了十二篇的法典篇目体例；确立新五刑制度，刑罚定型为死、流、徒、杖、笞五刑；"十恶"重罪正式列入法典；通过"议、减、赎、当"制度，使贵族官僚的特权定型化。

14. 答案：ABD。《唐律疏议》（《永徽律疏》）是唐高宗李治在位时期完成的，并非在唐太宗在位时制定。《北齐律》首次确立了"重罪十条"制度，隋《开皇律》确定了"十恶"制度。《永徽律疏》的完成标志着中国古代立法达到了最高水平。

15. 答案：ABCD。A 项解释了"移乡避仇"的含义，BCD 的表述均正确。

✗ 不定项选择题

1. 答案：BC。唐律中"十恶"制度所规定的犯罪大致可以分为两类：一为侵犯皇权与特权的犯罪；二为违反伦理纲常的犯罪。唐律将这些犯罪集中规定在名例律之首，并在分则各篇中对这些犯罪相应规定了最严厉的刑罚。而且，唐律规定凡犯"十恶者"，不适用"八议"等规定，且为常赦所不原。此即俗语所谓"十恶不赦"的渊源。这些特别规定

充分体现了唐律的本质和重点在于维护皇权、特权、传统的伦理纲常及伦理关系。本题中，谋反、谋叛都属于危害国家安全的犯罪，而内乱、恶逆则属于违反伦理纲常的犯罪。因此，本题的正确选项为BC。

2. **答案**：B。ACD皆非唐代法律。
3. **答案**：C。格是由皇帝发布的、国家机关必须遵守的各类单行诏敕与指示的汇编。而律、令、式则非是由敕转化而来。
4. **答案**：ABDE。二罪以上俱发以重者论，指同时犯了两个以上罪，以重罪作为处刑的标准；如果相等，取一罪处理；如果后发的余罪重于已判的罪，则以前后罪的刑差作为定罪的标准；如果一罪已经论决，余罪后发，则合并论罪。

名词解释

1. **答案**：开皇元年（公元581年）到开皇三年（公元583年）修订颁布的《开皇律》，是隋文帝时期立法上的重大成就，也是当时法律改革的主要成果。隋文帝为高颎、裴政等官僚规定了"取适于时，故有损益"的法律原则，主要参详魏晋以来各朝刑律，而多采"后齐之制"。开皇三年，鉴于当时"律尚严密""人多陷罪"的局面，隋文帝又令苏威、牛弘等更定新律，"除死罪八十一条，流罪一百五十四条，徒杖等千余条"。终定律文五百条，十二卷，使《开皇律》成为"刑网简要，疏而不失"的封建大法。
2. **答案**：律是具有普遍性、经常性的成文法典，令、格、式则是律的重要补充。在适用法律以确定刑名与罪名时，律起着"正刑定罪"的标准作用，所谓"一断以律"。唐代的律主要有高祖的《武德律》、太宗的《贞观律》、高宗的《永徽律》、玄宗的《开元律》等。
3. **答案**：唐代前期实行三省六部制，其中中书省、门下省是天子之下最高的政令起草与审核机构。中书省以中书令为长官，以中书侍郎为副职；门下省以侍中为长官，门下侍郎为副职。中书省起草政令，门下省审核政令。尚书省以尚书令、左右仆射为首，下辖吏、户、礼、兵、刑、工六部，六部以尚书为长官，侍郎为副职，负责执行政令。
4. **答案**：唐代御史台是中央监察机构，以御史大夫为长官，以御史中丞为辅佐。御史台下设台院、察院、殿院三院，台院负责监察中央百官，参与大理寺的审判与皇帝直接交办的案件；殿院专掌纠察朝仪、巡视京都以及朝会、郊祀等；察院执掌地方州县官吏的监察工作。
5. **答案**：唐律的"十恶"是危及封建皇权和封建国家的十种重罪的总称。一是谋反，二是谋大逆，三是谋叛，四是恶逆，五是不道，六是大不敬，七是不孝，八是不睦，九是不义，十是内乱。
6. **答案**："请"的规格低于"议"，它主要适用于"皇太子妃大功以上亲""应议者期以上亲及孙""官爵五品以上，犯死罪者"。对这类人犯罪，官吏有权条陈其罪即应"请"的情状，如是死罪，则依律确定应斩或绞，奏明皇帝听候发落；流刑以下，自然减刑一等。"请"的限制条款比"议"多，除犯"十恶"外，"反逆缘坐，杀人，监守内奸，盗，略人，受财枉法者"，不用"请"条。
7. **答案**：关于杀人罪，唐律依据行为人的犯罪动机和具体情节，将其分为六种罪名，统称"六杀"。第一，谋杀指二人以上合谋杀人，或一人有预谋杀人，唐律对谋杀罪处罚极重。第二，故杀指无预谋的故意杀人，如"斗而用刃，即有害心"，或"非因斗争，无事而杀"，依法处斩刑。第三，斗杀指"元无杀心，因相斗殴而杀人"，依法处绞刑。第四，误杀指因"斗殴而误杀伤傍人"，"以斗杀伤论；至死者，减一等"。第五，戏杀指并无杀人的主观动机，因嬉戏而致对方死亡，比照斗杀罪减二等处罚，徒三年。第六，过失杀指过失造成他人死亡，按规定缴纳铜以赎罪。
8. **答案**：唐朝强制离婚的制度。夫妻互殴对方之祖父母、父母或杀害对方近亲属，以及双方近亲属互相杀害者均为义绝。
9. **答案**：唐代刑事案件，通常先由中央有关部门复查，然后报请皇帝裁定，但又规定死刑执行前必须进行复奏。贞观初年，唐太宗以

"人命之重，一死不可再生"为由，改在京死刑三复奏为五复奏，即决前一日二复奏，次日又三复奏。各州的死刑案件仍实行三复奏，但犯"谋反"等重罪及部曲、奴婢犯杀主罪的，一复奏即可。到《永徽律疏》制定时，又法定为三复奏。

10. **答案**：在唐一代，中央或地方如发生特别重大的案件，往往由大理寺卿、刑部侍郎、御史中丞在京组成中央临时最高法庭，加以审理，时称"三司使鞫审"，亦叫"三司推事"制。到封建后世，"三司推事"制逐渐演变为"三法司"联合审判制。至于地方众案不便递解中央的，则由皇帝指派大理寺评事、刑部员外郎、监察御史组成临时法庭，前往鞫审。唐代三大司法机构既有所分工，又彼此互相监督，有效地加强了司法统治，以及皇帝对中央司法权的控制。

11. **答案**：保辜是指对伤人罪的后果不是立即显露的，规定加害方在一定期限内对被害方的死亡负责的一项特别制度。在限定的时间内受伤者死亡，伤人者承担杀人的刑责；限外死亡或者限内以他故死亡者，伤人者只承担伤人的刑事责任。

12. **答案**：内乱是《开皇律》和《唐律疏议》规定的"十恶"中的一种，指奸小功以上亲属及父祖妾等乱伦行为。因犯"十恶"者为"常赦所不原"（通常称为"十恶不赦"），因此，内乱是后果非常严重的行为。

13. **答案**：《唐六典》是记载唐代行政制度的一部重要文献。唐玄宗于开元十年命令大臣以当时的国家行政体制为基础，仿照西周《周官》一书依官职分类的体例编纂《唐六典》，至开元二十六年完成，共三十卷，其内容主要记载了唐朝国家机构的设置，官员的编制、品级及职责，官员的选拔、任用、考核、监督、奖惩、俸禄、退休等制度的规定。

14. **答案**：唐律"十恶"是危及封建皇权和封建国家的十种重罪的总称，谋叛，"十恶"之一，是"背国从伪"，即图谋背叛朝廷，投奔"蕃国"或国内与朝廷敌对的政权。

《唐律·名例律》的"十恶"把"谋叛"列为重罪严厉处罚，充分表明唐代统治者对危害皇权与封建国家的政治性犯罪所采取的态度。

简答题

1. **答案**：唐律规定："诸共犯罪者，以造意为首，随从减一等。若家人共犯，止坐尊长；侵损于人者，以凡人首从论。即共监临主守为犯，虽造意，仍以监主为首，凡人以常从论。"唐代的共犯，强调的是二人以上共同犯罪，唐代共犯理论的中心环节，是在于区别主犯与从犯的关系。①在一般情况下，"唱首先言"的"造意者"，要作为共犯罪的"首犯"处理。②在家人共犯的情况下，因强调家长负有制止家人犯罪的义务，如不履行，就作为主犯加以制裁，从而反映了家族主义的影响。但是，如果犯罪属于"侵损于人者"的犯罪，则仍按照一般的共犯规定处理。③在监临官参与职务犯罪的情况下，监临官负有制止属下犯罪的义务，如不履行，即以主犯加以惩治。可见唐代共犯原则浸透了儒学礼教及宗法观念。

2. **答案**：保辜制度旨在区分杀人和伤害致死的定罪量刑问题，即确定现代刑法理论中的"因果关系"问题，准确认定加害人的法律责任，使罪刑相适应。加害人为避免罪责由伤害升至杀人，可能会努力救治被害人，因此，在客观上具有敦促加害人积极救治受害人，力求缓和双方矛盾的作用。也节约司法资源，实现有效的社会治理。

3. **答案**：唐律关于离婚的规定体现在《户婚律》上，它极力维护封建婚姻家庭制度。在离婚上，唐律规定了"七出"与"义绝"等项制度。凡妻子无子、淫佚、不事姑舅、口舌、盗窃、妒忌、恶疾，都可以作为丈夫"出妻"的理由。与此同时，唐律又规定了"三不去"的原则。所谓"三不去"，是指"经持舅姑之丧"、"娶时贱后贵"以及"有所受无所归"，具备了其中的一个条件，丈夫就不得休妻。

"义绝"是指夫或妻杀伤对方直系尊亲

或旁系尊亲的行为。这种行为构成法律上的强制离婚的要件。此外，还有"和离"，唐朝允许"夫妻不相安谐而和离"，即双方自愿离异。

4. **答案**：唐代把有两个以上罪同时被告发被审理的，叫作"二罪以上俱发"，并采取"以重者论"的处理原则。具体讲，同时犯了两个以上罪，以重罪作为处刑的标准；如果相等，取一罪处理；如果一罪已经论决，余罪后发，又与已判罪相等，不再追究；如果余罪重于已判的罪，则以前后罪的刑差作为定罪的标准，即所谓"能计前罪，以充后罪"。唐代"数罪并罚"的理论较前轻缓，反映了初唐统治者"恤刑慎罚"的思想。

5. **答案**：首先，从刑罚制度上看，隋《开皇律》删除了北周不少苛酷的刑罚内容，把死刑法定为绞、斩两种；改北周流刑五等为流刑三等，定为一千里、一千五百里、二千里；五等徒刑为徒一年、徒一年半、徒二年、徒二年半、徒三年五等；杖刑五等杖六十至杖一百；笞刑五等为笞十至笞五十。从客观上看，以绞、斩死刑替代以往残酷的生命刑，以笞、杖、徒、流刑替代以往野蛮的肉刑制度，无疑是历史上的进步。隋代五刑体系的出现，标志着封建刑罚制度趋于成熟，并直接影响到唐代。

其次，从刑律的内容上讲，《开皇律》吸收北齐"重罪十条"而加损益，正式定为"十恶"罪，隋变北齐"反逆""大逆""叛""降"为"谋反""谋大逆""谋叛"（吸收了欲谋投降的内容），扩大了打击范围。此外，增设"不睦"条，以便更好地维护封建宗法关系。唐后各代相继承袭。

最后，从官僚贵族特权法的角度来看，隋《开皇律》既承袭了魏、晋、南北朝的"八议""官当""听赎"制，又有所发展。创设"例减"之制，即八议人员、七品以上官犯罪非"十恶"者，依例自然减刑一等。《开皇律》将官僚贵族特权法体系化，为违法犯罪的贵族官僚提供了更多的司法保障。

综上可知，《开皇律》承袭北齐律的传统，对刑律体例加以调整，对法律内容作了重新修订。因此，在中国法制史上起到了承前启后的重要作用。

6. **答案**：关于化外人相犯，我国古代法律就有相关规定，最早也最为杰出的代表是唐律。它将外国人犯罪分为两类情况：第一类是"诸化外人同类相犯者，各依本俗法"，即同一国别的外国人之间发生侵犯时，以其国家的法律为准。第二类是"异类相犯者，以法律论"，即不同国家的外国人，或外国人与中国人之间相侵犯时，适用中国法律。

7. **答案**：唐朝初年立法指导思想同当时"安民立策"的总方针政策密切相关，大体可以归纳为三点：

（1）礼刑并用。唐太宗总结历史经验教训，积极推行以"教化为主、刑罚为辅"的政策。把"德礼"作为推行政治教化的根本，刑罚只是为保障推行"德礼"而设，二者相辅而行。

（2）法令简约。所谓简约，就是条文简明，使人易知。

（3）宽仁慎刑。所谓宽仁就是提倡用轻刑。所谓慎刑，就是对犯罪者处刑采取慎重的态度。

8. **答案**：唐朝法规的基本形式有律、令、格、式等四种。关于这四种法律形式的性质和区别，《唐六典》的解释说明为"凡律以正刑定罪，令以设范立制，格以禁违止邪，式以轨物程式"。

（1）律是定罪量刑的刑事法典。既具有相对稳定性，又具有完整的结构体系。内容相当广泛。唐代的律主要有高祖的《武德律》、太宗的《贞观律》、高宗的《永徽律》、玄宗的《开元律》等。

（2）令是关于国家基本制度的法律规范，规范国家体制与严格尊卑贵贱等级秩序。

（3）格是由皇帝发布的、国家机关必须遵行的各类单行敕令与指示的汇编。汇编后的格，唐时称为"永格"，使单行的敕条上升为普遍性与经常性的法律，也是"百官有司所常行"的定制。格涉及范围广，灵活具体，成为律的重要补充。

（4）式是国家机关的办事细则。

四者共同构成了唐朝的法律体系。

9. 答案：唐朝前期的法律形式即律、令、格、式（参照上一题）。

到了唐朝的中后期，由于社会情况发生了较大的变化，律无法适应这种变化，同时又不能随意修改，唐朝在开元以后已不再修律，而产生了新的法律形式：

格后敕。制敕是皇帝针对特定的人或事而颁布的临时处分，但编入格的制敕则是"堪久长行用者"。随着唐朝后期频繁的编敕活动，律、令、格、式的地位发生动摇，敕的法律效力不断提高。

刑律统类。宣宗大中年间，左卫率府仓曹参军张戣以刑律为主，分类为门，附以相关的敕、令、格、式，编辑完成《大中刑律统类》十二卷，由宣宗下诏颁行。该法典是法典编纂体例上的一种创新，对五代及北宋的法典制定产生了直接影响。

10. 答案：唐律《唐律疏议》中的五刑制度是在隋《开皇律》中首次确定的，包括笞、杖、徒、流、死五种基本的法定刑罚，只是在细节上稍有改变。

（1）唐律五刑的内容

①笞刑，即用法定规格的荆条责打犯人的臀或腿，自十至五十分为五等，每等加十，是五刑中最轻的一等，用于惩罚轻微或过失的犯罪行为。

②杖刑，即用法定规格的"常行杖"（又称法杖）击打犯人的臀、腿或背，自五十至一百分为五等，每等加十，稍重于笞刑。

③徒刑，即在一定时期内剥夺犯人的人身自由并强迫其戴着钳或枷服劳役，自一年至三年分为五等，每等加半年，是一种兼具羞辱性和奴役性的劳动。

④流刑，即将犯人遣送到指定的边远地区，强制其戴钳或枷服劳役一年，且不准擅自迁回原籍的一种刑罚，自二千里至三千里分为三等，每等加五百里，是仅次于死刑的一种较重的刑罚。唐太宗时创设"加役流"作为死刑减等处理的一种刑罚，"流三千里，役三年"。妇女犯流罪的在原地服劳役三年。

⑤死刑，即剥夺犯人生命的刑罚，是五刑中最重的一种，分为斩、绞两等，绞因得以保全遗体而稍轻于斩。

（2）唐律规定的五刑制度与前代相比，有以下几个特点：

①五种刑罚的排列顺序改隋律的由重到轻为由轻到重，且某些刑罚有所减轻，在历代封建法典中属于较为轻缓的刑制。

②依照唐律的规定，除犯"十恶"应死之罪、犯不孝流、反逆缘坐流及会赦犹流者不得赎罪外，判处其他各刑，均准许以铜赎罪，赎金的数额根据刑罚的轻重依次递加。

论述题

1. 答案：唐律仍然体现了平民百姓与官僚贵族地位的不平等。唐律对于贵族官僚的特权的保护体现在如下规定：

（1）"八议"。唐代沿袭曹魏以来的"八议"之制，对八类特权人物犯罪作了减免处罚的规定。"八议"一指"议亲"，即皇帝的亲戚；二指"议故"，指皇帝的故旧；三指"议贤"，即品行达到封建道德最高水准的人；四指"议能"，即有大才干的人；五指"议功"，即功勋卓著者；六指"议贵"，即封建大贵族大官僚；七指"议勤"，即勤于为封建国家服务的人；八指"议宾"，即前朝皇室后代被尊为国宾者。按照唐律规定，上述八类人犯罪，如是死罪，官吏必先奏明皇帝，并"议其所犯"，交皇帝裁处。按照通例，一般死罪可以降为流罪，流罪以下自然减刑一等，但犯有"十恶"罪的，不包括在此范围。

（2）"请"。"请"的规格低于"议"，它主要适用于"皇太子妃大功以上亲""应议者期以上亲及孙""官爵五品以上，犯死罪者"。对这类人犯罪，官吏有权条陈其罪及应请的情状，如是死罪，则依律确定应斩或绞，奏明皇帝听候发落；流刑以下，自然减刑一等。"请"的限制条款比"议"多，除犯"十恶"外，"反逆缘坐，杀人，监守内奸、盗、略人、受财枉法者"，不适用"请条"。

（3）"减"。"减"的规格低于"请"，它适用于七品以上官，及应请者的亲属。如有犯罪，又在流罪以下，可以自然减刑一等。

（4）"赎"。"赎"的规格低于"减"，适用于九品以上官、七品以下官吏的亲属。上述人犯罪在流刑以下，听凭以铜赎罪。犯流刑以上罪的，不在减赎之列，为官的，要除名，配流依法照办。

（5）"官当"。指官吏犯罪可以官品抵当刑罪。按以官当徒原则，公罪比私罪抵当为多，官品高的比官品低的抵当为多。

（6）"免官"。指通过免官来抵当刑罪。凡免官者"免所居官者，比徒一年"。此外唐律还规定，免所居官者，一年后，降原级一等叙用；免官者，三年后，降原级二等叙用。

免官之外，唐代还规定"除名"，"除名"可以"比徒三年"，六年以后叙用。

唐代统治者通过"议""请""减""赎""官当""免官"等方式，将贵族官僚的特权法律化，用于维护封建官僚体制，巩固专制统治的基础。清人薛允升说："（唐律）优礼臣下，可谓无微不至矣。"唐代贵族官僚的特权规定，较以前更加广泛、系统，从而反映了唐律的特权法性质，但必须指出，在封建君主专制条件下的唐代，任何贵族官僚的特权都只有相对的意义，并以不触犯皇权及地主阶级根本利益为限度，如犯有"十恶"之罪，则同样严惩不贷。

2. **答案**：唐律完善了自首的规定。第一，严格区分自首与自新的界限。唐代以犯罪未被举发而到官府交代罪行的，称作自首。对于自首者，唐律采取"原其罪"的原则，即免予追究刑事责任。但犯罪被揭发，或被官府查知逃亡后，再投案者，唐代称作自新。自新是被迫的，与自首性质不同。唐代对自新采取减轻刑事处罚的原则。第二，唐律规定不是所有犯罪都可以享受自首的待遇。凡"于人损伤，于物不可备偿"，"越度关及奸，并私习天文者，并不在自首之列"，即对侵害人身、毁坏贵重物品、偷渡关卡、私习天文等犯罪，即便投案也不能按自首处理。因为这些犯罪的后果已不能挽回。第三，唐律规定自首者虽然可以免罪，但"正赃犹征如法"，即赃物必须按法律规定如数偿还，以防止自首者非法获财。第四，对自首不彻底行为作了严格规定。唐代对犯罪分子交代犯罪性质不彻底的，叫"自首不实"；对犯罪情节不作彻底交代的，叫"自首不尽"。《名例律》规定，凡"自首不实及不尽者"，各依"不实不尽之罪罪之。至死者，听减一等"。至于如实交代的部分，不再追究。

此外，唐代还规定，轻罪已发，能首重罪，免其重罪；审问他罪而能自首余罪的，免其余罪。出于分化打击犯罪的目的，唐代全面系统地发展了封建刑法的自首原则，这些内容不仅影响到封建后世，至今不乏借鉴价值。

3. **答案**：（1）唐律集封建法律之大成，是中华法系的代表作，在中国及东南亚法制史上具有深远影响，唐律的完备，标志着中华法系走向成熟。以中国封建时代的唐律为内涵，以周边国家法律为外延，构建了区域性的法律体系。中华法系与世界其他四大法系并称五大法系，中华法系与其他法系既有共通之处，又有自身固有的特点，它以自己独特的风采影响着亚洲与其有交往的各地，在世界法制史上占有重要贡献的地位。

在中国法制史上，唐律居于承前启后的重要地位，无论是立法思想、原同、篇章体例，还是法律内容（"五刑"、"十恶"、"八议"、刑法适用原则等），都承袭了以往各代立法的成果，是立法之集大成者，同时又有所发展和创新，使唐律集封建法律之共性与自身发展完善于一体，以"一准乎礼，得古今之平"著称于世，成为完备的封建法律形态。唐律不仅对唐代政治经济起到巨大的促进作用，而且直接影响了后代中国法律的发展，成为后世封建法制的典范。五代、宋、元、明、清立法皆参照唐律。

（2）唐初封建法制的建设，不仅为唐代的法制奠定了基础，而且在整个封建法制史上也是辉煌的一页。这固然与封建经济、政治、文化密切相关，同时也深受唐初统治者重视法制的思想影响：①明法慎刑。唐初君臣都亲身经历了隋帝国由盛转衰，最终在农民起义中顷刻覆亡的过程。他们认真总结了隋朝覆亡的历史教训，认为原因之一是法纪败坏。因此唐代统治者在统一全国以后，实行一系列政治、经济改革的同时，十分重视典章法制的创制，强调法是治理国家的准绳。通过法制建设，一方面"弘风阐化"，另一方面"禁暴惩奸"。唐太宗李世民在立法上提出了"以宽仁治天下，而于刑法尤慎"的思想。对于死刑的审判，实行九卿会审，对于死刑的执行，实行"三复奏"，后又改为"五复奏"；同时还严惩贪官，防止官吏贪财坏法。对于司法官吏在审判中失于出入者，规定"各以其罪罪之"。②礼刑并用。礼刑并用的思想在中国古代是由来已久的，经过两汉的充实和发展，至唐代达到了一个新的阶段。李世民采纳魏徵的建议，推行以"德礼为本、刑罚为用"的政策。他们剔除了春秋战国时期儒法两家各持一端、互相辩驳的偏见，综合了汉以来运用礼刑进行统治的经验，并以最高统治者——皇帝的权威身份，宣布德礼与刑罚不是对立的，不能割裂二者之间的统一关系，这对当时立法与司法都有重大影响。《贞观律》中，许多原属礼的规范，被赋予法的形式。而汉初以来流行七百年的"经义决狱"，也由于唐律完美地体现了礼与刑的结合而终于废止。③立法宽简稳定。针对隋末法令滋彰、任意废法的亡国之弊，从高祖李渊起便强调立法要宽简，使人易知。李世民多次指出："死者不可再生，用法务在宽简。"在他主持下制定的《贞观律》是封建法典中较为简约宽平，明白易知的。《永徽律》继续贯彻了上述思想。太宗李世民不仅要求法律简明，还强调保持稳定。他说"法令不可数变。数变则烦……吏得以为奸"。在这种思想指导下，终太宗一世，律、令、格、式"无所变改"。④"人有所犯，一断于法"。在封建时代，官吏奉法守法是维系封建法制的重要环节，要做到这一点取决于至高无上的皇帝是否遵法守法。贞观时期法治秩序的建立，是和李世民率先示范分不开的。关于唐太宗守法的事例不胜枚举。而到了贞观后期，李世民也走上了封建皇帝无法摆脱的老路，他"任情以轻重""屈伸在乎好恶""轻重由乎喜怒"，加剧了统治阶级内部矛盾，唐初艰难缔造的法制秩序遭到了破坏。

总结以上，唐初统治者的立法指导思想，是恢复和整顿封建的法律秩序，限制某些特权者的恣意横行为基点的，这是从隋亡的历史教训中总结出来的，有其深刻的历史背景。贞观时期正是由于积极制定和大力贯彻法律，才或多或少地缓和了社会矛盾，稳定了全国的形势，为经济文化的发展创造了有利条件。在中国历史上，兴盛的王朝总是和统治者重视法律分不开的，在这方面贞观之治提供了许多值得借鉴的经验。

4. **答案**：隋唐律"名例律"是由《法经》"具律"发展演变而来，其演变过程如下：

(1) 战国时期李悝制定的《法经》六篇的第六篇《具法》是规定定罪量刑的通例与原则的法律，相当于现代刑法的总则篇，其位于律尾。

(2) 汉朝的《九章律》在《法经》六篇的基础上增加了户、兴、厩三篇，使得类似于刑法总则篇的《具律》的位置既不在首，又不在尾。三国曹魏《新律》（又称为《曹魏律》）将《具律》改为《刑名律》，置于律首，从而改变了以往刑法总则篇的位置既不靠前，又不靠后的弊端，使得在法典编纂体例上朝着科学性方面迈出了关键的一步。

(3) 西晋《泰始律》将《刑名律》分为《刑名律》和《法例律》两篇。

(4) 南北朝《北齐律》又将《刑名律》和《法例律》合并为《名例律》，冠于篇首。

(5) 隋朝《开皇律》和唐朝《唐律疏议》均采用这种方式，并且在《唐律疏议》中对《名例律》的总则性质作出了确切说明，不过不同于现今总则的含义。总之，唐律是对以往立法经验的总结和提高，使封建法律制度更加系统、科学和完备。

5. 答案：唐律刑法中适用的主要原则有以下七种，分别是：

（1）"累犯"加重原则。唐律中没有累犯的确切概念，但出现了与之相似的"累科"。唐律的累科以犯罪被告发和判处徒刑已发配作为要件。唐代对累科采取"各重其后犯之事"的处罚原则。唐代对累科的处罚，既注重后犯之罪，又兼顾前犯之罪，从而反映了我国古代累犯加重原则的固有特点。

（2）老、少、废、疾犯罪减免处罚的原则。唐代统治者认为，老、少、废、疾等犯罪，是"皆少智力"的缘故。因为他们"不堪受刑"，所以采取从轻处罚的原则。对于教唆上述犯罪者，则采取处罚教唆者的原则，但要求所有赃物必须偿还，以维护封建国家与私有财产的不可侵犯。

（3）自首原则。唐代严格区分自首与自新。自首是指犯罪未被揭发而到官府交代罪行的，对于自首者，唐律采取"原其罪"的原则，即免予追究刑事责任。自新是指犯罪被揭发，或被官府查知逃亡后，再投案者，对自新采取减轻刑事处罚的原则。另外，对侵害人身、毁坏贵重物品、偷渡关卡、私习天文等犯罪，即便投案也不能按自首处理。自首者虽免罪，但赃物必须按法律规定如数偿还，以防止自首者非法获财。并且，唐代对犯罪分子交代犯罪性质不彻底的，叫"自首不实"；对犯罪情节不作彻底交代的，叫"自首不尽"。此外，唐代还规定，轻罪已发，能首重罪，免其重罪；审问他罪而能自首余罪的，免其余罪。出于分化打击犯罪的目的，唐代全面系统地发展了封建刑法的自首原则，这些内容不仅影响到封建后世，至今也不乏借鉴价值。

（4）共犯的原则。唐代的共犯，强调的是二人以上共同犯罪，同时其中心环节，在于区分主犯与从犯。在一般情况下，"唱首先言"的"造意者"，要作为共犯的"首犯"处理，反映了封建刑法注重惩办犯意即扼杀犯罪于谋划阶段的特点。在家人共犯的情况下，因强调家长负有制止家人犯罪的义务，如不履行，就作为主犯加以制裁，从而反映了家族主义对封建刑法的影响。唐代把"家人共犯"的原则推广到社会，认为官长即父母，负有制止属下犯罪的义务，如不履行，即以主犯加以处罚。可见，唐代共犯原则体现了维护封建君主专制主义的要求，浸透了儒学礼教及宗法观念。

（5）"数罪并罚"的原则。唐律规定同时犯了两个以上罪的，以重罪作为处刑的标准；如果相等，取一罪处理；如果一罪已经论决，余罪后发，又与已判罪相等，不再追究；如果余罪重于已判的罪，则以前后罪的刑差作为定罪的标准，即所谓"通计前罪，以充后数"。唐代"数罪并罚"的理论较前轻缓，反映了初唐统治者"恤刑慎罚"的思想，以及谋求王朝长久统治的愿望。

（6）类推制度。类推首先是律文没有明确规定的，且必须是同类案件；对于应当从轻处理的罪，法律列举重款，轻者通过类推可以自明；对于应当从重处理的罪，法律列举轻款，重者通过类推可以自明。唐代类推原则的完善反映了当时立法技术的发达。

（7）"化外人"犯罪的原则。按照唐律规定，同属一国的侨民之间的犯罪，由唐按其本国的法律处断；不同国籍的侨民犯罪，由唐按照唐律处理。这种将刑法的属人主义与属地主义巧妙结合，在当时世界各国还是罕见的。这不仅维护了国家主权，同时也比较妥善地解决了外国侨民的犯罪问题。

6. 答案：（1）"十罪"是指"重罪十条"。为加强镇压危害封建专制统治和违反伦理纲常的行为，"重罪十条"正式入律，始于北齐。此"重罪十条"即后世法典中之"十恶"，即将直接危害国家根本利益的最严重的十种犯罪置于律首，予以重处。这十条是："一曰反逆，二曰大逆，三曰叛，四曰降，五曰恶逆，六曰不道，七曰不敬，八曰不孝，九曰不义，十曰内乱。其犯此十者不在八议论赎之限。"具体内容包括：①反逆，即造反；②大逆，即破坏皇帝宗庙、山陵与宫殿；③叛，即叛变；④降，即投降；⑤恶逆，即殴打、谋杀尊亲属；⑥不道，即凶残杀人；⑦不敬，即盗用皇室器物及对皇帝不尊重；⑧不孝，即不侍父母，不按礼制服丧；⑨不义，即杀本府长官与授业老师；⑩内乱，即亲属间乱伦。

(2)"十恶"对"十罪"的继承与修订

唐律沿袭隋律确立的十类被视为严重侵犯纲常礼教的犯罪，在《名例律》中明确说明"十恶"的具体罪行表现。

①谋反。"谋反"是"谋危社稷"，即图谋推翻皇帝的统治。②谋大逆。指"谋毁宗庙、山陵及宫阙"，即图谋毁坏皇帝祖庙、皇陵和宫殿。③谋叛。指预谋"背国从伪"，即谋划背叛封建国家，投降伪政权，突出了对预谋犯罪的镇压，并将"反""叛"等严重犯罪扼杀在谋划阶段，借以减轻犯罪的危害程度。④恶逆。指殴打、谋杀尊长亲属。⑤不道。即"杀一家非死罪三人及肢解人，造畜蛊毒，厌魅"，也就是使用凶暴手段致人以死，或畜养毒虫、使用邪术害人。⑥大不敬。指盗取皇帝服用物，盗取皇帝或伪造皇帝印玺，给皇帝配药不按本方，做饭犯食禁，指责皇帝，诽谤朝政，对皇帝使臣无礼等，即侵犯皇帝人身及其尊严的各类行为。⑦不孝。指诅骂或告发直系尊亲，或供养有缺，或别立户籍私有钱物，或私自婚娶，父母去世，匿不举哀等。⑧不睦。指"谋杀及卖缌麻以上亲，殴告夫及大功以上尊长、小功以上尊亲"。⑨不义。指杀本属长官与授业老师。⑩内乱。指亲属间的乱伦行为。

(3)"十恶"相对于"十罪"的变化主要体现在以下几点：

①"十恶"中的部分罪名强调主观恶性，"十恶"中"谋反""谋大逆"和"谋叛"都强调了行为人主观上的恶性，排除了过失或无意识的行为，更具有科学性。不是有意为之者，不应属于"十恶"。"十罪"中则没有对行为人的主观恶性提出要求。②将叛、降两种罪名合并，统称谋叛。③增加了不睦罪，强化了对于家族秩序的维护。④对不敬和不孝的含义进行了扩大，将一些新的行为纳入"十罪"当中。

(4)变化的意义

①部分罪名强调主观恶性，体现了刑法的科学性，使得"十恶"重点打击的是主观上有故意的人，从而更好地实现刑法的目的。②增加不睦罪，强化了对于封建家庭伦理的维护，使礼法结合得更为紧密。③扩大了部分罪名的内涵，将更多的行为纳入"十恶"之中，强化了封建专制统治的力度。④"十恶"的内容更加具体，含义更加丰富和科学，因而为后世所继承，基本成为定制。

7. **答案**：《唐律疏议》的主要立法原则为"德礼为政教之本，刑罚为政教之用"。"德"是指君主要以"宽仁治天下"，使百姓能够有一个安居乐业的环境。"礼"是指用纲常礼教对民众进行教化，以维护尊卑贵贱的等级秩序。在强调德礼教化的同时，唐初统治者也十分重视刑罚的惩戒功能。正因为唐初统治者利用礼和刑两种手段进行统治，很快便扭转了隋末以来的政治颓势，使国家管理和社会生活走上了正轨。

这体现在：(1)立法宽简、稳定。唐初统治者强调立法要"宽平""简约"，提倡"用法务在宽简"。唐初统治者还强调法律要具有稳定性，防止朝令夕改。在唐朝前期一百多年里，国家的律、令、格、式改动很小。为了维护法律的严肃性和权威性，唐太宗把国家的法律提高到君权之上，《唐律疏议》也规定了严格的法律修改程序。如果法律条文确实需要修改，须由尚书省召集有关官员集体讨论，并奏报皇帝最后批准。(2)司法严肃、审慎。在司法审判方面，唐初统治者要求严肃认真，审断有据。在死刑的判决和执行方面，唐初尤为审慎，要求"在京者，行决之司五复奏；在外者，刑部三复奏"。

在礼与刑的关系方面：

(1)礼属于指导性、强行性和禁止性的规范体系，以道德教化和伦理感化为基本导向；刑属于惩罚性的规范体系，以强制镇压和刑罚制裁为主要手段。

(2)二者分别适用于不同对象，用以规范不同的社会行为，调整不同的法律关系与社会关系。"德以柔中国，刑以威四夷"，"礼不下庶人，刑不上大夫"。

(3)礼与刑各有侧重，互为补充，相辅

相成，分别调整、规制中国传统法律关系与社会关系。

唐律中礼刑关系体现在：唐朝法律的宗旨在于全面维护尊卑贵贱的等级秩序，维护礼的核心内容——君权、父权和夫权。唐朝律、令的许多条文本来就源于礼的规范和制度，后来逐渐演化成国家的法律内容。长孙无忌为唐律作"疏议"时，也经常引用儒家经典阐述法条义理。因此，唐朝法律是一种礼法高度融合的法律体系。

案例分析题

1. **答案**：该材料表明，唐代的共犯，强调的是二人以上共同犯罪，区别于现今刑法的"二人以上共同故意犯罪"的概念。唐律共犯理论的中心环节是区别主犯与从犯的关系。在一般情况下，"唱首先言"的"造意者"，要作为共犯的"首犯"处理，反映了封建刑法注重惩办犯意及扼杀犯罪于谋划阶段的特点。在家人共犯的情况下，因强调家长负有制止家人犯罪的义务，如不履行，就作为主犯加以制裁，从而反映了家族主义对封建刑法的影响。唐代把"家人共犯"的原则推广到社会，认为官长即父母，负有制止属下犯罪的义务，如不履行，即以主犯加以惩罚。可见，唐代共犯原则体现了维护封建君主专制主义的要求，浸透了儒学礼教及宗法观念。

2. **答案**：（1）唐代对申诉有严格的程序规定，须从州县自下而上逐级申诉，一般禁止越级，违者构成越诉罪，越诉者和受理官员都会受到处罚，但同时允许直诉。

（2）如有冤狱等情况，法律允许当事人通过"邀车驾"、击"登闻鼓"、"上表"形式向皇帝直诉，但若告控不实，则应受杖刑处罚。如故意进行隐瞒欺诈，以"上书诈不实"罪论处。

（3）唐代建立了完备的申诉制度，原则上实行逐级申诉，禁止越诉，为申诉冤滞提供了正当途径。同时允许直诉，即当案情无处伸冤时，当事人或其近亲属可直接诉诸最高统治者或特定机构，客观上可起到一定的司法救济作用。申诉制度有助于加强对司法机关的监督，纠正冤假错案，维护统治稳定。

3. **答案**：（1）唐太宗采纳魏徵的意见，以宽仁治天下，并最终确立了"德礼为政教之本，刑罚为政教之用"的法制指导思想。

（2）录囚是皇帝或上级司法机关通过对囚徒的复核审录，监督和检查下级司法机关的决狱情况，以平反冤案、梳理滞狱。

（3）唐太宗纵囚是其宽仁治天下、明法慎刑政策的具体体现。同时也反映了皇帝对于司法权的控制。

第七章 宋、辽、西夏、金法律制度

✓ 单项选择题

1. **答案**：D。《宋刑统》与《唐律疏议》相同，将法典分为十二篇。但是，《宋刑统》相较于《唐律疏议》，在篇下分门类编，每一门之内，律文、律疏之后，附有敕、令、格、式，此外新增"臣等起请"三十二条，并总括"余条准此"条附于名例律后。

2. **答案**：D。本题考查的是宋代的"鞫谳分司"制度。

3. **答案**：C。宋朝时，对皇帝临时发布的诏令加以整理、删定、汇编，使之成为具有稳定性和普遍性的法律，称为"编敕"。

4. **答案**：A。"提点刑狱司"为宋朝中央在路一级的司法派出机构。
   B项的"提刑按察使司"为明朝省级专门司法机关。C项的"肃政廉访司"为元朝地方监察机关。

5. **答案**：B。宋代实行"翻异别勘"制度。在诉讼中，人犯否认口供（称翻异），事关重大案情的，案件改由原审机关的另一官司或上级机构另差其他官司进行审理，称"别勘"，故B项正确。

6. **答案**：A。宋代规定一物不得两典，违者准盗论。

7. **答案**：A。CD项为元代机关。

8. **答案**：A。折杖法不适用于死刑案件。流刑三等，改决脊杖后配役一年，而非直接杖后释放；徒刑五等，改决脊杖；杖刑五等，改决臀杖；笞刑五等，改决臀杖。

9. **答案**：A。《洗冤集录》是我国古代第一部法医学专著。

10. **答案**：A。宋代以有无不动产为标准，将户口分为主户与客户，前者有不动产，后者则无。

11. **答案**：D。北宋初年，为宽贷某些死刑重罪，开始使用后晋（五代）创立的刺配刑。它将"决杖，黥面，配役"三刑施于一人之身，重于唐代的加役流，并且是对肉刑的复活。

12. **答案**：D。本题考查南宋关于户绝财产继承的规定。户绝指家无男子承继。户绝立继承人有两种方式：凡"夫亡而妻在"，立继从妻，称"立继"；凡"夫妻俱亡"，立继从其尊长亲属，称为"命继"。继子与户绝之女均享有继承权，但只有在室女（未嫁女）的，在室女享有3/4的财产继承权，继子享有1/4的财产继承权；只有出嫁女（已婚女）的，出嫁女享有1/3的财产继承权，继子享有1/3的财产继承权，另外的1/3收为官府所有。本题属于只有出嫁女（已婚女）的情况，故霍甲、霍丙、官府各享有1/3，故D项正确。

13. **答案**：A。宋朝的典卖制度颇具特色，是宋朝民事法律发达的体现。典卖是一种附有回赎条件的特殊类型的买卖。在典卖契约中，业主的权利主要包括：得到钱主给付的典价；在约定的回赎期限内，或没有约定回赎期限及约定不清的，在30年内可以原价赎回标的物。钱主的权利则包括：契约期限内标的物的使用收益权；对于标的物的优先购买权；待赎期中的转典权，即典权可以转让；待赎期中业主不行使回赎权时，取得标的物的所有权。钱主以上权利统称"典权"。为了保护典权人的权利，宋朝法律严禁"一物两典"。

14. **答案**：D。D项本身表述正确，但属于继承制度，不是离婚或改嫁方面的变通，与题意不合，故当选。

15. **答案**：D。A是南宋成书的狱讼案例汇编，B是唐朝的判词汇编，C是南宋的法律汇编。

多项选择题

1. **答案**：AD。南宋时期，规定了户绝继承的办法有两种方式："立继"和"命继"，要明确其具体的含义，还要注意继子和绝户之女、出嫁之女享有的继承权的份额，故 AD 正确。
2. **答案**：ABCD。《问刑条例》是明代法律。
3. **答案**：ABC。重法地法是刑事立法，亲邻法指不动产交易时"先问房亲，房亲不要，次问四邻"的规定，属于民事法律。
4. **答案**：DE。为了保证农业生产的正常进行，宋朝制定了关于民事诉讼时限的《务限法》。规定涉及农务生产的田宅、婚姻、债负之类民事诉讼案件应在十月初一至次年正月三十日递交诉状。相邻土地的田界问题发生纠纷在此之列，因此 DE 项正确。
5. **答案**：ABCD。《永徽律疏》作为中国封建法制的最高成就，全面体现了中国封建法制的水平。故 A 项正确。《宋刑统》是历史上第一部刊印颁行的法典，故 B 项正确。唐律中的刑罚原则有区分公罪与私罪、自首、类推、化外人原则，故 C 项正确。在司法机构的设置上，宋沿唐制，故 D 项正确。

名词解释

1. **答案**：《洗冤集录》是宋代著名法医学家宋慈所著的一部法医学专著，该书在总结前人办案经验的基础上，把实践中获得的药理、人体解剖、外科、骨科、检验等多方面的知识汇集成书。《洗冤集录》是我国古代第一部法医学专著，不仅指导了宋朝及其后世的司法实践，同时还对世界各国产生了重大影响，数百年来，该书被译成荷兰、英、法、德等国文字，被中外奉为法医学的经典。
2. **答案**：宋代的基本法律，即《宋建隆重详定刑统》。宋朝初年沿用后周《显德刑统》，后因其"科条繁浩，或有未明"，诏令窦仪等人重新修订，建隆四年（公元963年）完成，刊版印刷，颁行全国。《宋刑统》在体制上模仿了唐末《大中刑律统类》和后周《显德刑律统类》，采取律敕并重，令格式合编的体例，是秦汉隋唐以来法典编制体例上的一大变化。《宋刑统》共三十一卷，分为二百一十三门。其中律有十二篇，五百零二条，令格式一百七十七条，起请三十二条。《宋刑统》从《显德刑律统类》中删除令式宣敕一百零九条，重新恢复原《唐律疏议》的律疏全文，但原篇首回顾历史沿革的文字仍删去不录。
3. **答案**：敕是以皇帝命令随时发布的诏令。编敕是将过去历年散敕编纂而使其具有普遍适用效力的立法活动和立法形式。宋承唐五代编敕以应时势变化的余续，并将其大加利用，编敕地位上升，用于损益和补充成法；编敕数量大幅增长，每次修敕皆在千条以上。编敕成为自太宗以后的主要立法活动和立法形式。宋代编敕，不仅有通行全国者，也有适用于省院寺监及各部等中央机构者，以及用于一路一州一县者。既有各类散敕通编者，又有专门编辑有关刑名敕者，后者便形成与《宋刑统》并行的系统的刑事法源。
4. **答案**：宋代编例、断例起自仁宗赵祯庆历时命"刑部、大理寺以前后所断狱及定夺公事编为例"之诏，附在编敕之后；神宗熙宁时又将"熙宁以来得旨改例为断，或自定夺，或因比附辩定、结断公案堪为典型者，编为例"。事例则是以皇帝"特旨"和尚书省等官署发给下级指令的"指挥"编类为例。神宗以后，"御笔手诏"等特旨和指挥的地位渐高。
5. **答案**：宋太祖赵匡胤于建隆四年定折杖之制：流刑四等自加役流至流三千里，流二千五百里、流二千里，分别决脊杖二十，配役三年，或决脊杖二十、十八、十七，均配役一年，免去流远；徒刑五等自徒三年至徒一年，分别决脊杖二十、十八、十七、十五、十三后释放；笞刑五等自笞五十至笞十，分别决臀杖十下、八下、七下后释放。折杖法使"流罪得免远徙，徒罪得免役年，笞杖得减决数"。
6. **答案**：宋太祖为宽贷杂犯死罪而立刺配之法，刺面、配流且杖脊，是对特予免死人犯的一种代用刑，但后来则成了常用刑种之一，太宗以后有关刺配的编敕逐渐增多，南宋孝宗时达"五百七十余条",不仅盗贼徒以上罪要刺配,军士犯罪也要刺配。

7. **答案**:凌迟是以利刃零割碎剐肌肤及肢体,再戳穿喉咙、颈项,使受刑者在极端痛苦中慢慢死去的刑罚。仁宗时,荆湖地区杀人祭鬼,遂下诏对之适用凌迟之刑。后凌迟刑多用于"强劫贼人",神宗以后甚至用于"口语狂悖致罪者"。南宋《庆元条法事类》将凌迟与斩、绞并列,成为法定刑种。

8. **答案**:条法事类是以事类为标准分门编纂的法规大全,每项事类中同时收入相关的敕、令、格、式、申明及法律解释。条法事类产生于孝宗淳熙年间,当时因敕令格式合编为一典,内容庞杂,不便检索,遂将敕令分类编排,编成《淳熙条法事类》。其后,宁宗朝编有《庆元条法事类》,理宗朝编有《淳佑条法事类》。条法事类立法形式的出现,不仅有利于克服上述弊病,对敕令格式的内部协调,也有一定的作用。

9. **答案**:提点刑狱司为中央派出各路的专司司法的机构,拥有诸州大辟案的复核权,并对诸州监禁人犯及审案情况进行监督,甚至对各州及运转使"批断未允"案件有受理重断的权力。

10. **答案**:翻异,指的是犯人推翻原来的口供;别勘,指改换审判官重新审理。翻异别勘制就是犯人推翻原口供,是应该重审的制度。宋代,当犯人不服判决临刑称冤,或家属代为申冤时,则改由另一个司法机关重审或监司另派官员复审。

简答题

1. **答案**:宋朝以前,租佃关系完全建立在超经济强制基础上,佃农与地主的人身依附关系较强,他们不得随意离开土地,也没有换佃的权利和自由。唐末五代以来,人身依附关系逐渐削弱,佃农的身份地位有所提高。

   宋朝将全国居民按有无土地分为主户与客户两大类,佃农被编入客户,成为国家编户齐民,不再是地主豪强的私属户口;一些农民因开辟荒地,也被编入有土地的主户。因而以契约关系为基础的租佃制度发展起来,并得到宋朝法律的承认与保护。

   在财产关系方面:(1)租佃双方应明立要契,等到收成时,依契约分。(2)倘若佃农违约,不按期交纳地租,地主可向官府控告。

   在人身关系方面:(1)北宋初年人身依附关系依然存在,佃农要离开地主,必须取得主人的"凭由"。(2)仁宗时规定佃农按契约交完地租后,即可与地主商量去留,不再需要取得主人的"凭由",地主不得阻拦,也不准私自处置或伤害佃农,否则可向官府控告。

   这种租佃契约关系,在保护地主权益的前提下,有利于改善佃农的身份地位。

2. **答案**:首先,在形式上,《宋刑统》的体例模仿了唐末《大中刑律统类》和后周《显德刑律统类》,采取律敕并重,令格式合编的体例,是秦汉隋唐以来法典编制体例上的一大变化。改变后的编排方式便于司法人员查阅。在律文之后还附以选录的自唐开元至建隆三年间的敕令格式中通行的刑事规范。

   其次,《宋刑统》在内容上的发展变化主要有两点:一是在刑罚制度上创建了"折杖法";二是有关民商立法比唐律更加完善。而其在形式上的变化则极为显著,主要有四个方面:其一是法典不称"律",而称"刑统"。其二是分门类编。《宋刑统》在每卷中标明门类,共分为二百一十三门。其三是新增"臣等起请"三十二条。所谓"臣等起请",指窦仪等修律者为适应宋时形势发展的需要,对前朝行用的敕令格式经过审核详虑后,向朝廷提出的变动建议。其四是总括"余条准此",列于名例律后。所谓"余条准此",是指具有类推适用性质的条文。

3. **答案**:北宋建立之初,为缓和社会矛盾,改变唐末五代以来刑罚苛酷的状态,对一般刑事犯罪减轻处罚,但对"贼盗"犯罪则以重法严惩。

   "贼盗"犯罪指农民起义及谋反、叛逆、造妖书妖言、造蓄蛊毒、谋杀、劫囚、强盗、窃盗等威胁统治秩序的行为。"贼盗"犯罪历来是威胁统治阶级的严重问题,北宋"贼盗"问题更为突出，涉及范围大，分布地域广，形式多样，人员甚众，为以往朝代所少见。

（1）《宋刑统》加重处罚"贼盗"犯罪。《宋刑统》作为普通法典，对"贼盗"犯罪的量刑比唐律明显加重。如谋反大逆罪，唐律处斩，《宋刑统》改为凌迟。

（2）颁布重典惩治"贼盗"的特别刑事法规。仁宗嘉祐六年将开封府划为重法地，凡在重法地犯"盗贼"罪及其包庇窝藏者，以重法严惩；次年颁布《窝藏重法》，又将重法地扩大到开封府相邻四州。英宗重申《重法》，凡在重法地捉获强劫盗贼，不论是否当地居民，即使犯在立法以前，也一律适用重法。应处死刑者，妻子骨肉送千里外州军编管，家产赏给告发人；应处徒流刑者，刺配远恶州军牢城，妻子骨肉送五百里外州军编管，家产一半赏给告发人；即使遇有赦令，编管者也不得返回原籍。神宗熙宁年间颁行《盗贼重法》，又扩大《重法》适用范围，将重法地扩大到其他地区。神宗元丰年间，全国共有二十四路，其中十余路皆为重法地；还进一步规定"虽非重法之地，而囊橐重法之人，并以重法论"等；而各地官员捉捕"盗贼"不力，也将受到严厉制裁。哲宗、徽宗时期沿袭《盗贼重法》，基本取代《宋刑统·贼盗律》。

宋朝惩治"贼盗"的特别刑事法规，其严酷性、株连面、溯及力均突破普通法典的规定。

4. 答案：宋朝设立中央监察机关御史台，以御史大夫、御史中丞为正副长官，负责监察中央百官。分台院、殿院、察院；御史的任命由皇帝批准，职权重大，可"风闻弹人"。

御史台之外，仁宗明道年间增设谏院，置左、右谏议大夫，与御史台合称"台谏"，负责对中枢决策、行政措施和官员任免等提出意见。

神宗元丰年间，还在尚书省设御史房，监督弹劾监察御史的失察行为。

设于各路、州的监司、通判，负有对地方官员的监察职责。比如宋朝地方路一级机构设提刑按察司，对所属州、府行使行政监察权；各州设通判，号称监州，负责监督制约地方长官。

皇帝还直接委派特使"走马承受"，监察地方行政官员，形成了一套中央直接控制的地方监察体系。

论述题

1. 答案：与唐朝相比，宋朝刑罚制度的主要变化是创制了折杖法，出现并广泛适用刺配刑，凌迟成为法定刑种。

（1）折杖法。宋初宋太祖赵匡胤为"洗五代之苛"即定折杖之制。具体执行办法是：流刑四等自加役流至流三千里、流二千五百里、流二千里，分别决脊杖二十，配役三年，或决脊杖二十、十八、十七，均配役一年，免去流远；徒刑五等自徒三年至徒一年，分别决脊杖二十、十八、十七、十五、十三后释放，免去徒役；杖刑五等自杖一百至杖六十，分别决臀杖二十至十三后释放；笞刑五等自笞五十至笞十，分别决臀杖十下、八下、七下后释放。折杖法使"流罪得免远徙，徒罪得免役年，笞杖得减决数"。

（2）刺配。起初，刺配刑是宋太祖为了宽贷杂犯死罪而采用的，即先刺面、配流且杖脊，是对特予免死犯人的一种代用刑，后渐成为常用刑种之一。太宗之后有关刺配的编敕渐渐增多。刺配不仅适用于盗贼徒以上犯罪，也适用于军士犯罪。

（3）凌迟。凌迟，俗称"千刀万剐"，即先用剐割肢解的办法残害人的肢体，然后施加各种酷刑，使犯人在惨痛当中缓慢死去。凌迟盛行于两宋。仁宗时荆湖地区杀人祭鬼，遂下诏对之适用凌迟之刑。后凌迟刑多用于"强劫贼人"，神宗以后甚至用于"口语狂悖致罪者"，南宋《庆元条法事类》将凌迟与斩、绞并列，成为法定刑种。

2. 答案：（1）在一般财产继承上，明确了继承人的范围和顺序。

实行兄弟均分法。①由诸兄弟平等继承；②"其未娶妻者，别与聘财"，即未婚娶者额外分得一部分聘财；③非婚生子曾与生父同注于户籍并有证据者,也享有继承权;④养子基本与亲子权利相同,但法律禁止收养异姓。

允许代位继承。兄弟中有亡故者,可由其子代位继承。"兄弟亡者,子承父分。兄弟俱亡,则诸子均分。"

在室女一般没有继承权:①有兄弟的在室女没有继承权,但可获得一份嫁妆,一般是其未婚兄弟所获聘财的一半。②南宋时期有所变化,在室女可继承其兄弟所继承份额的一半。③养女一般与亲女权利相同。

守寡无子妻妾的继承权:①守寡无子妻妾有权继承丈夫的财产。"寡妻妾无男者,承夫分;若夫兄弟皆亡,同一子之分。"②寡妇改嫁则丧失继承权。"若改适,其见在部曲、奴婢、田宅不得费用,皆应分人均分。"

别居无户籍子女及妻妾无继承权。"其百官、百姓身亡之后,称是在外别生男女及妻妾,先不入户籍者,一切禁断。"

(2) 在户绝财产继承方面:户绝是指无男性子嗣之户。《丧葬令》规定了户绝财产的范围和户绝财产继承的条件、方式及顺序,明确了法定继承和遗嘱继承的基本内容。

法定继承:继承顺序上,先归女儿,在室女可以继承除用于丧葬费外户绝财产的全部。出嫁女只能获得1/3财产,其余入官。归宗女被休或无夫无子又未继承夫家财产,回到娘家居住的,与在室女待遇相同。南宋时,归宗女的户绝财产继承权下降,仅为在室女份额的一半。无女则归近亲,无近亲则入官。

继绝指户主死后,无子寡妻可为亡夫立嗣,近亲尊长也可为夫妻双亡的户绝者立嗣。立继指寡妻为亡夫立嗣,继承人为"立继子",继承权与亲子同;命继指夫妻双亡的立嗣,继承人为"命继子",只能继承财产的1/3。

遗嘱继承:①《宋刑统》规定,对户绝资产,可采用遗嘱继承。南宋明确遗嘱继承的条件是既无男性子嗣,也无女性继承人。②遗嘱继承人的范围比较广泛,不受同宗、异姓的身份限制。③但遗嘱必须经族人见证、官府审批,否则无效。④遗嘱的诉讼时效为十年。

(3) 死亡客商财产继承:

对死于异地的国内客商:①如有父母、妻、子、兄弟、未嫁姊妹、未嫁女和亲侄等随行,任由继承收管。②如无上述亲属相随,其钱物暂由官府保管,其父母、妻儿持官府公文前来认领。③如无继承人,钱物充入官府。

对于死在中国的外国客商,由其海外直系亲属认领遗留钱物。

宋朝法律对女子继承权的确认是最早的,对死亡客商钱物的处理原则也非常明确,充分反映了宋朝财产继承制度的成熟与完备。

案例分析题

1. **答案**:宋朝时期民事类法规的发展变化,从土地政策的变化开始,土地政策的变化影响了其他方面。材料中的这句话表明,先前颁行的《宋刑统》中所谓"均田制"下不得买卖"口分田"的规定,原本就是具文。只要履行了"输钱印契"的程序,土地买卖就是合法的。时人讥宋朝"田制不立","不抑兼并",实际上,"不抑兼并"本身就是一种"田制",这是土地私有不受国家政策法律干预的经济规律作用的趋势发展的结果。因而,宋代法律主要是均税,防止的是地多税少、地少税多、有地无税、地去税存的倾向,而重心不在"均田"。

因此带来的法律变化是,宋代有关土地买卖和土地租佃的法律规定的完善,以及由此而来的关于地权的更细分化。国家只是关心土地交易税是否缴纳、是否割过了税赋,以及买卖是否正当,有关土地买卖的法律禁约主要是在此。因"不抑兼并"而产生大量的无地之人成为佃农,使得土地租佃普遍起来。租佃制的发展,推动了土地所有权、占佃权、使用权的分离。由土地所有权派生的永佃权、占佃权、使用权的用益物权,也可以独立进行有偿转让。

2. **答案**:(1) 材料反映的是宋代司法中翻异别勘(推)制度。翻异别勘,即犯人推翻原口供的,交由其他机构或者司法官重新审理。

(2) 材料具体反映的是州狱案件应当如

何适用翻异别勘。犯人推翻原口供时,先由提刑司官员重审;犯人再翻供的,交由本路转运、提举、安抚司等其他监司依次重审;本路其他监司均参与重审后,犯人又翻供的,改由相邻路的司法机关重审。

(3)翻异别勘在一定程度上减少了冤假错案的发生,有利于司法公正的实现,体现了宋代司法的慎刑精神。

第八章 元朝法律制度

✅ 单项选择题

1. 答案：C。A项理藩院是清代的机构，B项大理寺为元代所无，D项大宗正府是管理蒙古贵族事务的机构，掌握"诸王、驸马、投下蒙古色目人等"所"犯一切公事"以及"汉人奸盗诈伪、蛊毒厌魅"等刑狱。

2. 答案：B。A项，《元典章》首次附载五服图，并为明清律典所附载，以供司法官查验。B项，元朝第一部成文法典是《至元新格》，而非《元典章》。C项，《元典章》首创六部分篇的编纂体例，此编纂方式为明清法典所继承。D项，《元典章》是元朝江西地方官府对世祖以来约50年间有关政治、经济、军事、法律等方面的圣旨条例的汇编，系统保留了元朝法律的内容，成为研究元朝社会及法律的珍贵材料。

3. 答案：D。《风宪宏纲》于仁宗时编辑而成，是一部关于纲纪、吏治方面的法律汇编。"风宪"指风纪法度，中国古代常指监察官员整肃吏治。

4. 答案：A。A项《大札撒》、B项《条画五章》为成吉思汗时期的法律，CD项则为成吉思汗后的法律，其中《条画五章》不是习惯法汇编，而是制定法。

✅ 多项选择题

1. 答案：ACD。B项大理寺为元代所无，E项理藩院是清代的机构。

2. 答案：BCE。AD项为宋代的立法。

📖 名词解释

答案：成吉思汗统治期间，曾发布各种命令，编写在纸卷上，称为"札撒"。违反"札撒"，要受到处罚，重者处死刑。成吉思汗下令编纂"札撒和训言"，称为《大札撒》，并要求后继者即位时隆重宣读、严格遵守。"札撒"对元朝立法也有很大影响，其民族性与准军事化特征在元朝法律中都有体现。成吉思汗的部分语录与训令，在后来纂修法律时也以"诏制"的形式保留下来。

📝 简答题

1. 答案：元代基本沿用宋金以来的汉法五刑，但也在其基础上有所变化。成吉思汗时，主要适用具有本族特色的刑罚，如斩决、流放和用柳条责打等刑罚方式。忽必烈即位后，刑罚制度逐步向汉法的笞、杖、徒、流、死五刑体系转变，但是元代的五刑与唐宋五刑相比有所发展。笞刑形成自笞七至笞五十七共六等，笞七本为减三下，但笞五十七使笞刑变为六等（而非唐宋制之中的五等）；杖刑形成自杖六十七至杖一百零七共五等的体系，最高决杖数高于唐宋制中的一百；徒刑自一年至三年五等（每半年为一等）皆加杖，分别杖六十七至一百零七；流刑实行"南人迁于辽阳迤北之地，北人迁于南方湖广之乡"，三等仍分为二千里、二千五百里和三千里三等；死刑有斩、凌迟二等，而无绞刑。

2. 答案：元代的立法指导思想，一是元世祖忽必烈提出的"祖述变通""附会汉法"，即要考稽成吉思汗以来蒙古汗国的制度，特别是参用汉法，参用汉法对法律制度进行变通。因此形成的元代法律是蒙古旧制与汉法的混合物。二是"因俗而治""蒙汉异制"。元代仿照辽代"因俗而治"的办法，在婚姻立法等方面明确规定蒙古人适用汉法规范。蒙汉异制也更利于保护蒙古人的各项特权，如在司法上，蒙古人、色目人犯罪案件由大宗正府掌理。蒙古人在任官、刑罚等方面亦享有一系列特权，并得到法律的保护。

3. 答案：元朝婚姻法律制度较有特色。

（1）更注重婚书，将婚书视为婚姻离合的法定要件。"今后但为婚姻，须立婚书，明白该写元议聘财。若招召女婿，指定养老或出舍年限，其主婚、保亲、媒妁人等画字，依理成亲，庶免争讼。"结婚如此，离婚亦不例外。元朝法律允许和离，但"若以夫出妻妾者，分朗写立休书，赴官告押执照，即听归宗，依理改嫁"。

（2）允许收继婚。蒙古族盛行收继婚，即父兄死后子弟可收娶其无子的寡妻妾。元朝建国后仍然保留此习俗，但对汉人则禁之。

（3）民间流行男子入赘。儒家文化轻视男子入赘，入赘者法律地位低下。但元朝法律对招婿的限制有所放松，民间男子入赘者较多。此外，有关入赘和解除入赘关系的规定也更加细化："一曰养老，谓终于妻家聚活者；二曰年限，谓与夫人归宗者；三曰出舍，谓与妻家析居者；四曰归宗，谓年限已满，或妻亡，并离异，归宗者。"

论述题

答案：元代法律制度中强化民族之间的差异体现诸多方面。

（1）在制度上，蒙古人、色目人、汉人、南人被人为地分成四类人，蒙古人和色目人在政治、经济及法律上的地位都高过汉人与南人。元代一系列民族歧视和压迫政策正是在区分四类人的基础上制定的。

（2）在行政法律规范上，保证由以蒙古人为首的统治集团牢牢掌握官署的控制权。中书省、枢密院、御史台长官，地方路、府、州、县之正官皆由蒙古人担任，较高级的行政人员，也都排挤汉人、南人出任。不仅如此，在科举考试中各个民族的录取比例也不同，汉人和南人的试题较难、名额相对考生人数较少。

（3）在刑事法律和诉讼法律规范方面，蒙古人、色目人与汉人、南人往往同罪异罚，在刑罚适用上"南北异制"，实行公开的不平等。元朝法律规定蒙古人殴打汉人，汉人不得还手。蒙古人若因争斗及酒醉而殴死汉人，不需偿命，只断罚出征，支付烧埋银（丧葬费）。而汉人殴死蒙古人，则处死，并"断付正犯人家产，余人并征烧埋银"。蒙古人与色目人还享有多项特权。蒙古人犯罪除死罪外不必拘押。蒙古人和色目人犯奸、诈伪案件由专门的大宗正府掌握。蒙古人、色目人在刑罚的具体执行上也享有特殊待遇。

（4）元统治者为维护其统治，为汉人与南人制定了多种禁制，并严惩违禁者。一是禁止汉人、南人执有和收藏兵器。二是禁止汉人练习武艺，违者杖七十七。三是禁止汉人聚众集会、结社、集众作佛事、迎赛神社、聚众演唱词话、练习杂戏等活动均在禁止之列。

案例分析题

答案：（1）元朝开始出现诉讼代理，考虑到年老、残疾行动不便者，自诉能力有限，允许其亲属中了解情况者代理诉讼。在实际诉讼中，元朝的代理只适用于两种人：一种是年老和疾病、行动不便者；另一种是退休或暂时离任的官员。

（2）禁止妇女为男子的诉讼代理人；例外，寡居的妇女，若家中子男有受妨碍事由不能参加诉讼，且争议须经诉讼解决的，可代为诉讼。

（3）元朝从实际出发，较为详细地规定了诉讼代理制度，维护了一些特殊人群的诉讼权利，是中国古代诉讼制度的重要发展和完善。

第九章　明朝法律制度

✓ 单项选择题

1. **答案**：A。A项应选，"明刑弼教"是明朝立法的指导思想。B项不选，"尚德缓刑"是汉人路温舒在《尚德缓刑书》中提出的法制思想。C项不选，"德本刑用"是唐初统治者提出"德礼为政教之本，刑罚为政教之用"的法制指导思想，即强调伦理道德为治国之根本，刑罚镇压为辅助手段。这一思想是对西周"礼刑并用"、汉代"德主刑辅"、魏晋以来"引礼入律"思想的继承和发展。D项不选，"刑无等级"是战国时期法家的法制指导思想。

2. **答案**：B。明代设立刑部、大理寺、都察院三大司法机构，通称"三法司"。其中大理寺是三法司中最高复审机关，受理刑部、都察院呈报案件。

3. **答案**：A。关于朝审，万历朝《大明会典》记载："霜降以后，题请钦定日期，将法司见监重囚，引赴承天门外。三法司会同五府九卿衙门，并锦衣卫各堂上官，及科道官，逐一审录，名曰朝审。"

4. **答案**：B。清朝的秋审等会审是在明朝会审制度的基础上发展而来的。

5. **答案**：B。尽管"结党营私"在传统中国颇含贬义，但直到明朝才专门在律中规定"奸党"罪名。

6. **答案**：A。明初基本依照唐代的两税法，以黄册等文书为依据，分夏秋两季征收田赋。

7. **答案**：D。从洪武年间开始，乡里普遍推行里甲制度，设立"老人"之职。凡民间细故和轻微刑事纠纷，须经本里老人在申明亭断决。

8. **答案**：D。《大明会典》仿效《唐六典》，以官职制度为纲，以事物名数仪文等级为目，分述各机构的职掌和事例。首卷为宗人府，其下依吏、户、礼、兵、刑、工六部及都察院、六科与各寺、府、监、司等。

9. **答案**：B。《大诰》是由明太祖编订的特别法。明太祖选取《尚书》中关于周公东征平定管叔、蔡叔叛乱所发布的"大诰"一词，借以宣示重典治国的正当性。

10. **答案**：A。"轻其轻罪，重其重罪"是清代人孙星衍在《重刻故唐律疏议序》中对明律的评价。其后薛允升也在《唐明律合编》中引用了这句话。

11. **答案**：B。魏明帝在制定《魏律》时，以《周礼》"八辟"为依据，正式规定了"八议"制度。汉代对死刑的执行，实行"秋冬行刑"制度。大诰是明初的一种特别刑事法规。大诰之名来自儒家经典《尚书·大诰》，原为周公东征遗民时对臣民的训诫。"明刑弼教"一词，最早见于《尚书·大禹谟》，明刑弼教思想，完全是借弼教之口实，为推行重典治国政策提供思想理论依据。

12. **答案**：A。B项，《北魏律》"取精用宏"，是当时著名的法典，但在魏晋南北朝时期，称得上在中国封建法律史上起着承前启后作用的是《北齐律》。C项，《宋刑统》是中国历史上第一部刊印颁行的法典，但是它不仅包含刑事内容，也包含契约、婚姻继承等民事内容。D项，《大明会典》属行政法典，调整国家行政法律关系。它基本仿照《唐六典》，以六部官制为纲，分述各行政机关执掌和事例，为《大清会典》所承继。需要注意的是，《大清会典》是康熙、雍正、乾隆、嘉庆、光绪五部会典的统称，也称"五朝会典"。

13. **答案**：C。《大明会典》属行政法典，调整国家行政法律关系。它基本仿照《唐六典》，以六部官制为纲，分述各行政机关执掌和事例，故C项错。

多项选择题

1. **答案**：ABC。皇帝亲军十二卫中的锦衣卫下设多个机构，处理不同事务。其中北镇抚司专理诏狱、刑侦、缉捕，有特务机关的性质。此外，由宦官掌控的东厂、西厂等机构也有类似权限，也是特务机关。

2. **答案**：ABC。D项不选。杂治，是汉代由中央朝廷官员会同审理重大疑难案件的制度，是后世会审制度的前身。

3. **答案**：ABC。D项不选。刺配，是宋代刑罚。明代的刺字主要是盗罪等少数犯罪的附加刑罚，与宋代的刺配存在区别。

4. **答案**：ABCD。明代的九卿包括六部尚书、都察院左都御史、大理寺卿、通政使司通政使，是参加朝审的重要成员。

5. **答案**：ACE。BD项不选，"见知故纵"是汉代罪名，"受所监临"是唐代罪名。

6. **答案**：ABC。明成祖时，朝廷钦定《四书大全》、《五经大全》和《性理大全》为科举命题作答的依据。

7. **答案**：AB。明初将御史台改为都察院，与六部并列，是九卿之一，监察天下官吏。都察院之外，又设六科给事中，以监督六部。六科给事中与都察院不相统属并可相互纠举，共同作为"天子耳目风纪之司"。后人张居正借用《考成法》改革，将六科置于内阁管控之下，以制约六部。

8. **答案**：ACD。汉代的"春秋决狱"是法律儒家化在司法领域的反映，其特点是依据儒家经典——《春秋》等著作中提倡的精神原则审判案件，而不仅仅依据汉律审案。三国两晋南北朝时期随着社会政治经济关系的变化，法律内容也有所发展，主要表现在礼法结合进一步发展。也就是说，在汉代中期以后的法律儒家化的基础上，更广泛、更直接地把儒家的伦理规范上升为法律规范，使礼、法更大程度上实现融合，具体表现在以下几个方面：（1）"八议"入律与"官当"制度确立；（2）"重罪十条"的产生；（3）刑罚制度改革；（4）"准五服制罪"的确立；（5）死刑复奏制度。由此可知，本题答案为ACD。

9. **答案**：ABCD。朱元璋在修订《大明律》的同时，为防止"法外遗奸"，又从洪武十八年到洪武二十年，手订四编《大诰》，共二百三十六条，具有与《大明律》相同的法律效力。《明大诰》集中体现了朱元璋"重典治世"的思想。《大诰》是明初的一种特别刑事法规。《大诰》之名来自儒家经典《尚书·大诰》，原为周公东征殷遗民时对臣民的训诫。明太祖将其亲自审理的案例加以整理汇编，并加上因案而发的"训导"，作为训诫臣民的特别法令颁布天下。《大诰》对于律中原有的罪名，一般都加重处罚。《大诰》的另一特点是滥用法外之刑。四编《大诰》中开列的刑罚如族诛、枭首、断手、斩趾等，都是汉律以来久不载于法令的酷刑。"重典治吏"是大诰的又一特点，其中大多数条文专为惩治贪官污吏而定，以此强化统治效能。《大诰》是中国法制史上空前普及的法规，科举考试中也列入大诰的内容。

10. **答案**：ABC。《大诰》是明初的一种特别刑事法规。《大诰》的特点有：其一，对于大明律中原有的罪名，一般都加重了处罚；其二，滥用法外之刑；其三，"重典治吏"，大多数条文专为惩治贪官污吏而定，故AC项正确。《大诰》是中国法制史上空前普及的法规，科举考试中也列入《大诰》的内容，故B项正确。明太祖朱元璋死后，《大诰》逐渐仅用作手持《大诰》减刑之用，但不是被明文废除，故D项错误。

名词解释

1. **答案**：都察院是明朝中央监察机构和司法审判机构。都察院设有左右都御史、副都御使、佥都御史、十三道监察御史，监察天下百官。都察院有权审理职官犯罪案件、部分民人案件，和刑部是两个平行的司法审判机构。

2. **答案**：朝审是明代对死刑案件进行复核的制度之一。明英宗时成为定制。朝审由中央"三法司"会同五府、九卿、锦衣卫等衙门，在每年霜降之后对两京及相关地区死刑案件重新审理。朝审不仅复核死刑，而且带有宽宥之意。可矜者免死戍边，可疑者或再审或免死戍边，有词者再审，情真者奏决。

3. **答案**：刑部是明朝中央司法行政机构和司法审判机构。作为司法行政机构，负责徒、流、充军等刑的执行和监督、死罪重囚之处决以及监狱之管理监督。作为司法审判机构，刑部复审各省徒罪以上案件、审理京师笞罪以上案件、复核各省及京师斩、绞监候案件。

4. **答案**：提刑按察司是明朝省级司法审判机构之一，长官为正三品的按察使，有权终审徒刑案件。按察使以下，有按察司副使、佥事等官，以分巡道等道为按察司的派出机构，审理辖区案件。

5. **答案**：《明会典》又称《大明会典》，具有行政法规大全性质会典，至明孝宗弘治十五年年初编制完成，又经过明武宗正德年间的参校补正，正式颁行。后经嘉万年间修订，于万历十五年再次颁行。《明会典》规模浩大，内容详尽，汇集了有关行政律令典章的内容。在编纂上采用了"官领其属""事归其职"的体例，在六部下分司、科，标明种种条注，体例结构规范、系统，便于实际执行。《明会典》是一部在《唐六典》基础上制定的更加完善的封建行政法典，对《清会典》的制定具有重大影响。

6. **答案**：《大明律》是明代的基本法律。它草创于明太祖朱元璋吴元年，至洪武三十年修订完毕。《大明律》分为《名例律》《吏律》《户律》《礼律》《兵律》《刑律》《工律》七篇，共四百六十条。《名例律》是统率以下六律的总纲，其余六律的主要内容分别是吏、户、礼、兵、刑、工六事相关罪刑规定。《大明律》历经三十年制定成功，标志着明代基本法律的最后定型，是明代立法成就的最高体现。它不仅直接影响了清代立法的格局，还对朝鲜、日本、越南等国的立法产生了重要影响。

7. **答案**：《问刑条例》是明朝辅助《大明律》而行的单行法律汇编，书成于明孝宗朝弘治十三年，后经明世宗朝嘉靖二十九年、明神宗朝万历十三年修订。其中许多内容在弘治十三年以前便已经形成，载诸《皇明条法事类纂》等书。后世多将各条例按律文作分类，附于各律条之后，以《大明律例》或《大明律集解附例》或《大明律附例》等形式刊印，对清代《大清律集解附例》《大清律例》的体例有重要影响。

8. **答案**："明刑弼教"来源于《尚书》"明于五刑，以弼五教"一句，即以"明刑"达到"弼教"之目的，是明代诸帝立法的重要原则。与前代的"德主刑辅"相比，"明刑弼教"虽然也认为礼刑相辅相成，但更加提升了刑的地位。

9. **答案**：六赃是明代六种财产犯罪的简称：监守盗、常人盗、窃盗、枉法、不枉法与坐赃。

10. **答案**：《大明令》是明太祖朝洪武元年颁行的法典，按六部分篇，是中国传统社会最后一部令典，在中国法制史上占有重要地位。洪武元年以后的法律典籍，如《大明律》《诸司职掌》，多沿用其中内容。根据《大明律》规定，凡令有禁制而律无罪名者，笞五十。

11. **答案**：虽然充军刑在宋元时期已经存在，但使其发展成为正式刑却始于明代。明初只是把犯人送到边疆开荒种地，后来逐渐成为经常使用的刑罚，并"定制，分极边、烟瘴、边远、边卫、沿海、附近。军有终身，有永远"。定制后的五等充军刑称为"五军"。终身充军是指本人充军到死，死后刑罚执行完毕；永远充军是指本人死后，还要罚及子孙，由子孙后代接替继续充军，直至"丁尽户绝为止"。

12. **答案**：明初创立枷号刑，是指强制罪犯戴枷于监狱外或官府衙门前示众，以示羞辱，使之痛苦。

13. **答案**：即在皇帝决定和监督之下，在殿廷前对"违抗"皇命的大臣直接施以杖刑的法外刑罚，由司礼监监刑，锦衣卫施刑。

14. **答案**：一条鞭法是明中后期推行的赋税制度改革的重要内容，尤其以张居正改革最为有名。即将种类烦琐的徭役和田赋合并，取消过去按户按丁计算摊派的徭役，将之折算入田赋中，按照田亩之数量统一征收银两，再由官府雇人服役。一条鞭法在我国税制史上具有重要的地位，标志着税收标准由人头向田地、由实物向货币的转化。
15. **答案**：即农历小满后十余日，有刑部奉旨会同督察院、锦衣卫等审理囚犯的制度。"热审始于永乐二年，止决遣轻罪。"其目的在于暑热之时，及时梳理牢狱，轻罪审决后执行，未能审决的，令出狱听候。明宪宗成化年间，热审规定了重罪情疑可矜者，免死，轻罪分别减等处刑，枷号暂时去枷释放的内容。开始，热审决囚只适用于北京，后又实行于南京，并逐渐推行到"其在外审录，亦依此制"。
16. **答案**：通政使司是明代创设的文书传达机构，长官是通政使，位列九卿之一。依据《大明会典》，通政使司的职权主要是出纳帝命、通达下情、关防公文，奏报臣民建言、陈情、申诉，以及军情、灾异等。

简答题

1. **答案**：明代的法律形式主要包括律文、条例、令文、会典、榜文、大诰等。其中，律文主要是指《大明律》，草创于吴元年，修改于洪武七年、洪武二十二年，定本于洪武三十年。条例主要是指明代各种以例为名的单行法规，最著名的当属《问刑条例》，成书于弘治十三年，修改于嘉靖二十九年、万历十三年。作为单行法规，《问刑条例》用于一时权变，辅律而行。后人将律例合刊，为《大明律附例》。令文主要是指《大明令》，成书于洪武元年，以六部为编，涵盖刑事、行政、民事等各方面规定，有的内容为《大明律》《诸司职掌》等所沿用。会典主要是指《大明会典》，成书于正德朝，修改于嘉靖、万历两朝。《大明会典》借鉴了《唐六典》的编纂体例，以官职制度为纲，分述各机构职掌和事例，具有典章汇编性质。它在明代前期的雏形就是洪武二十二年《诸司职掌》。榜文是明前期，尤其是洪武、永乐时期的一种以文告形式发布的单行法规，它把皇帝的谕旨或经皇帝批准的官府告示、法令、案例等在榜上公示，悬挂于各衙门门前和申明亭内。大诰主要指洪武年间由明太祖亲自编订的特别法，逐年发布，共计四编，分别是《御制大诰》《御制大诰续编》《御制大诰三编》《大诰武臣》，由案例、法令、谕旨组成，以严酷治吏著称。

2. **答案**：明朝初年，以开国皇帝朱元璋为代表的统治集团在总结历史经验尤其是元朝亡国的历史教训中，逐步形成了一系列的法律思想，并对整个明朝立法产生了深远的影响，具体有：

第一，"明刑弼教""重典治国"。礼刑并用、"明刑弼教"是中国封建社会治国的根本措施和基本方略。"重典治国"包括重典治吏和重典治民两个方面。重典治吏即对官吏犯罪予以严惩。重典治民就是要用严刑酷法来使民知重刑之威，从而畏于犯罪。

第二，"明礼导民""定律以绳顽"。朱元璋深刻地认识到礼在治理国家中的重要作用。他认为，在礼法关系上，封建道德的教育感化是先导，刑罚镇压是手段。并告诫后世子孙，在和平时代，应当用法轻缓。《大明律》规定"存留养亲""同居亲属有罪得相互容隐""奴婢不得告主""弟不证兄、妻不证夫、奴婢不证主"等内容，进而使封建道德的精神统治力量与封建法律的强制执行力合为一体，有效地发挥了维护封建统治的作用。

上述立法思想是明初统治者充分认识元末明初社会现实以及在总结历朝经验的基础上而产生的。

首先，明初统治者认为天下初定，但仍是一个乱世，对于乱世应该用重典治理，并且认为元朝灭亡的重要原因在于为政宽纵、吏治腐败，从而导致农民起义。

其次，元末明初之际，内外形势复杂，前元的法制极其松弛，极不可取，因此，明初承元乱世就必须"明刑弼教"，修明法度，施以重典。

最后，朱明王朝建立伊始，维护皇权的神圣性与权威性是其重要目标。为此，明初统治者清除统治阶层中对皇权形成威胁的异己的手段来确立皇权的不可挑战性。

3. **答案**：明代的基层纠纷解决制度，主要是对某些轻罪案件推行了带有强制性的半官方调解制度。从洪武年间开始，乡里普遍推行里甲制度，设立"老人"之职。凡民间细故、轻罪刑案，须先经本里老人在申明亭断决。到明代中期，老人之制难行，又推行"乡约"制度，由各约约正、约副每半月主持调解一次本约内的民间细故、轻罪案件。此外，随着家族制度的完善和成熟，家族内纷纷制定家法族规，对于法律纠纷也有解决之效。

4. **答案**：明代社会长期稳定，商品经济发达，市场管理制度亦有进步，主要表现为：《大明律》在《市廛》之下设立专法，如"私充牙行埠头"律、"市司评物价"律、"把持行市"律、"私造斛斗秤尺"律、"器用布绢不如法"律，规范牙行埠头的准入资格，对于充任牙行、埠头即市场中介人，要求须有抵业，以及官给印信、文簿，每月赴官查照，并处罚私充者；规范行人评估物价之制，对于估价不平者，予以处罚；取缔把持行市之人，打击强买强卖的行为；规范度量衡等市场器具，设立官司校勘印烙之制，对违犯相关规定的商民、工匠，予以处罚；反对假冒伪劣产品，打击器用、布绢不如法的行为。《市廛》之外，《大明律》还有《课程》所设"私盐"律等法律，打击相关行业的私贩、假冒行为；《课程》所设"匿税"律等法律，打击偷逃商税、关税行为；《关津》所设"私出外境及违禁下海"律等法律，打击走私贸易行为。《大明律》之外，还有配套的《问刑条例》等单行法规，对相关制度加以强化或调整。

5. **答案**：《明大诰》共四编，二百三十六条，其中，大诰七十四条；大诰续编八十七条；大诰三编四十三条；大诰武臣三十二条。

《明大诰》具有如下特征：

（1）大诰是明初的一种特别刑事法规。大诰之名来自儒家经典《尚书·大诰》，原为周公东征殷遗民时对臣民的训诫。明太祖将其亲自审理的案例加以整理汇编，并加上因案而发的"训导"，作为训诫臣民的特别法令颁布天下。

（2）滥用法外之刑。四编大诰中开列的刑罚如族诛、枭首、断手、斩趾等，都是汉律以来久不载于法令的酷刑。

（3）以严刑惩吏为重点，"重典治吏"。其中大多数条文专为惩治贪官污吏而定，以此强化统治效能。

（4）空前普及。大诰是中国法制史上空前普及的法规，每户人家必须有一本大诰，科举考试中也列入大诰的内容。明朝政府在颁行大诰时，要求家有大诰，犯罪时可减一等处罚。

6. **答案**：明代中央司法机关的组织严密，职能完备。

明代中央正式的司法机关是刑部、大理寺、都察院，合称"三法司"。

（1）刑部。明朝刑部建制沿袭唐宋，仍为中央六部之一，但与唐代相比，其职掌发生了一些变化。唐代以刑部为复核机关，负责审核大理寺徒、流案件及地方徒以上案件，而明代刑部则"总掌天下之刑名及徒隶勾覆关禁之政令"，主掌审判。通过胡惟庸一案，朱元璋借机取消中书省，废除丞相设置，更定六部官秩，由自己直接管辖六部。六部之一的刑部地位随之上升，审判权限逐渐扩大。洪武十四年，朱元璋赋予刑部"听两造之词，议定入奏"的权力。洪武十五年，刑部又得到了"天下诸刑狱皆属刑部"的职权，其主掌审判的地位由此确立。

（2）大理寺。大理寺原为唐代中央审判机关，审理京师徒以上及百官案件，而明代的大理寺则相当于唐代的刑部，主掌复核驳正，负责复核刑部审理的案件，即所谓"掌审谳平反刑狱之政令"。流以下案件大理寺复核后有权决定是否驳回刑部重审，但死罪案件，大理寺的复核并非决定性程序，其结果均须经皇帝最后批准，才能执行。大理寺原则上是专掌复核之职，但遇有重大案件时或审录，或三法司会审，或九卿会审，大理寺亦派员参与审理。

（3）都察院。明初循元制，置御史台。其后裁撤改为都察院。都察院是明代中央监察机关，主要负责监察百官，但同时也有权参与审理官员犯罪等案件，有一定审判职能。为加强对六部的监督，明代在都察院之外，还专设"六科",一科对一部,每科之负责官吏称给事中,直接对皇帝负责。

论述题

1. 答案: 虽然明代商业十分发达,但是明代仍实行传统的抑商政策,并通过法律的规定,对传统商业进行有力的法律调控,其中最有影响的是关于茶盐的专卖立法以及税法制定。

(1) 茶法。明代茶有官茶与商茶之分。官茶主要用来换取邻邦的马匹,以充军备,实行于陕西汉中和四川地区,专设茶司以主其事。政府在向茶户征收茶课和向商人征收引税后可以买卖的是商茶,实行于江南地区。在实行官茶的地区政府按一定比例收购后,余茶允许商人持引贩卖。商人于产茶之地买茶,必须纳钱请引,无引及茶引相离者或茶引不当即为私茶。明代对于私茶,特别对于边境的茶叶走私防范甚严,定期派遣官员巡查,缉查私茶。明律规定:凡犯私茶者同私盐法论罪。

(2) 盐法。为加强对盐的官营专卖,《大明律》《问刑条例》均有盐法相关规定。对有犯私盐者、买食私盐者、贩卖官盐盐引不符者,均要处杖刑和徒刑。监临官吏和权势之人纳钱请卖盐引,侵夺民利的杖一百,徒三年,盐货没官。客商买盐引后,中途增价转卖、阻坏盐法者,买主卖主各杖八十。

(3) 商税立法。明代由于商业发达,由开始的法无明文规定任意征税到重视以法征税。明代的商税主要有关税、市税和舶税三种。关税又称通过税,是指在商人必经交通要道设关立卡,征收通过税。明宣德年间开始在水道上设立关卡,征收船料税,按船之大小长阔,定其税额。神宗万历以后,关卡增多,税目四出,商税增重,使商业大受破坏。市税基本上按三十取一和"凡物不鬻于市者勿税"的原则征收,但到明仁宗时施行钞法,商法从门摊向市肆发展,才课税于门肆门摊。明宣宗时,市税增加五倍,以后,税率杂派不断增加。明隆庆年间开始对各国舶货征收舶税。征税方法分三种:一为水饷,以船的长宽计算征税,由船商承担;二为陆饷,按货物多少,计值征税,由铺商承担;三为加增饷,对从吕宋贸易回来只载白银的船只,每船加征白银一百五十两。法律还对各种匿税行为进行严厉处罚。凡是民间对于茶盐商税年终不足纳者,以不足之数额多少处以笞杖刑,罪止杖八十,仍要追课纳官。税务官员不用心办课有亏兑者处以笞刑。

2. 答案: 明代的会审制度主要由朝审、热审、大审等组成。根据《大明会典》记载,朝审是朝廷最高级别的官员会审已被判秋后处决的死囚犯制度。明英宗天顺三年,朝廷规定,霜降以后,题请钦定日期,将法司见监重囚,引赴承天门外。三法司会同五府九卿衙门,并锦衣卫各堂上官,及科道官,逐一审录。如会审官员认为案件有可疑或死囚有可矜之情节,可奏请皇帝暂时不处决,再加详细审讯。如认为判决无误,就在当年秋后处决。朝审罪囚以关押在两京监狱为限。热审是在暑热季节到来前由朝廷官员会审两京轻重罪囚,以提高审判效率、减轻囚犯痛苦的制度。它始于永乐年间,在弘治年间形成定制。每年六月左右,司礼监传旨,两京法司、锦衣卫将见监轻重罪囚,笞罪无干证者即行释放,徒流以下便减等发落,重囚情可矜疑并枷号者俱奏请定夺。根据《明实录》记载,明神宗朝中前期以降,热审之制推及地方。大审是由皇帝定期派出代表会同两京一十三省法司,共同审理在押罪囚的制度。自明宪宗成化十七年之后,大审每五年进行一次。北京由刑部题请敕司礼监官,会同三法司审录;南京则命内守备会法司举行;各省则遣刑部、大理寺官员分投审录。其中,各省大审也叫五年审录、五年恤刑。

案例分析题

1. 答案: 朱元璋建明称帝后,为了巩固帝业,防止臣下朋比结党,内外上下勾结,在中国法制发展史上,首立"奸党"罪,材料中所列,为"奸党"罪的四种表现及相应的刑罚。从中可以看出,对"奸党"罪的处刑是很严厉的,目的在于"以示重绝奸党之意也"。"凡所以防臣下之揽权专擅,交结党援者，固已不遗余力矣。"明代严厉惩治奸党的规定，对于防止官吏上下、内外勾结，徇私舞弊，加强君主专权，起了一定的积极作用；但同时，也导致明代的冤狱迭出，引起统治阶级内部的危机。

2. **答案**：（1）明初处理民间词讼的前置程序是：必须先经本管的里甲、老人理断，不服理断者，始可告官；不可以不经本管里甲、老人理断而直接起诉。

（2）违反程序处理办法：不管案情是否属实，一律将告诉人处以杖六十的刑罚，案件仍须发回，由里甲、老人处理。

（3）申明亭于明初创建，受理和调处有关婚姻、田土、斗殴等民事纠纷和轻微的刑事案件，若经申明亭调解仍不愿意和息，方可向官府起诉。申明亭具有地方基层司法组织的性质，是部分民事案件和刑事案件的诉前程序。明初设置此种程序的意义有：

①有利于发挥家族、宗族组织的纠纷调处功能，对乡民实行教化，以达到息讼的目的，稳定社会秩序。②可发挥里甲、老人在乡里的道德影响力，劝谕人民和谐相处，减少民间诉讼，加强对基层乡里的控制权。③将矛盾在基层解决，从而有利于社会的稳定。这一程序在一定程度上限制了民众的诉权。

第十章 清朝法律制度（上）

☑ **单项选择题**

1. **答案：D**。清军入关之初，摄政王多尔衮即令"问刑衙门准依明律治罪"。顺治二年设律例馆，仿《大明律集解附例》等书，进行修律。次年律成，称《大清律集解附例》，诏颁中外，为清军入关之后的第一部成文律典。

2. **答案：B**。A 项不选，宣政院是元朝管理僧侣案件的中央机关。

   B 项应选，理藩院是清朝处理少数民族事务的机关。

   C 项不选，审刑院为宋代的中央审判机关，后撤销。

   D 项不选，大宗正府为元朝处理蒙古贵族王公案件的机关。

3. **答案：A**。顺治帝登基之初即令"参稽满汉条例"修纂大清律，律成亲自为律作序，称"详译明律，参以国制，增损剂量，期于平允"。所谓"详译明律"，即借鉴明律，制定清律。所谓参以国制，即沿用入关前旧制。

4. **答案：A**。康熙十八年，为解决条例轻重互异之弊，将所有新旧条例重新酌定编制《刑部现行则例》，以便统一律文之外所有刑罪条款。康熙皇帝重视律例编订，强调"章程尽善，垂之久远"。

5. **答案：B**。清代会审制度包括秋审、朝审和热审。秋审是最重要的死刑复审制度，因在每年秋天举行得名。秋审的审理对象是全国上报的斩、绞监候案件。朝审是对刑部判决的重案及京师附近的斩监候、绞监候案件进行的复审，于每年霜降后十日举行。热审是对发生在京师的笞杖刑案件进行重审的制度，于每年小满后举行而得名。"三司会审"是指由刑部、大理寺、都察院组成的中央三大司法机关（称为"三法司"）对重大疑难案件的共同会审。本题题干交代"被判处绞监候"，而清代秋审审理的对象是全国上报的斩监候、绞监候案件，故本题答案为 B。

6. **答案：A**。根据南京太平天国历史博物馆等地收藏的原件，太平天国时期的结婚证书是合挥，也叫龙凤合挥。

7. **答案：C**。理事厅是各府州理事同知、理事通判的办事机构。理事同知、理事通判是清朝设置的专门负责联络八旗军与地方政府关系的专官，由旗人担任，有权审理各自管辖范围的满人诉讼。

8. **答案：B**。清朝法定死刑有绞、斩二等，执行中又分为立决和监候两类，具体有绞立决、斩立决、绞监候、斩监候四种。

9. **答案：C**。刑部既是皇帝掌控下的国家审判机构，也是主持修订律例的机构。

10. **答案：C**。C 项前半段表述正确，"《北齐律》共十二篇，将刑名与法例律合并为名例律一篇，充实了刑法总则"，但是最后一句表述错误，《北齐律》并没有"对其进行逐条逐句的疏议"。疏议是唐代继承汉晋以来，特别是晋代张斐、杜预注释律文的已有成果，对《永徽律》进行逐字逐句的解释，从而形成《唐律疏议》，标志着中国古代立法达到了最高水平。

11. **答案：C**。情实指罪情属实、罪名恰当者，奏请执行死刑，故 A 项错误。缓决指案情虽属实，但危害性不大者，可减为流三千里，或发烟瘴极边充军，或再押监候，故 B 项错误。可矜指案情属实，但有可矜或可疑之处，可免予死刑，一般减为徒、流刑罚，故 C 项正确。留养承嗣指案情属实、罪名恰当，但有亲老丁单情形，合乎申请留养条件者，按留养奏请皇帝裁决，故 D 项错误，留养承嗣针对的是犯罪人而不是被害人有亲老丁单情形。

12. **答案：B**。清律中没有关于文字狱的直接条款，但绝大多数文字狱都比照"谋大逆"

判罪，一旦构成，往往全家遭诛甚至灭族。C 项，大不敬是指触犯皇帝尊严，蔑视皇帝权威的行为。D 项，谋叛是指意图背叛朝廷，投奔外国。
13. 答案：D。清沿明制，以刑部、大理寺、都察院为"三法司"，是既相互分工又相互制约的中央司法机关。其中，刑部是最高司法审判机关，有"刑名总汇"之称。

多项选择题

1. 答案：ABCD。
   （1）明代的会审制度
   "九卿会审"（明代又称圆审）是由六部尚书及通政使司的通政使、都察院左都御使、大理寺卿九人会审皇帝交付的案件或者已经判决但因犯仍翻供不服之案。
   朝审：每年霜降之后，"三法司"会同公侯、伯，在吏部尚书（或者户部尚书）主持下会审重案囚犯，从此形成制度。清代秋审、朝审皆渊源于此。
   （2）清代的会审制度
   在明代会审制度基础上，进一步完善了重案会审制度，形成了秋审、朝审、热审等比较规范的会审体制。
   秋审：是最重要的死刑复奏制度，因在每年秋农历八月中下旬举行而得名。
   朝审：是对刑部判决的重案及京师附近绞、斩监候案件进行的复审，其审判组织、方式与秋审大体相同，于每年霜降后十日举行。案件经过秋审或朝审复审程序后，分四种情况处理：其一情实，指罪情属实、罪名恰当者，奏请执行死刑；其二缓决，指案情虽属实但危害不大者；其三可矜，指案情属实，但有可矜或可疑之处，可免予死刑；其四留养承嗣，指案情属实，罪名恰当，但是有亲老丁单的情形，合乎申请留养条件者，按照留养奏请皇帝裁决。
   热审：是对发生在京师的笞杖刑案件进行重审的制度，于每年小满后由大理寺官员会同各道御史及刑部承办司共同进行，快速决放在监笞杖刑案犯。
2. 答案：CD。《贞观律》为十二篇；洪武六年《大明律》也是十二篇体例，是仿唐的；洪武二十二年《大明律》为七篇，分别是名例和吏、户、礼、兵、刑、工六律；《大清律例》的结构、形式、体例、篇目与《大明律》基本相同，共七篇，故 CD 正确。
3. 答案：CD。清朝的朝审是对刑部判决的重案以及京师附近的斩、绞监候案件进行的复审，故 CD 正确。
4. 答案：ABCD。清代自康熙朝开始，仿效《大明会典》进行会典的编纂和修订工作，记述各朝主要国家机关的职掌、事例、活动规则与有关制度。先后编有康熙、雍正、乾隆、嘉庆、光绪五部会典，合称"五朝会典"，统称《大清会典》。
5. 答案：AB。清初为政治需要而严禁沿海对外贸易。顺治十二年颁布《禁海令》，规定沿海地区"寸板不得下海"。接着又颁布《迁海令》，强制沿海居民内迁五十里。
6. 答案：ACD。省提刑按察司为第三审级。职责是对府、直隶州、直隶厅上报的刑案进行复审。
7. 答案：AC。关于化外人犯罪的管辖原则，唐律规定："诸化外人，同类自相犯者，各依本俗法；异类相犯者，以法律论。"到了明代，则一概规定："凡化外人犯罪者，并依律拟断。"
8. 答案：ABCD。西周婚姻制度中的"父母之命、媒妁之言"的原则；秦代诬告反坐原则；重调查、唯证据的审案观念；为官清明、为民父母的法律思想和观念。
9. 答案：ABD。死刑复奏制度是指奏请皇帝批准执行死刑判决的制度。北魏太武帝时正式确立这一制度。唐代沿用了隋朝的死刑复奏制度，在地方实行"三复奏"，在京师实行"五复奏"。明清时期的朝审制度始于明天顺三年（公元 1459 年），明英宗命每年霜降之后，"三法司"会同公、侯、伯，在吏部尚书（或户部尚书）主持下会审重案囚犯，从此形成制度，可见朝审制度只是对重案囚犯的一次审理，并不涉及死刑的执行问题。
10. 答案：ABCD。明清时期刑部负责审理中央百官犯罪、审核地方上报的重案（死刑交大理寺复核)、审理发生在京师的笞杖刑以上案件、处理地方上诉案及秋审事宜、主持司法行政与律例修订事宜,而隋唐时期的刑部有案件复核权。明清时期大理寺掌复核驳正,以及死刑复核。所以明清时期大理寺和刑部的职能与隋唐相反。明清时期的会审制度是一种慎刑思想的反映,但导致多方干预司法,申明亭对维护社会秩序有一定的积极作用。

11. **答案**:ACD。AC两项,明清时规定一切地方司法行政事务必须由州县长官亲自处理,而官员大多是科举出身的士子,平时所学、科举所考与任官事务毫不相干,尤其不熟悉复杂多变的律例,只能聘请一些有政治法律知识的读书人为顾问,刑名幕友受到高度重视。B项,幕友是由官员私人聘请的政法顾问,俗称"师爷",不是由各级官府衙门任命。D项,清初官员倚仗幕友办案已成惯例,各级地方官及中央司法部门长官都有幕友的帮助。

名词解释

1. **答案**:《钦定台规》是清朝历史上第一部系统的监察法规,制定于乾隆时期,增修于嘉庆、道光、光绪朝。内容包括训典、宪纲、六科、各道、五城、稽查、巡察、通例等,主要规定都察院的职权和监察纪律。

2. **答案**:《大清会典》又称五朝会典。它是康熙、雍正、乾隆、嘉庆、光绪五个朝代所修会典的统称。其目的是规范行政活动,提高行政效能。《康熙会典》仿《明会典》修订,采取"以官统事,以事隶官"的编纂体例。它按中央各行政机关分卷,在每个行政机关之下,具体规定该机关的职掌、职官设置、处理政务的程序方法等,这构成了会典的正文。在正文之末又附有与机关相关的则例,作为正文的补充。《乾隆会典》采取"以典为纲,以则例为用"的原则,将典例分别编纂成新体系。改变的原因在于典与例的性质不同,典经久不变,例因时损益。《大清会典》详细记述了清代从开国到清末的行政法规和各项事例,反映了封建行政法制的高度完备。

3. **答案**:清朝京师地方司法机构主要是五城察院。京师分为东、西、南、北、中五城(犹今制设区),每城设一衙门,掌治安。长官为巡城御史,并设有兵马司,设指挥、副指挥、吏目等官,专司"访缉逃盗、稽查奸宄"等。五城察院审理管界内发生的户婚、田土、钱债、斗讼等案件。杖罪以下由巡城御史自行审结,徒罪以上报刑部定案。凡人命案件,由五城兵马司指挥相验报巡城御史审断;盗窃案件,由副指挥与吏目踏勘别解,重者报巡城御史审理。凡徒罪以上的命盗案均拟判后报刑部定案。

4. **答案**:秋审在清代号称国家大典,每年一度,是对在押死刑犯进行特别复核的制度。它系沿袭明代朝审制度而来。依《大清律例》,死刑判决有立决、监候两种,凡判为斩监候或绞监候者,即监押等候复核。因复核例于每年秋举行,故曰秋审。在秋审前,各省须将入于秋审案件整理复核好。此种整理复核自上而下,由州县到省,对在押死囚一一复核,按其犯罪性质、情节,区分为情实、缓决、可矜、留养四类。因可矜、留养者少见,故实际上主要是区分实、缓。当秋审日,在天安门前金水桥西,齐集内阁、军机、九卿、詹事、科道及各院寺司监官员,对各省已复核并作区分的案件进行会审。全国上千秋审案件,一日会审完毕,实为"逐一唱名",由会审官员共签共诺而已。此即秋审或秋谳大典。大典之后,由刑部领衔具题奏报皇上,皇帝作出或实或缓或矜或养的最后裁决。

5. **答案**:光棍犯罪是清朝危害社会秩序罪的一种,光棍例即光棍犯罪的条例统称。光棍犯罪如"恶棍设法诈索官民"、诓骗应试生童财物、生事行凶扰害无辜良民、乘地方歉收伙众抢夺、喧闹公堂纠众辱官、占据关口码头勒索客商等。在一些光棍犯罪中,光棍的认定缺乏客观标准,相关的光棍例也因之成为清代的口袋规定。

6. **答案**:摊丁入亩是清代雍正初年实施的赋税制度改革,将各地应征缴的丁银总额均摊到土地亩数,与田赋合计征收,不再按人丁数征税。减轻了劳动者对土地的依附，减轻了无地、少地农民的负担，客观上起到了促进人口增长的效果。在实施初期，也保持了国家财政收入的稳定。但是也限制了清代中后期的税收来源，对财政结构有不利影响。

7. **答案**：军机处是辅佐清代皇帝处理政务的机构，由雍正时因对西北用兵而成立的军务机构演变而来。军机处起草的诏旨，有明发上谕、廷寄上谕之别。明发上谕是先下内阁，再及部院；廷寄上谕是不经内阁，由军机大臣封缄直达地方督抚等官员。军机处虽然通过廷寄制度，实现了权力扩张，但并无决策之权，仍为议政机构，事务须经皇帝认同。军机大臣无定员，由皇帝在亲王、内阁大学士、六部尚书、侍郎中选派。

8. **答案**：隶属刑部的办事机构，掌核秋审、朝审各案。地方的秋审准备工作结束后，各省题本都汇总到刑部秋审处，进入中央的秋审程序。

9. **答案**：清朝规定的一种刑罚，一般是将罪犯发配给驻防官兵做奴隶，其地位比流放犯和军犯的地位还低。清代发遣犯多发往东北等边疆地区。其类似充军，但比充军重。

10. **答案**：是指对于判处斩刑的罪犯，不立即执行，暂先在狱中监禁，待秋审、朝审时再按照情实、缓决、可矜和留养承嗣四种情况作出裁决。凡定为情实的，就执行斩首；定为缓决、可矜、留养承嗣的，或继续监禁，或减等发落，或枷责释放。故判决斩监候的犯人，有可能处斩，也有可能不处斩。

11. **答案**：留养承嗣属于清代秋审后的处理结果之一，是在符合"孀妇独子"等情况下，经刑部提出留养申请，或皇帝首肯后，免除处死，在施以一定刑罚后准其留养。其并非清代首创，《北魏律》就规定了存留养亲制度，它规定对那些犯非"重罪十条"之重罪或应判徒、流刑的罪犯，若直系尊亲属需要侍养，身边又无成年子孙及亲戚可以照顾生活，允许通过上请暂不执行原判刑罚，准其奉养老人，直至尊亲去世后再继续执行或予以改判。这体现了法律对儒家伦理中"孝"的重视。

12. **答案**：《天朝田亩制度》是以反对封建土地私有制为中心的政治纲领，也是太平天国的土地法制通则。它以土地制度为核心，具体规定了土地所有、劳动方式、财产分配等一系列与农民切身利益息息相关的制度。其基本制度是土地平均占有，共同参加劳动，财产归圣库所有，平均分配。实施这一制度的目的在于彻底废除贫富不均的社会现象，真正实现所有的社会成员"有田同耕，有饭同吃，有钱同使，无处不均匀，无处不饱暖"。它反映了长期在经济上处于受压迫地位的农民对于自给自足生活的向往，也表现了将"均贫富"的极端小农思想变为政治、经济纲领的政策。但由于这一设想明显脱离生产力实际水平，违背生产力的发展规律，因而成为缺少现实基础的空想社会蓝图，虽以法典的方式正式颁布，但未能有效实施。

13. **答案**：《资政新篇》为太平天国革命后期重要领导人洪仁玕所著。其核心思想是健全太平天国的政权体制，加强国家与社会的法制化程度，并通过法律手段，推行具有资本主义性质的商业、贸易和生产。洪仁玕认为，国家的强盛与衰弱和法律制度是否健全密切相关。他主张仿效英美的法律体系，使整个社会规范化、有序化。在此体系下，国家应建立正常的官民沟通机制，确立新闻官、确立官员民选制度。在经济上，洪仁玕主张学习西方，兴办实业，要发展铁路、公路、轮船，开办银行、矿业，实施专利制度、保险制度。虽然对太平天国来说，《资政新篇》提出的法制方针与经济政策是空想，但其在促进中国社会近代化方面具有重要意义。

简答题

1. **答案**：由于清朝实行的军事征服和阶级、民族的双重压迫，激化了当时反封建专制主义的启蒙民主思想，这种反清民主意识的存在，汇成了一股社会思潮，被清统治者视为异端邪说。于是清廷大肆搜剔、任意苛责，甚至一文一字均可酿成重案，史称"文字狱"。其特点表现在：

首先，清朝文字狱不经由各级司法机关

或"三法司"常规审理，而是由皇帝亲自过问，任意判决，实际上往往是未审判而先定案，唯皇帝个人意志为法则。

其次，清朝文字狱是谋反、大逆罪的任意扩大化，处刑苛重，株连极广。凡涉此类案件，无罪错判，轻罪重判，蒙冤受屈者比比皆是。

最后，清朝文字狱不论巨细毫无区别对待，对于丧失刑事责任能力的人也不宽贷，不仅同样论罪，而且不免酷刑。

清朝文字狱的迭兴，不仅是比之历代有过之无不及，而且是历史上所罕见。因此，清朝文字狱是封建专制统治极其腐朽、虚弱、日趋灭亡的反映。

2. **答案**：清作为封建末代王朝，极力遏制工商业，其特点主要表现在：

（1）阻挠沿海对外贸易。清初即颁布《禁海令》和《迁海令》，从而完全阻绝了海外贸易。康熙时再申禁海之令，沉重地打击了刚刚兴起的对外贸易和沿海工商业。《大清律》及相关条例对违禁下海者及进行海外贸易者予以严惩。

（2）限制采矿业的发展。清朝法律对开采矿产严加限制。为控制云南采铜业，清政府规定了官借工本、官收余铜的政策，有私相买卖者，铜没收，人治罪。

（3）重征商税以抑制民间商业。清政府广设税卡，重征商税。有偷越关卡及偷漏税者，客商依律严惩，地方官一并议处。在关税外，征收名目繁多的商税。

（4）实行官营制度。清政府将盐茶等最有利润的商业收归官方垄断，禁止民间私卖。清还实行官营手工业制度，许多日用品只准官营工场作坊生产，由官府销售。官营制度极大地打击了民间手工业和商业。

3. **答案**：与前朝相比，清朝对待工商业的政策相对宽松。表现在：第一，废除传统匠籍制度。顺治初年废除明朝的匠籍制度，将匠户编入民籍，与自耕农相同。第二，维护市场经营秩序。雍正初年下诏严惩霸占关市、阻遏贸易、勒索商民的行为。同时，专门定例，打击强买强卖、估价不平、把持行市等行为。

第三，严厉禁止滥征商税。顺治时期定例，严惩不法税吏；康熙、雍正、乾隆时期先后制定《关税条例》《各关征税则例》《各省课税则例》，严防滥征商税。第四，加强牙行管理制度。《钦定大清会典事例》等在前朝法律的基础上，进一步细化了牙行的资格准入、官给文印制度。此外，光棍例等法律也将扰乱牙行管理制度的行为纳入光棍犯罪之中，以之严惩。最后，在前朝法律的基础上，进一步补充完善了"私出境及违禁下海"律相关条例，打击走私贸易行为。

4. **答案**：清中央"三法司"是刑部、大理寺、都察院。

（1）刑部为中央最高审判机关。刑部的实际权限，具体来说有三个方面：一是在皇帝的统率下行使全国最高审判权，包括核拟死刑上报皇帝最后批准，批结全国军流案件，审理发生在京师的笞杖以上现审案件及中央官吏犯罪案件。二是司法行政职权，如狱政管理、赃款罚没之管理等。三是立法方面的职权，主要是负责律例馆的工作，主持修订律例，平时积累例案，开馆时纂修定拟。

（2）大理寺在清时地位大大下降，主要职责是复核刑部拟判的死刑案件。如发现刑部定拟不当，可以驳回；同时也主持热审案件，不过，大理寺在复核死刑、参与秋审、朝审时只是陪衬而已。

（3）都察院号称风宪衙门，是法纪监督机关，主掌官员监察，并职谏议。都察院参与司法事务主要有两个方面：一是参与会谳，即各省死刑案件在刑部核拟后，送都察院，都察院列署其意见转大理寺。二是参加秋审和朝审，执行复奏之职。

"三法司"之中，刑部主审判，都察院监察，大理寺复核，但实际上，刑部权限较重，院寺并无司法审判实权。

5. **答案**：清代的地方司法体制为省督抚、省按察司、府、县（州、厅）四级。（1）县（厅、州）为第一审级。州县之知州知县为唯一法官，并设佐贰官辅助审判。州设吏目、县设典史为捕官，专司缉捕和监狱，但无权受理词讼。（2）府（直隶厅、州）为第二审级。

直隶厅州也辖理一审案件，因其与府平级，故呈送道台为第二审。州县上报刑事案件（流罪以上案件），府复审后提出判决意见，再上报省按察司。（3）省按察司（即提刑按察使司）为第三审级。按察司对府（直隶厅州）上报的刑案进行复审，其中对徒刑案件仅进行复核，对军流、死刑案件及人犯进行复审。（4）总督巡抚为第四等级。督抚有权批复按察司复核无异议的徒刑案件，并决定执行。对军流刑案件加以复核。

6. **答案**：首先，太平天国法制的革命性主要表现在以下三个方面：第一，《天朝田亩制度》的均田方案是对封建土地所有制的根本否定。其中包含的平等思想是对旧专制制度进行革命的强大武器。第二，太平天国法律为实现推翻清政府的革命目的，坚决镇压官僚地主等封建敌对势力，并反对帝国主义的经济侵略。第三，创设了具有民主精神的诸多制度，如公有公用的圣库制度，整饬吏治的保升奏贬制度，带有民主选举性质的乡官保举制度，自由平等的婚姻制度，多级复核、公开审判的司法制度等。

其次，太平天国的局限性主要有以下四个方面：第一，缺乏科学的立法指导思想。作为小生产者的农民，虽然有革命的积极性，但由于他们本身不可能自发地产生先进的科学世界观，因而在革命实践中缺乏科学的理论指导，并未制定出切实可行的革命纲领和制度。第二，混淆敌我界限。太平天国领导人缺乏科学的世界观，在运用法律打击封建反动势力的同时，损害了革命队伍内部的力量，极大地影响了革命内部的团结，损害了法律的尊严，削弱了专政工具的作用，致使太平天国后期政权内部发生分裂，太平军军法废弛，进一步导致了太平天国军事上的失利。第三，保留了大量的封建残余。太平天国的法律中，等级特权制和世袭制等封建法律内容都得到肯定和保留。第四，宗教迷信色彩严重。太平天国革命既未超出旧式农民革命的范畴，其领导人也就必然会像中国古代农民革命那样利用宗教来发动、组织农民起义，从而使革命法制蒙上一层浓厚的宗教色彩。太平天国在司法实践中除引用法律条文外，还实行宗教裁判。宗教与法条结合，又使得法律出现许多乖逆人情的严刑苛罚。这显然不利于太平军内部的团结，削弱了太平天国法律本身的战斗作用。

7. **答案**：与前朝婚姻制度相比，清朝法律的变化主要有：第一，放松了同姓为婚、中表亲结婚的限制。根据《大清律例》规定，同姓者重在同宗，如非同宗，当援情定案，不必拘文；姑舅两姨姊妹为婚者，听从民便。第二，强调婚书效力。根据《大清律例》规定，若许嫁女已报婚书，及有私约，而辄悔者，笞五十。第三，不许拖延婚期。婚期确定后，双方必须遵守。婚期已至，双方有意拖延者，主婚人笞四十。婚约已过五年而男方不娶或逃亡三年不归，女方可以经官府证明改嫁，财没不追。第四，在传统的"七出""和离""义绝"之外，还规定夫妻一方犯罪受刑者，另方可以解除婚姻或婚约。

💬 论述题

1. **答案**：清律刑罚适用原则在继承唐明律的基础上，有着相当丰富完备的规定，其发展变化主要表现在如下五个方面：

（1）自首原则。清律因袭明律，除对自首的各种情形作了严格的规定外，其变化主要在于扩大了自首免罪的适用范围。康熙时《督捕条例》规定逃走三次的"逃人""自回自首"者，仍可免罪。嘉庆年间规定脱逃犯"自行投归"者，照原犯罪名各减一等发落。即不但不追究脱逃之罪，反而成原判罪刑减一等。

（2）共犯的处理原则。清律关于共犯的基本规定与明律相同，但结合司法实践有些补充。清律与明律一样，取消了唐律本有的若干规定，对官吏共犯责任有所减轻，对侵犯国家政治的共犯处罚有所加重。对家人共犯，定有专例并有所加重。

（3）依法定刑与有限类推并存。清朝实行自唐律以来一以贯之的依法定罪、依法量刑原则。不仅如此，清承明制，规定了比唐律限制更多、更严格的类推制度。依唐律，断罪无正条时，官司可以依"出罪者举重明轻，入罪者举轻明重"的原则自行类推适用相近条文，而明清律规定，要议定奏闻，上报皇帝审批，不得擅自断决。

（4）"化外人犯罪"的处理原则。唐律规定"诸化外人，同类自相犯者，各依本俗法；异类相犯者，以法律论"。明清律对此作了重大更改，并依律拟断。

2. **答案**：首先，太平天国经济立法的特色在于充满了中国传统小农平均主义理想。传统小农平均主义理想在《天朝田亩制度》中表现得比较突出。作为太平天国的土地法制通则，它规定，分配土地，严格按照人口多寡进行，按土地肥瘠分为九等，分配时杂以九等，以绝对的平均主义来实现"耕者有其田"的理想。而太平天国的圣库制度要求"一切所有缴纳于公库，全体衣食俱由公款开支，一律平均"。圣库制度开始仅在军中实行，后来推广于天京城内。

其次，在婚姻家庭制度方面，在一定程度上体现了男女平等的理想，但相当多的封建因素也得到保留。妇女基本上享有与男子同等的权利，可以参军、出任文武官职乃至将帅。在婚姻制度上，提倡一夫一妻制，规定"婚姻不论财"，废除买卖婚姻及一切旧例，准许婚姻自主。结婚，一般由乡官发给"合挥"（结婚证书）。

3. **答案**：清入关以前法律制度即后金的法律制度相对简陋，正处于习惯法向成文法的过渡之中。至皇太极时期，清形成了一套自己的立法指导思想。清代的立法指导思想主要有以下两个方面的内容：

一是"参汉酌金，渐就中国之制"。这是针对清入关前的简陋法制而确立的指导思想。清入关前的法律制度相对简陋，早期的立法多系在汉族成文法的影响下对原有习惯法的记录与整理。皇太极时树立了"参汉酌金，渐就中国之制"的基本立法思想。"参汉"就是引进或借用汉族（明代）法制，"酌金"就是适当整理记录提炼后金原有的习惯法及旧法令，二者结合起来要实现的目标就是"渐就中国之制"即向汉族地主政权的先进法制靠拢。清入关之初，由于法制未及完善，因此在制颁《大清律集解附例》之前，多次下令暂用《大明律》。这种以《大明律》作为入关之初过渡性法律的状况一直持续到顺治三年（公元 1646 年）。

二是"详译明律，参以国制"。这是顺治三年《大清律集解附例》序文对立法原则的阐述。"详译明律"即详细推导演绎和借鉴《大明律》，并以之为蓝本。"参以国制"就是适当参考保留入关前的旧有典章制度。事实上，这一立法思想并未完全贯彻，由于主持定律的尽是明代旧臣，他们多不了解清入关前的法制，所以只是简单地抄袭《大明律集解附例》。这种思想指导了此后清代的立法活动，使清律得以不断发展完善。

案例分析题

答案：该材料表明，清代推行空前的严刑峻法和政治思想的高压政策，严惩思想异端，大兴文字狱来威慑知识分子。虽然清统治者多次声称"不以语言文字罪人"，在大清律中也确实没有关于文字狱的直接条款，但所有文字狱均是按谋反大逆定罪，这是最严重的罪名，且处极刑并株连最广。这种政策及司法，显然是为了镇压具有反对封建专制主义意识和反抗民族压迫意识的社会思潮。这充分体现了清律作为中国封建社会末代王朝的法律制度所具有的封建社会末期特色。

第十一章 清朝法律制度（下）

✓ 单项选择题

1. **答案**：D。在《大清民律草案》完成后不久，清朝就灭亡。因此，这部草案并未正式颁行。

2. **答案**：D。清末"预备立宪"。关于 A 选项，《钦定宪法大纲》是中国近代史上第一部宪法性文件，但它并没有确立资产阶级民主共和国的国家制度，该制度是由《中华民国临时约法》所确立的，故 A 选项错误。关于 B 选项，《十九信条》形式上缩小了皇帝的权力，相对扩大了议会和总理的权力，但仍强调皇权至上，故 B 选项错误。关于 C 选项，资政院是清末"预备立宪"时期设立的中央咨询机构，并不是国家议会，故 C 选项错误。关于 D 选项，谘议局是清末设立的地方咨询机关，1909 年开始在各省设立，其权限包括讨论本省兴革事宜、预决算、选举资政院议员、申复资政院或本省督抚的咨询等。因此 D 选项正确。

3. **答案**：C。谘议局与资政院分别是地方和中央的咨询机构，不是议会，《中华民国临时约法》上的参议院有立法权，是议会。

4. **答案**：C。清末的商事立法，大致可以分为前后两个阶段：1903—1907 年为第一阶段；1907—1911 年为第二阶段。在第一阶段，商事立法主要由新设立的商部负责；在第二阶段，主要商事法典改由修订法律馆主持起草，故 C 项正确。《钦定大清商律》是清朝第一部商律，包括《商人通例》和《公司律》，不包括《破产律》，故 A 项错误。清廷制定商律，乃形势所迫，是一种被动的、被迫的立法活动，并非工商政策的变革，故 B 项错误。清末修律成果包括《大清现行刑律》《大清新刑律》《大清商律草案》《大清民律草案》及诉讼法律、法院编制法等，不包括《大清律例》，故 D 项错误。

5. **答案**：B。1902 年，清廷下令设立主持修律的专门机构——修订法律馆，以沈家本、伍廷芳为修订法律大臣。

6. **答案**：C。清末诉讼制度的改革，主要是引进了一系列西方近代诉讼原则和具体制度。在审判案件方面，实行四级三审制。

7. **答案**：A。领事裁判权，又称"治外法权"，正式确定于《中英五口通商章程及其税则》，随后在《中美望厦条约》中，扩大了领事裁判权的范围。这是西方列强在迫使中国订立不平等条约中所规定的一种司法特权。

    1864 年清廷与英、美、法三国驻上海领事协议主要规定的是"会审公廨"。

    综上所述，A 项应选。

8. **答案**：C。清末的司法体制变革是：将大理寺改为大理院，作为全国最高审判机关，在地方分别设立各级审判厅作为审判机构；改刑部为法部，专掌全国司法行政事务，不再承担任何审判职能，以示将行政和司法分立。在各级审判厅内设置相应的检察厅，实行审检合署制度，故 C 是错的。

9. **答案**：A。《大清现行刑律》只是在形式上对《大清律例》稍加修改，主要变化包括：对纯属民事性质的条款不再科刑；废除了一些残酷的刑罚手段，如凌迟；增加了一些新罪名，如妨害国交罪等，故 A 项正确。《大清新刑律》是中国历史上第一部近代意义上的专门刑法典，但仍保持着旧律维护专制制度和封建伦理的传统，故 B 项错误。清末司法机关的变化有：改刑部为法部，掌管全国司法行政事务；改大理寺为大理院，为全国最高审判机关；实行审检合署。同时，实行四级三审制，故 CD 项错误。

10. **答案**：A。为了处理与列强的外交关系，应《北京条约》之要求，清政府于 1861 年设立了总理各国事务衙门，即总理衙门。

11. **答案**：A。A 项应选，《钦定大清商律》是清朝第一部商律，于 1904 年 1 月（清光绪二十九年十二月）奏准颁行。

D项不选，《大清民律草案》于1911年8月完成，不久清王朝即被推翻，故该草案未被正式颁布施行。《大清民律草案》分为：总则、债、物权、亲属、继承五编，其中，总则、债、物权三编由松冈义正等人仿照德、日民法典的体例和内容草拟而成，吸收了大量的西方资产阶级民法的理论、制度和原则，而亲属、继承两编则带有浓厚的封建色彩，保留了许多封建法律的精神。

12. 答案：C。《大清现行刑律》将原先的五刑即笞、杖、徒、流、死，以及闰刑如发遣、充军等，加以删修，最终改为罚金、徒刑、流刑、遣刑和死刑五种。

13. 答案：A。1906年，袁世凯率先在天津府县试办各级审判厅。1907年，清政府在天津等地经验基础上，制定颁行了《各级审判厅试办章程》，将案件明确分为刑事案件和民事案件，并规定相应审理程序。

14. 答案：C。《上海洋泾浜设官会审章程》规定："凡遇案件牵涉洋人必应到案者，必须领事官会同委员审问，或派洋官会审。若案情只系中国人，并无洋人在内，即听中国委员自行讯断，各国领事官，毋庸干预。"

15. 答案：B。清朝宪政编查馆于1908年8月颁布了《钦定宪法大纲》，是中国近代史上第一个宪法性文件。

16. 答案：C。《大清新刑律》是清廷于1911年1月25日公布的中国历史上第一部近代意义上的专门刑法典，但仍然保持着旧律维护专制制度和封建伦理的传统，可见《大清新刑律》并不是完全属于资本主义刑法性质的内容。该刑律公布后并没有真正施行。《大清新刑律》抛弃了旧律诸法合体的编纂形式，以罪名和刑罚等专属刑罚范畴的条文作为法典的唯一内容。在体例上抛弃了旧律的结构，将法典分为总则和分则。确立了新的刑罚制度，规定刑罚分为主刑、从刑。采用了一些诸如罪刑法定原则和缓刑制度等近代西方资产阶级的刑法原则和刑罚制度。

17. 答案：B。《大清新刑律》抛弃了旧律诸法合体的编纂形式，以罪名和刑罚等专属刑罚范畴的条文作为法典的唯一内容。

18. 答案：B。领事裁判权体现的是外国列强在强迫中国订立的不平等条约中所规定的司法特权，是对我国司法裁判权的直接干涉，其限制的是我国的司法审判权。

19. 答案：B。《宪法重大信条十九条》（以下简称《十九信条》）形式上被迫缩小了皇帝的权力，相对扩大了议会和总理的权力，但仍强调皇权至上，且对人民权利只字未提，故B项表述错误。

20. 答案：B。清末变法修律自始至终贯穿着"仿效外国资本主义法律形式，固守中国法制传统"的方针。因此，借用西方近现代法律制度的形式，坚持中国固有的专制制度内容，即成为统治者变法修律的基本宗旨。由题意可知，修订民律的基本思路，仍然没有超出"中学为体，西学为用"的思想格局，故B项正确。

21. 答案：C。1906年9月1日清廷发布的上谕，对预备立宪的基本指导思想作了明确的设定，即"大权统于朝廷，庶政公诸舆论"，意即国家大权仍由以君主为首的政府掌控，对不甚重要的政务，可由民众参与。B项为清末修律的指导思想。AD两项为沈家本在阐述清末修律指导思想时提出的具体观点。

22. 答案：D。礼法之争，是指在清末变法修律过程中，以张之洞、劳乃宣为代表的"礼教派"与以修订法律大臣沈家本为代表的"法理派"，围绕《大清新刑律》等新式法典的修订原则产生的理论争执。AB两项，张之洞、劳乃宣是礼教派代表，认为修订新律应"浑道德与法律于一体"，尤不应偏离中国数千年相传的"礼教民情"。D项，沈家本、杨度等人是法理派的代表，主张大力引进西方近代法律理论与制度。

多项选择题

1. 答案：BCD。是清廷与英、美、法三国驻上海领事协议在租界内设立的特殊审判机关。凡涉及外国人的案件，必须由领事官员参加会审；凡中国人与外国人间的讼案，由本国领事裁判或者陪审，甚至租界内纯属中国人之间的诉讼也由外国领事观审并操纵判决，故BCD正确。

2. 答案：ABCD。《大清民律草案》的身份法部分，既采用新的立法体系，又充分考虑到中国固有的礼教民情风俗，希望能维持天理民彝。规定家长以一家中最尊长者为之，家政统于家长，亲等制度采寺院计算法，以与原有的服制图亲等接近。

3. 答案：ABCD。1906年完稿的《大清刑事民事诉讼法草案》主要由伍廷芳执笔，分总纲、刑事规则、民事规则、刑事民事通用规则和中外交涉案件等五章，共二百六十条，附颁行例三条。伍廷芳是英国法学者，特别强调英美制度。该草案是第一部打破传统诸法合体立法例、按部门法分类的法典草案，但此后受到张之洞等人抵制而搁置。

4. 答案：ACDE。《大理院审判编制法》所规定的审判机构之中，只有城谳局，没有乡谳局。

5. 答案：BD。《钦定宪法大纲》的内容包括《君上大权》和《附臣民权利义务》。

6. 答案：ABC。从文献记载来看，夏朝的立法指导思想是"恭行天罚"的神权法思想，而商代则将这种"天讨""天罚"的神权法思想发展到高峰。中国古代人重视祭祀，一开始就将神权与族权紧密结合起来，产生了"礼"。到了西周，统治者把"礼治"和刑罚镇压相结合，形成了"以德配天，明德慎罚"的立法指导思想。汉代以后，这一主张被儒家发挥成"德主刑辅，礼刑并用"的基本策略，从而以"礼法结合"为特征的中国传统法制奠定了理论基础。而清末的修律，使中华法系"依伦理而轻重其刑"的特点受到了极大的冲击。由此可知，本题的答案为ABC。

7. 答案：ACD。商鞅的"改法为律"强调法律规范的普遍性，具有"范天下不一而归于一"的功能。"改法为律"，是在法律观念上的又一进步。选项B是汉文帝废肉刑。

8. 答案：ABD。西周时期的"狱"与"讼"，民事案件称为"讼"，刑事案件称为"狱"，审理民事案件称为"听讼"，审理刑事案件

叫作"断狱"。唐代地方司法机关仍由行政长官兼理。州县长官在进行司法审判时，均设佐史协助处理。州一级设法曹参军或司法参军，县一级设司法佐、史等。县以下乡官、里正对犯罪案件具有纠举责任，对轻微犯罪与民事案件具有调解处理的权力，结果须呈报上级。明代的大审是每五年一次。清末司法机关的变化：改刑部为法部，掌管全国司法行政事务；改大理寺为大理院，为全国最高审判机关；实行审检合署。

9. 答案：ABCD。清末变法修律在立法指导思想上，清末修律自始至终贯穿着"仿效外国资本主义法律形式，固守中国封建法制传统"的原则。在立法内容上，清末修律表现出封建专制主义传统与西方资本主义法学最新成果的奇怪混合：一方面，坚行君主专制体制和封建伦理纲常"不可率行改变"；另一方面，标榜"吸引世界大同各国之良规，兼采近世最新之学说"。在法典编纂形式上，清末修律改变了传统的"诸法合体"形式，明确了实体法之间、实体法与程序法之间的差别，形成了近代法律体系的雏形。清末修律标志着延续几千年的中华法系开始解体。为中国法律的近代化奠定了初步基础。

不定项选择题

1. 答案：ABD。《大清新刑律》即《钦定大清刑律》，分设总则、分则两编，经历礼教派、法理派的论争后，附有《暂行章程》五条。日本法学家冈田朝太郎也参与了《大清新刑律》的制定过程。

2. 答案：B。

3. 答案：ABE。

名词解释

1. 答案：《钦定大清商律》是清末变法期间由商部负责起草制定的商事法律，分为《商人通例》和《公司律》，具有应急立法的性质。由于内容过于简单，无法规范当时日趋活跃和复杂的工商业活动，于是农工商部于1910年提出《改定商律草案》作为过渡期间的商律，以取代《钦定大清商律》。

2. **答案**：西方列强在强迫中国与之订立的不平等条约中规定的一种司法特权。依照这种特权，凡在中国享有领事裁判权的国家，其在中国的侨民不受中国法律的管辖，不论其发生何种违背中国法律的违法或犯罪行为，或成为民事刑事诉讼当事人时，中国司法机关都无权裁判，只能由该国领事，或由其设在中国的司法机构依据其本国法律裁判，故领事裁判权也称"治外法权"。

3. **答案**：《大清民事诉讼律草案》是清末变法期间由修律顾问松冈义正起草编奏的民事诉讼程序法。但未及颁行，清政府便已灭亡。尽管如此，它作为中国历史上第一部法典化的民事诉讼法草案，不仅改变了诉讼法附属于实体法的传统法律编纂体例，还改变了民事诉讼律附属于刑事诉讼律的格局，预示了中国法典编纂逐步走向近代法典编纂体系。

4. **答案**："资政院"是清政府在清末"预备立宪"过程中设立的中央"咨询机关"，于1910年设立。资政院可以"议决"国家的预决算、税法及公债，议定宪法以外的新法典及法律修改事件及其他"奉特旨交议事件"，但是资政院的一切决议，须会同军机大臣或各部行政大臣具奏，"请旨裁定"。而且皇帝可以特旨谕令的形式令资政院停会，乃至散会。

5. **答案**：于1910年5月15日公布施行。该律虽在《大清律例》的基础上修订而成，篇目、内容仍不脱旧律窠臼，但作为近代社会产物，已具有过渡性法典的性质。改革刑罚，废除凌迟、枭首、戮尸、缘坐、刺字等酷刑。

6. **答案**："存留养亲"制度是传统法律中的一项重要制度。一般而言，"存留养亲"多适用于独子斗殴杀人案件。在此类案件中，若有"亲老丁单"，即凶犯系家中独子、父母年老有病、家中又无其他男丁的情形下，考虑到其父母年老无人奉养，又无其他男丁继承宗嗣，经有关部门代为申请，得到皇帝特许以后，可免其死罪，施以一定刑罚后，令其回家"孝养其亲"。

7. **答案**："子孙违反教令"是传统法律中一条针对子孙卑幼"不听教令"、弹性很大的条款。只要子孙违背了尊长的意志、命令，即可构成此罪名。

8. **答案**：《大清新刑律》是清政府于1911年1月25日（清宣统三年）公布的一部专门刑法典，也是中国历史上第一部近代意义上的专门刑法典。《大清新刑律》采用资产阶级的刑法体例、刑罚制度和刑法原则。在刑法体例方面，分总则、分则两编，共五十三章，四百一十一条，另附有"暂行章程"五条。在刑罚制度方面分主刑、从刑两种，主刑包括死刑、无期徒刑、有期徒刑、拘役、罚金；从刑包括褫夺公权和没收。在刑法原则方面，采用了资产阶级的"罪刑法定主义"。

9. **答案**：1908年颁布，共二十三条，分正文"君上大权"和附录"臣民权利义务"两部分，保留了君主专制的许多特权，在形式上给予人民言论等权利，但必须在法律范围以内，而且皇帝有权随时颁布诰令予以剥夺。

10. **答案**：法理派，是指清末修律过程中主张适当采用西方法律理论与制度改造中国传统法律的派别，其与修律过程中产生的礼教派相对立。法理派的代表人物是清朝廷主持修律的大臣伍廷芳、沈家本。

简答题

1. **答案**：首先，清末立宪是在一个特殊的政治社会背景下展开的。实施立宪的清政府对立宪的接受程度是有条件的，即必须将有关立宪的一切操作控制在其手中。清政府选择立宪是迫不得已的无奈之举。清政府的立宪及相关改革出于挽救民族危机和挽救社会危机的动机。

   其次，尽管清末立宪活动处于清政府的严密控制之中，但君主与国民均需遵守宪法的规定，仍使清最高统治者对传统皇权的动摇感到不安与惶惑，始终处于变革力量的对立面，不能充分发挥政府在社会变革中的主导作用。

   最后，从本质上来看，预备立宪作为清政府反对革命，拉拢立宪派的政治手段，体现了维系皇权的本质。

2. **答案**：（1）在中央，进行了机构改革。刑部改为法部，为全国最高司法行政机关，不再兼理审判；大理寺改为大理院，为全国最高审判机关，有统一解释法律的权力。在大理院内设总检察厅，作为最高检察机关，独立行使检察权。

（2）在地方，司法机构的改革与设置按照四级三审制的模式展开。京师地方审判机构由城（乡）谳局、地方审判厅、高等审判厅和大理院四级组成。各省地方审判机构由初级审判厅、地方审判厅和高等审判厅组成，并在各级审判厅内设初级、地方、高等检察厅。

3. **答案**：第一，更定刑名。改传统笞、杖、徒、流、死五刑为死刑、徒刑（有期和无期）、拘留、罚金。第二，酌减死罪。删除《大清律例》中泛滥的死刑条目，废除虚拟死罪制度。第三，死刑唯一。死刑一律用绞，于特定场所秘密执行。第四，删除比附，引进罪刑法定制度。第五，惩治教育。规定十二岁以下人的行为不为罪，视其情节，施加相关感化教育，以矫正其行为。

4. **答案**：《大清刑事诉讼律草案》参考借鉴各国通例，特别是日本1890年《刑事诉讼法》，在八个方面弥补了传统中国法律之不足：第一，改纠问式诉讼为告劾式诉讼；第二，规定检察官提起公诉；第三，确立自由心证、直接审理和言词辩论三大原则；第四，坚持原告、被告待遇平等；第五，强调审判公开；第六，规定当事人无处分权；第七，适用干涉主义；第八，推行三审制度。

5. **答案**：（1）间接影响。第一，在经济上，不平等条约使中国传统的农业自然经济结构发生了剧变。第二，在政治上，新出现的各种社会关系要求有相应的法律规范予以调整。为挽救危亡，清政府不得已宣布变法。第三，在思想上，西方资产阶级近代法律和法学随着列强商品倾销与资本输入传入中国，对清末的思想界产生了启蒙的作用。

（2）直接影响。第一，不平等条约中的相关规定在清末法律中有所反映。根据不平等条约而产生的领事裁判权在《大清刑事民事诉讼法草案》中也予以确认，并且在《大清民律草案》中以法律维护外国社团法人的特殊地位。第二，不平等条约是清末修律的直接诱因与催化剂。这些法律条款，充分暴露了清末半殖民地法的性质。

6. **答案**：第一，打破了"以刑为主，诸法合体"的封建法律传统。清末修律中先后翻译世界各国数十种法典、法规，以此为模本，起草制定了一批新的法律法规，建立起了诸法分立的部门法体系。

第二，更新法律制度和原则。在废除了"十恶"、"八议"、依服制定罪、良贱差别、满汉差别等封建法律原则后，吸收西方最新的法律学说，引进各国通行的法律和制度，并使其在法典中占据主导地位。

第三，改变重农抑商的传统。法律开始允许与鼓励资本主义经济的存在与发展，承认并保护民营工商业。民律草案还第一次对私有权作了全面规定。

第四，既确认和维护列强在华权益，又保留了部分封建法律传统。如《新刑律》所附的《暂行章程》五条和《民律草案》中的亲属、继承两编。

7. **答案**：（1）体例上打破了几千年来诸法合体的传统法典形式，成为中国历史上第一部专门刑法典。（2）采用西方近代刑罚体系，将刑罚分为主刑和从刑。（3）引进西方近代刑法原则、制度和术语。（4）废除、新增、调整一系列罪名。

论述题

1. **答案**：第一，领事裁判权严重破坏了中国的司法主权。领事裁判权不仅使中国的司法机关对于涉外案件无权管辖，而且在中国领土上允许外国司法机关行使权力，并执行外国法律，结果中国竟出现"外人不受中国之刑章，而华人反就外国之裁判"的怪现象。

第二，领事裁判权是外国侵略者在中国逞凶肆暴、走私贩毒的护身符。由于有了领事裁判权这一保护伞，外国侵略者在中国杀人越货、横行无忌，鸦片商人亦大肆走私，胡作非为，中国法律却不能对之加以制裁。

第三，领事裁判权成为列强侵害中国人民生命财产、镇压中国人民革命运动的工具。1903年苏报案中，著名革命家章太炎、邹容就遭到上海租界巡捕房的逮捕、会审公廨的审判和西牢的监禁，邹容被残酷折磨至死。

2. **答案**：清末"礼法之争"的内容是：清末礼法之争，是在变法修律过程中，以张之洞、劳乃宣为代表的礼教派与以修订大臣沈家本为代表的法理派围绕《大清新刑律》等新式法典的修订而产生的理论争执。

礼教派与法理派就《大清新刑律》展开了激烈的争论，其焦点主要在以下五个方面：第一，关于"干名犯义"条的存废问题。法理派认为此类行为可在诬告罪中详述处理办法，不必另列专条。而礼教派则认为其是传统伦理的重要体现，绝不能在新刑律中没有反映。第二，关于"存留养亲"制度。法理派认为这一制度"非以施仁，实以长奸"，故不能编入新刑律草案，而礼教派则认为它是宣扬仁政、鼓励孝道的重要方式，不能随便排除在新刑律之外。第三，关于"无夫奸"及"亲属相奸"问题。礼教派认为"无夫奸"及"亲属相奸"等在新律中也应有相应规定。而法理派认为，无夫妇女犯奸罪不必处以刑罚。而亲属相奸处三等有期徒刑即可，不必另立专条。第四，关于"子孙违反教令"问题。礼教派认为此罪"实为教孝之盛轨"，而法理派认为这应当是教育上的事，应另设感化院加以教育即可，不必以刑罚制裁。第五，关于卑幼能否对尊长行使正当防卫权的问题。礼教派认为，子孙对父母绝无正当防卫之说。法理派认为，应当赋予卑幼对尊长的正当防卫权。

3. **答案**：（1）《大理院审判编制法》首次通过明确大理院及各级审判厅的职权与地位。在《法院编制法》中得到重申。

（2）区别民事、刑事诉讼。《各级审判厅试办章程》中对民事与刑事诉讼作了基本区分，从而结束了中央审判衙门以审判刑事案件为主，地方审判衙门刑事民事诉讼不分的历史。《大理院审判编制法》确定了各级法院分设刑庭和民庭对刑事、民事案件进行分别审理的制度。

（3）审判权与检察权分立。古代监察机关御史台、都察院的主要职责是"纠弹百官"，同时享有对疑难案件的审判参与权。实质上是监察、审判权兼有。《大理院审判编制法》规定在大理院以下审判厅设各级检察厅，负责提起公诉并监督审判。《各级审判厅试办章程》与《法院编制法》还明确了检察机关有权依据刑事诉讼律搜查处分、提起公诉、监察判决执行等权力。

（4）承认辩护制度。古代刑事审判采用纠问式，没有辩护制度存在的余地，理论上实行有罪推定。1906年的《大清刑事民事诉讼法》首次确定了辩护制度，但该法未及颁行。1910年的《法院编制法》承认了律师和律师出庭辩护的制度，是中国律师制度的肇始。

4. **答案**：第一，领事裁判权是资本——帝国主义对中国的政治侵略，破坏了中国主权完整。

领事裁判权制度就是"国中之国"的突出表现，首先，这种特权侵犯了一个国家的属地主权，破坏了国家主权完整。其次，这种特权与欧美所奉行的国际法原则是不相符的，其根据也是错误的。

第二，领事裁判权的发展扩张与中国近代社会半殖民化过程相适应。

领事裁判权是在中国开始由封建社会向半殖民地半封建社会转化之时产生的，伴随着列强以武力为主的侵略过程，其发展扩展也呈现出阶段性，同时这种侵略特权的扩大，也与清朝统治者在殖民化过程中对待西方列强的心态变化相关联。清朝统治者从"于万般无可奈何之中，一切不能不勉允所请"到"坚持一心、曲全领好"，再到"量中华之物力，结与国之欢心"的心态变化过程，也就是列强攫权、扩展领权和各种侵略权益的过程。

第三，领事裁判权的实行及列强撤销领权的许诺对中国法制的影响：近代化同时又具有半殖民化性质。

领事裁判权作为一种政治侵略手段，促使中国社会趋于完全殖民化，同时领权也对中国古老的传统法律趋向近代化产生了微弱影响。

5. **答案**：首先，夏商周五刑的发展变化。墨、劓、膑、宫、大辟这五种刑罚是夏刑罚体系的主干。经过商的发展，奴隶制五刑基本定型。西周在刑罚种类上沿用夏、商初步形成的奴隶制五刑，但区别于夏、商两朝的是刑罚的种类逐渐固定，较大程度上克服五刑之外的刑事处罚的随意性，尤其是改变了商朝末年滥杀无辜、乱定刑名的情形。西周的法定刑为墨、劓、膑、宫、大辟。

其次，奴隶制五刑向封建制五刑的过渡。春秋战国时代的刑罚制度发生了一些新的变化，第一，死刑的执行方法有所增加。第二，出现了一些新的刑种，用徒刑、罚金取代肉刑。第三，赎刑的使用范围扩大。

秦朝以后的两汉时期，最具历史意义的当属汉文帝废肉刑的改革。文帝的这次刑制改革，有由重改轻的，也有由轻改重的。

三国两晋南北朝时期是中国法制迅速发展的阶段，北朝初步确立了封建五刑制度，北魏定五刑为死、流、徒、鞭、杖。

隋文帝时更定的新律《开皇律》正式确立笞、杖、徒、流、死的封建制五刑，这一刑罚体系后经唐代改进，一直沿用到清末。

案例分析题

答案：上述材料涉及清末的有关领事裁判权制度。所谓领事裁判权乃是外国侵略者强迫中国缔结的不平等条约中所规定的一种非法特权。即凡在中国享有领事裁判权的国家，其在中国的侨民不受中国法律管辖，不论发生任何违背中国法律的违法犯罪行为或成为民事诉讼或刑事诉讼当事人时，中国司法机关无权裁判，只能由该国的领事等人员或其设在中国的司法机构依据其本国法律裁判。领事裁判权是外国列强干涉中国内政，操纵中国司法的重要手段，它严重破坏了中国的司法主权，同时也是外国侵略者在中国逞凶肆暴、走私贩毒的护身符。

领事裁判权是鸦片战争后外国侵略者强迫中国订立不平等条约的产物，是中国丧失完整独立的司法主权的突出体现。

第十二章　中华民国时期法律制度

✓ 单项选择题

1. 答案：C。从1927年到1949年的南京国民政府统治时期，形成了的法律体系即六法体系。

2. 答案：A。《中华民国临时政府组织大纲》作为筹建中华民国临时政府的纲领性文件，以美国的国家制度为模式，规定了中华民国采取共和制的基本政治制度。确定中华民国的政权组织形式为总统制。临时政府采取一院制的议会制度，设参议院，行使国家的立法权。临时政府设临时中央审判所，作为国家行使最高司法权的机关，行使国家司法审判权。

3. 答案：B。《中华民国临时约法》为限制袁世凯，规定的国家政体形式是责任内阁制。

4. 答案：C。A、B、D皆非地区性文件。

5. 答案：D。《中华民国临时约法》是在孙中山就任临时大总统后公布实施的。

6. 答案：C。按照《中华民国临时约法》规定，临时大总统的产生方式是由参议院间接选举。

7. 答案：D。《中华民国临时约法》规定一院制国会，不含众议院。

8. 答案：C。1923年10月10日公布的《中华民国宪法》，因系曹锟为掩盖"贿选总统"丑名，继续维持军阀专政而授意炮制，故俗称"贿选宪法"，是中国历史上正式公布的第一部较为完备的宪法。

9. 答案：C。"天坛宪草"总体上更多制约总统的权力，使之仅为虚位元首。C项是"袁记约法"的内容。

10. 答案：D。《大清民律草案》由修订法律馆与礼学馆共同起草，《中华民国民法》则非。《大清民律草案》采用个人本位的立法原则，《中华民国民法》采用社会本位的立法原则。《大清民律草案》均采取民商分立的编纂模式，《中华民国民法》采用民商合一的编纂模式。《大清民律草案》与《中华民国民法》采用《德国民法典》五编制的体例。

11. 答案：B。1923年《中华民国宪法》，即"曹锟宪法"或"贿选宪法"，规定的政府体制是责任内阁制。

12. 答案：C。"贿选宪法"的正式名称是1923年《中华民国宪法》。

13. 答案：D。中华民国北京政府设立的最高司法审判机关是大理院，C项为中华民国南京国民政府所设，B项为行政法院。

14. 答案：A。中华民国北京政府刑事立法的主要成果是《中华民国暂行新刑律》。

15. 答案：B。北洋政府所颁布的第一次"刑法修正案"，在立法上有所倒退，对违背纲常礼教行为加重刑罚，增加了"侵犯大总统罪"。

16. 答案：D。采取社会防卫主义、侧重于主观主义是1935年《中华民国刑法》的特点，而《大清新刑律》与其共同点是罪刑法定原则。

17. 答案：C。大理院有权作出判例与解释例。

18. 答案：B。《训政纲领》中规定行使国家"政权"的国民党全国代表大会，体现了以党领政的特点。

19. 答案：D。中国历史上第一部正式颁布实施的民法典是《中华民国民法》，它采用民商合一的立法体系，采取社会本位主义原则，规定习惯和法理可以在无法可依的情况下作为审判民事案件的依据，取消嫡子与庶子的区别，废止宗祧继承制度。

20. 答案：A。1947年《中华民国宪法》总统位在五院院长之上，国家权力的实质重心集中于总统。

21. 答案：D。南京国民政府实行训政的全国最高指导机关是国民党中央政治会议。

22. 答案：C。五权理论中政府治权包括立法权、行政权、司法权、监察权、考试权。
23. 答案：B。北洋政府时期 1914 年 1 月公布《平政院编制令》，从而形成了二元司法体制：普通法院负责民事、刑事案件的裁判，平政院职掌行政诉讼的裁判。本题中，周树人提起的是行政诉讼，应由负责行政诉讼的平政院受理。
24. 答案：B。北洋政府成立后，民事法律主要是《大清现行刑律》中有关民事的规范，现行律民事有效部分即《大清现行刑律》中民事规范经确认有效的部分。从 1912 年到 1928 年《中华民国民法》颁布之前，"现行律民事有效部分"一直为大理院和地方各级司法机关所适用。大理院在判例中明确肯定了"现行律民事有效部分"的效力高于习惯和条理。

☑ 多项选择题

1. 答案：ABE。《中华民国临时约法》规定参议院的主要职权有议决一切法律案、议决临时政府预算、决算，制定全国币制和度量衡之准则。宣告戒严，代表全国接受外国之大使、公使的职权则归属于临时大总统。
2. 答案：CD。《中华民国临时约法》规定"法院以临时大总统及司法总长分别任命之法官组织之"。
3. 答案：ACE。《中华民国临时约法》为限制袁世凯，扩大了参议院的权力、改总统制为责任内阁制、严格的临时约法修改程序。B、D 项与限制临时大总统权力无关。
4. 答案：ABCDE。南京临时政府颁布的一系列关于社会改革的法令主要有禁烟法令、剪辫法令、劝禁缠足令、禁赌法令、发展普通教育法令。
5. 答案：ABCE。《中华民国临时约法》的主要特征，包括实行责任内阁制、扩大参议院权力、限制总统职权、严格约法修改程序。D 项创设立法院在南京国民政府时期。
6. 答案：ACDE。中华民国北京政府的立法思想包括采用、删改清末新订法律，隆礼重典，采用西方资本主义国家的某些立法原则。
7. 答案：ACDE。"贿选宪法"的主要内容包括规定主权在民、规定地方自治权、设立两院制的议会、规定"国体不得为修正之议题"。B 项改责任内阁制为大总统集权制为"袁记约法"的内容。
8. 答案：ABE。"袁记约法"规定了大总统集权制，大总统兼具国家元首、行政首脑、海陆军大元帅的身份。
9. 答案：BCD。中华民国北京政府的宪法性文件包括《中华民国约法》、"天坛宪草"、《中华民国宪法》。A 项《中华民国临时约法》为南京临时政府时期，E 项《中华民国训政时期约法》为南京国民政府时期。
10. 答案：ABCDE。中华民国北京政府的诉讼审判制度主要特点有军事审判的专横武断、行政诉讼相对独立、广泛引用判例和解释例、普通法院实行四级三审制、县知事兼理司法。
11. 答案：ABD。《中华民国宪法》共十四章，规定了选举、罢免、创制、复决等制度；基本精神与《训政时期约法》和"五五宪法"一脉相传，但是在具体条文上又有所变动；其规定的政权体制既非内阁制，又非总统制；《动员戡乱时期临时条款》是 1948 年颁布的，故 C 错误，ABD 项正确。
12. 答案：ABCD。南京国民党政府公布施行的宪法文件有 1928 年的《训政纲领》，1931 年的《中华民国训政时期约法》，1936 年的《中华民国宪法草案》又称"五五宪草"，1947 年的《中华民国宪法》。
13. 答案：ACD。1925 年《中华民国国民政府组织法》确立的主要原则有执政党指导和监督政府、集体领导、议行合一，不包括五权分立。
14. 答案：BCDE。规定采取五院制政府体制的宪法性文件不包括 1925 年《中华民国国民政府组织法》。
15. 答案：ABCDE。南京国民政府的重要特点包括标榜以孙中山的"遗教"作为立法根本原则、特别法多于普通法、蒋介石手令往往具有最高的法律效力、采取大陆法系以成文法为主的法律体系、判决例、解释例以及习惯和法理也可成为司法审判的依据。

16. **答案**：ACD。保安处分是用来补充或替代刑罚以预防犯罪、维护社会秩序的强制性措施，其适用对象是未成年的少年犯及有犯罪或妨碍社会秩序嫌疑之人，特别是那些有潜在犯罪危险，而不是已经构成犯罪的人员。

17. **答案**：ABC。宪法、民法、刑法、民事诉讼法、刑事诉讼法、行政法等六种，统称"六法"。

18. **答案**：ABCD。北洋政府民事法律渊源包括《大清现行刑律》中不与共和国体相抵触的民事部分、民事习惯、法理、判例、解释例、民国成立以后所公布的民事特别法令。

19. **答案**：ABCD。《中华民国民法》第1条明确规定："民事法律未规定者，依习惯，无习惯者，依法理。"这表明习惯和法理构成了南京国民政府民事法律的渊源。根据该条表达的逻辑，习惯的适用应优先于法理，习惯的适用应以法无明文为限。但是，民事所适用之习惯，以不违背公共秩序或善良风俗者为限。

名词解释

1. **答案**：《中华民国临时约法》（以下简称《临时约法》）是1912年3月11日颁布的具有资产阶级共和国宪法性质的文件。由于《临时约法》是在特殊的历史条件下，即资产阶级革命派即将交出领导权的时候产生的，因而其内容较为突出地表现出对将要就任临时大总统的袁世凯的权力的限制。如改总统制为责任内阁制，规定了较多的人民基本权利。《临时约法》的颁布是中国法制史上的一块里程碑，它以根本法的形式废除了封建帝制，确立起资产阶级民主共和国的政治体制，并使民主共和的观念逐步深入人心。尽管这部约法存在阶级局限性，但它的革命性和民主性仍是彪炳史册的。

2. **答案**：1913年4月8日，国会依法成立。7月组成宪法起草委员会。10月31日，三度通过了《中华民国宪法草案》（由于以天坛祈年殿为起草场所，故史称《天坛宪草》）。该法共十一章一百一十三条。《天坛宪草》虽有明显缺点，如规定："国民教育以孔子之道为修身大本"，但仍坚持了《中华民国临时约法》的精神实质，规定了国会采用"两院制"，并设置了国会委员会；坚持了责任内阁制，对总统的权力作了多方面的限制。这些都成为袁世凯专制独裁的严重障碍。1913年10月，袁世凯胁迫国会将其选为中华民国正式大总统之后，转手制造事端，于1914年1月下令解散国会。《中华民国宪法草案》也随之夭折。

3. **答案**：大理院是北洋政府的最高审判机关，下设民事厅和刑事厅，在各省高等审判厅内设大理院分院。其主要职权除作为终审机关具体审理案件外，还拥有统一解释法律的权力。大理院在司法实践中针对出现的问题适时作出调整，颁布了大量的司法解释条例，对于清末制定的多种法律在中国社会的实施起到了很大的作用，也对中国法律近代化的进程产生了相当大的影响。

4. **答案**："贿选宪法"即1923年10月10日公布实施的《中华民国宪法》。因这部宪法在起草和通过过程中受到曹锟贿选的操纵，故而被国人讥称为"贿选宪法"，或称"曹锟宪法"。该宪法企图用华丽的辞藻和虚伪的民主自由形式掩盖军阀统治的本质。

5. **答案**：1912年袁世凯上台后，下令将清末制定的《钦定大清刑律》稍作修正后颁布施行，称为《中华民国暂行新刑律》。它并未改变《钦定大清刑律》的结构内容，只是取消了原来附在《钦定大清刑律》后的五条《暂行章程》；删除或改正了一些与民国国体相抵触的内容和用语。主要是删掉"侵犯皇室罪"一章与维护皇帝特权的条款，将"帝国"改为"中华民国"，"臣民"改为"人民"，"恩赦"改为"赦免"。

6. **答案**："训政保姆论"是南京国民政府立法的指导原则。其中心思想是：在训政时期实施约法之治，国民党主持政权，不仅掌握国民政治、经济、军事等各项权力；还应以"政治保姆"的身份教育国民，训练其行使政权的能力。这种思想，孙中山曾提出过，后来为胡汉民等人进一步发展。"训政保姆论"的核心是"党治"，即把民众视为"婴儿"，把国民党视为"保姆"，实际上民众的一切事情都须由国民党来包办。

7. **答案**：《训政纲领》是1928年10月国民党中央常务委员会通过的宪法性文件。该纲领共六条，宣布在国民党的领导下实行"训政"。训政时期统治权归国民党独揽，政权由中国国民党全国代表大会代表国民大会领导国民行使。在国民党全国代表大会闭会期间，托付中国国民党中央执行委员会执行。治权亦在国民党中央执行委员会政治会议的指导监督下，由国民政府行之。

8. **答案**：《中华民国训政时期约法》是国民党"训政"时期颁布的最基本的宪法性文件，是1931年5月5日由"国民会议"通过，同年6月1日由国民政府公布的。它以根本法的形式肯定了《中华民国训政纲领》所确立的国民党的一党专政政权，规定采取"五院制"的政权组织形式，同时也规定了一系列公民的民主自由权利和在"国家""中央"的名义下发展官僚资本主义的基本政策。这部约法的核心，就是在所谓"训政时期"，实行国民党一党专政和蒋介石个人独裁的国家制度，是大地主、大资产阶级专政的集中体现。

9. **答案**：为了更好地完成国民革命的任务，国民政府吸取苏联的建政经验，采取了一系列新的建政原则，建立了不同于西方资本主义国家总统制、议会制的新型政府，这主要体现在《中华民国国民政府组织法》等政府组织法规上。1925年7月1日公布的《中华民国国民政府组织法》，是当时国民政府组成和开展活动的法律依据。共有十条内容。其主要特点是：（一）确定了执政党指导与监督政府的原则；（二）采取集体领导的原则；（三）实行议行合一的"一权制"。

10. **答案**：这部宪法草案于1936年5月5日由国民政府公布，拟待征求意见进一步修改后，提交国民大会正式通过。由于次年发生卢沟桥事变，不具备召开国民大会的条件，故此宪法草案成为无法生效的"死胎"，史称"五五宪草"。其总的特点是：人民无权，地方无权，议会无权，总统个人集权，

实际上是为蒋介石实行独裁统治制造宪法根据。所以这部宪草公布后理所当然地遭到了中国共产党和全国人民的反对。

11. **答案**：南京国民政府的立法，是清末政府和中华民国临时政府立法的继续，它采取大陆法系国家以成文法为主的立法体系，其成文法主要有六种，原指"宪法""刑法""民法""商法""刑事诉讼法""民事诉讼法"，后来将商法拆开分别纳入民法和行政法，而以行政法代替民法作为六法之一。国民政府曾将这六种法律合编出版，通称《六法全书》。

12. **答案**：《中华民国宪法》是经1946年12月国民党一手包办的国民大会"通过"的，它以"五五宪草"为基础，抄袭旧政协关于宪草问题协议中有关"国会制""内阁制""省自治"的某些词句而成，其基本精神与《中华民国训政时期约法》一脉相传。

简答题

1. **答案**：《中华民国临时约法》是在"南北议和"的过程中由南京临时政府匆忙制定的。还在讨论制定《中华民国临时政府组织大纲》时，各省都督府代表会议就在由谁担任政府首脑问题上展开了激烈争论，并议决："如袁世凯反正，当公举为临时大总统。"临时政府成立后，就遇到了来自内部、外部的各种压力。觊觎大总统职权的袁世凯对革命采取了剿抚并施的策略：一方面在汉口集结重兵，对革命党以武力相威胁；另一方面又派出和谈使者，同革命党谈判，逼革命党交出政权。袁世凯的活动得到了立宪党人和西方势力的积极支持，立宪党人在南方广造舆论，"大总统非袁莫属"；西方国家对临时政府采取不承认政策，并对其施以军事恫吓和经济封锁。此时在革命党内部，不少人面对强大的反动势力，感到难以支持，主张让步。作为革命领袖的孙中山，一向主张"尽量避免国内战争的延长"，在这种内外交困的情况下，为了争得清帝的早日退位，换取不流血的胜利，决定让出大总统一职。

然而，革命党人对于袁世凯是存有戒心

的，为保卫辛亥革命的成果，他们积极主张尽快制定《中华民国临时约法》，以防止和限制袁世凯专权。1912 年元月中旬，代行参议院职权的各省代表会议召开了《中华民国临时约法》首次起草会议，推举景耀月等五人为起草员。此后，《中华民国临时约法草案》拟成，曾送交九人审查员进行审查。1 月 28 日，临时参议院成立后，又召开了第二次约法起草会议。从 2 月 7 日起，临时参议院正式审议约法草案，至 3 月 8 日三读通过，共用了一个月的时间。3 月 11 日，即袁世凯在北京宣誓就职的次日，孙中山先生在南京以临时大总统的名义公布了《中华民国临时约法》。

2. **答案**：(1)《中华民国宪法》的产生及其内容。《中华民国宪法》，又称"贿选宪法"。1922 年第一次直奉战争后，北京政权落入曹锟、吴佩孚手中。曹锟以"法统重光"为号召，再次恢复《中华民国临时约法》，恢复第一届国会，并着手制宪活动。秉承曹锟的意旨，同时也为了掩盖自己的卑劣行径，声名狼藉的"猪仔国会"，仅用了不到一周的时间就炮制出了《中华民国宪法》，于 10 月 10 日正式公布实施。这部被讥称为"贿选宪法"的《中华民国宪法》，共十三章，一百四十一条。其规模较《中华民国临时约法》、"袁记约法"以及"天坛宪草"都大，内容也更"完整"，由国体、主权、国土、国民到政权组织、中央与地方的关系，以及法律、会计、宪法的修正解释等无所不包。曹锟制宪的目的在于确定自己的"法统"地位，以抵制南方的护法运动，抑制东南、西南各省地方军阀掀起的"联省自治"和"省宪运动"潮流。

(2) 归纳起来，这部宪法主要有如下两大突出特点：

第一，企图用华丽的辞藻和虚伪的民主自由形式掩盖实行军阀专制的本质。它表面上肯定内阁制和议会制，规定了人民的各项"自由"权利，并宣布"中华民国国民于法律上无种族、阶级、宗教之别，均属平等"。但是，在这一切的背后，却是军阀独裁制度的法律化。从条文上看，它仍然赋予大总统以极大的权力，包括公布并监督法律之执行、发布命令、任命文武官吏、统率海陆军、宣告戒严，以及"停止众议院或参议院之会议""解散众议院"，等等。

第二，为了平衡各派军阀和大小军阀之间的关系，巩固曹锟、吴佩孚控制的中央政权，1923 年《中华民国宪法》即"贿选宪法"对国家结构形式作了专门规定，即采取赋予地方较大自治权的单一国家制。宪法增设国权与地方制度两章，就中央权力与地方权力作了明确的划分：中华民国之国权，属于国家事项，依本宪法之规定行使之；属于地方事项，依本宪法及各省自治法之规定行使之。

3. **答案**：中华民国北京政府统治期间，军阀独裁和内战频繁，这一特定的历史条件，决定了北洋政府的立法思想是：

(1) 采用、删改清末新订法律。虽是清末政府新订的法律却具有近代意义，是中国法律的近代转型。北洋政府制定法律，也多以清末新订的法律为蓝本。可见，北洋政府的立法思想，首先是采用清末新订的法律，适当加以删修以为当时所需。

(2) 采用西方资本主义国家的某些立法原则。辛亥革命后，民主共和思想日渐深入人心，而且不可抗拒和逆转。发展资本主义日益成为中国社会的潮流。轮番控制北京政府的北洋军阀统治者们，不得不采取西方资本主义民主共和制形式。因而在法律制度方面，采用了西方资本主义的某些原则及近代法律的体系和内容。

(3) 隆礼与重刑。北洋政府采取了隆礼与重刑并重的刑法指导思想，以维护封建买办政权统治：一方面"以礼教号召天下"；另一方面"以重典胁服人心"。在这乱世重典的思想指导下，北洋政府刑事立法总趋势是从重从快。

4. **答案**：《中华民国训政时期约法》是 1931 年 5 月 5 日由"国民会议"通过，同年 6 月 1 日由国民政府颁布的。约法标榜以孙中山的"遗教"为根本的立法原则，声称"国民政府本革命之三民主义、五权宪法，以建设中华民国"。其主要内容和特点是：

第一，以根本法的形式肯定了《训政纲领》所确立的国民党一党专政政权。约法将《训政纲领》全文载入，使得国民党的纲领成为全国人民必须遵守执行的法律。

第二，采取"五院制"的政权组织形式。国民政府设行政院、立法院、司法院、考试院、监察院及各部会，国民政府主席对内、对外代表国民政府。国民政府五院只能是分而不立，共同听命于国民党中央执行委员会。国民政府主席虽然凌驾于五院之上，但其实际权力的大小，要取决于蒋介石是否担任此职。

第三，形式上规定了一系列公民的民主自由权利。约法标榜"中华民国国民，无男女、种族、宗教、阶级之区别，在法律上一律平等"，并罗列了比较详细的各项公民权利与自由，但同时公民可以享有的每一项权利都是"非依法律不得停止或限制之"。

第四，在"国家""中央"的名义下，发展官僚资本主义。而当时的南京国民政府是在以蒋介石为首的四大家族操纵下的国家政权，实际上"国家""中央"均是四大家族的代名词。

总之，这部约法的核心，就是在所谓"训政时期"，实行国民党一党专政和蒋介石个人独裁的国家制度，是大地主、大资产阶级专政的集中体现。

5. **答案**：《中华民国宪法》经1946年12月国民党一手包办由国民大会"通过"，它以"五五宪草"为基础，抄袭旧政协关于宪法草案问题协议中有关"国会制""内阁制""省自治"的某些词句而成，其基本精神与《中华民国训政时期约法》一脉相传。这部宪法的主要内容和特点是：

第一，以"全民政治"和"主权在民"的口号，掩盖大地主、大资产阶级专政的实质。实际上国民党实行的仍是法西斯独裁专制。

第二，在"保障民权"的幌子下，限制和剥夺人民的权利和自由。尽管这部宪法在第二章详列了人民所享有的各种权利和自由，但它又规定："以上各条列举之自由权利，除为防止妨碍他人自由，避免紧急危难，维持社会秩序，或增进公益所必要者外，不得以法律限制之。"

第三，以地方"自治"为名，行中央集权之实。这种关于中央与地方权力的宪法划分，不是以均权主义为原则，而是以集权主义为出发点；不是以地方自治为基础，而是以中央集权为准则。

第四，抄袭旧政协关于宪法草案问题协议中关于实施国会制、内阁制的某些原则，而实际上实行的却是总统集权制。这部宪法规定的国家中央政权的政治制度是设国民大会，总统和行政院、司法院、立法院、考试院、监察院五院。从宪法规定的表面上看，国民政府体制带有明显的议会内阁制的特征，但实际上是实行总统集权制。

第五，在"民生主义"的词句下，巩固和发展官僚资本主义。这部《中华民国宪法》标榜"国家对于土地之分配与整理，应以扶植自耕农及自行使用土地人为原则"，"人民依法取得之土地所有权，应受法律之保障"；"国家对于私人财富及私营事业，认为有妨害国计民生之平衡发展者，应以法律限制""公用事业及其他有独占性企业以公营为原则"，"金融机构应依法受国家之管理"，但实际上为四大家族排斥民族资本、垄断经济命脉提供了宪法保障。

第六，打着"尊重条约"的招牌，维护帝国主义的侵华权益。实际上是用根本法的形式确认一切卖国条约，维护帝国主义特别是美帝国主义的在华权益。

综上所述，这部宪法的基本特点是：人民无权，独裁集权。这部宪法不仅为蒋介石的独裁统治制造宪法依据，而且为南京国民政府的内战、卖国政策张目。所以这是一部封建买办法西斯的独裁法，是反共反人民的内战法，是丧权辱国的卖国法。

6. **答案**："军政"时期结束后，进入了"训政"时期。1928年10月3日由国民党中央常务委员会通过的《训政纲领》，全文共六条要点有三：

（1）关于"政权"（即选举、罢免、创制、复决四项民权）的行使，规定在训政时期不成立全国国民大会，其职权由国民党全国代表大会代行，在国民党全国代表大会闭会期间，将"政权"托付给国民党中央执行委员会行使。

（2）关于"治权"（即立法、司法、行政、考试、监察五项政府权），规定在训政时期由国民政府"总揽而执行之"。

（3）关于"政权"与"治权"的关系，规定"指导监督国民政府重大国务之施行，由中国国民党中央执行委员会政治会议行之"。

该纲领宣称其总的宗旨是由国民党"训练国民使用政权"，而实际上，国民党不是在训练，而是在代替国民行使政权，国民党的中央政治会议凌驾于国民政府之上，一手包办各项国务事宜，从而为确立国民党的一党专政政权奠定了"理论"基础。

7. 答案：南京国民政府的诉讼法在吸收资产阶级相关诉讼原则的同时，其诉讼审判制度还有如下之特点：

（1）采取严密反动的侦查制度。检察官权力很大，可以动用他所想动用的力量，可以侦查或处分他想要侦查或处分的人或事，这突出地反映了国民党政府侦查制度的反动性和法西斯性。

（2）实行唯心主义和武断的诉讼原则。在诉讼过程中，依"心证"来自由判断和取舍。规定了这个原则，法官就可以在认定和取舍事实问题上，完全根据南京国民政府的法律意识和为地主买办阶级利益服务的"心理"，随意地主观擅断，可以歪曲事实，甚至颠倒黑白，专横武断。

（3）实行法西斯的秘密审判制度和陪审制度。对于所谓"妨害公共秩序"的案件，即政治案件，实行秘密审判；而且，对于违犯《戡乱时期危害国家紧急治罪条例》的刑事案件，经秘密审理后作出的裁判，当事人不得上诉或抗告。1929年12月颁布的《反革命案件陪审暂行法》，规定在"反革命案件"上诉过程中，由陪审团作出"有罪"

"无罪"或"犯罪嫌疑不能证明"的答复。法院则要根据这个答复作出判决。对于因"犯罪嫌疑不能证明"之答复而判决无罪者，应命取妥保或通知所在地公安局于二年内监视之。

（4）扩大并强化军事和军法机关的审判。为适应军事专政的需要，国民党政权通过颁布刑事特别法，在诉讼制度方面不断扩大、强化军事和军法机关的审判。

（5）维护美帝国主义侵华军队的特权。为了维护美帝国主义侵华军队的特权，南京国民政府在1946年6月5日下令延长适用在抗日战争时期颁行的《处理在华美军人员刑事案件条例》，规定侵华美军人员在中国境内犯罪的刑事案件，归美军军事法庭及军事当局裁判。

南京国民政府的诉讼法与民法、刑法一样，都是保护和巩固地主买办阶级专政、维护半殖民地半封建的统治、镇压和束缚人民群众的工具。它们有着共同的特点，但是，武断专横的审判原则，公开地反动和法西斯化，乃是其最突出的特点。

8. 答案：中华民国南京国民政府成立之初，在普通司法机构上沿用北京政府时期的四级三审制度。1935年《法院组织法》实施后，普通法院实行三级三审制。即在县、省辖市设地方法院，区域狭小者可合若干县市设一地方法院，区域辽阔者可设地方法院分院；在省、首都、特别区、院（行政院）辖市设高等法院，区域辽阔者可设高等法院分院；在国民政府所在地南京设最高法院，隶属国民政府司法院。最高法院不设分院，以统一全国法律之解释。法院为国家审判机关，负责审理刑事、民事案件，并依法律规定管辖非诉讼案件。除普通法院外，南京国民政府还根据统治需要，设立了许多特别的审判机关，主要有：（1）特种刑事法庭：南京国民政府将危害其政权的刑事案件列为"特别刑事案件"以便采取特殊的镇压措施。（2）兼理司法法院：由县长兼理检察官职务，由审判官长官负责刑民事案件的审理。（3）军事审判机关主要审理军人违法犯罪案件。

检察机关也是南京国民政府司法机构的重要组成部分。在普通司法机关中，设立相应的检察机关或一定数量的检察官，行使检察职权。检察官在刑事案件的整个诉讼过程中有着重要的地位和作用。检察官依据法律的规定，有权对刑事案件作出侦查或不侦查的决定，提起或不提起公诉的决定，刑事案件判决后的执行，也由检察官来指挥并监督实施。

9. **答案**："五权宪法"是孙中山法律思想的重要组成部分，是他在研究各国宪法的基础上，结合中国的历史与国情加以融合的产物。孙中山的"五权宪法"以人民掌握政权，政府实施治权的权能分治的学说为依据，建立在人民主权基础之上。

（1）所谓"五权"，就是在行政权、立法权、司法权之外，再加上考试权和监察权。以"五权分立"为基础内容的宪法就叫"五权宪法"。根据"五权宪法"设立的行政、立法、司法、考试、监察五院，就叫五院制。孙中山认为，只有用"五权宪法"所组织的政府，才是完全政府，才是完全的政府机关。

（2）按照孙中山的设想，"五权宪法"的结构如下：以五院为中央政府：一曰行政院，二曰立法院，三曰司法院，四曰考试院，五曰监察院。宪法内容制定后，由各县人民投票选举总统以组织行政院。选举代议士以组织立法院。其余三院之院长，由总统得立法院之同意而委任之，但不对总统、立法院负责，而五院都对国民大会负责。各院人员失职，由监察院向国民大会弹劾之；而监察院人员失职，由国民大会自行弹劾，罢黜之。国民大会之职权，专司宪法之修改，及裁判公仆之失职。国民大会及五院职员，与全国大小官吏，其资格皆由考试院定之。

论述题

1. **答案**：（1）1912年11月公布的《中华民国临时约法》共七章五十六条，依次为总纲、人民、参议院、临时大总统副总统、国务员、法院、附则。依照《中华民国临时约法》之规定，临时大总统的职权是：代表临时政府总揽政务，公布法律；为执行法律，或基于法律之委托，得发布命令；统率全国海陆军；制定官职、官规，但须提交参议院议决；任免文武职员，但任命国务员及外交大使、公使，须得参议院之同意；得宣战、媾和及缔结条约；得依法宣告戒严；代表全国接受外国之大使、公使；得提出法律案于参议院；得颁布勋章并其他荣典；得宣告大赦、特赦、减刑、复权，但大赦须经参议院之同意。（2）《中华民国临时约法》规定议会即参议院的职权是：第一，议决一切法律议案以及临时政府之预算、决算，全国之税法、币制、度量衡之准则，公债之募集，国库有负担之契约等；第二，对临时大总统提交之宣战、媾和、缔约、任命国务员及外交大使、公使、大赦事件等拥有同意权；第三，对于法律、行政及官吏违法事件等拥有咨询、建议或质问权；第四，对于临时大总统和国务员有弹劾权。（3）《中华民国临时约法》是在特殊的历史条件下，即资产阶级革命派即将交出领导权的时候产生的，本身的突出特点就是主要从各个方面设定条款，对袁世凯加以限制和防范。包括：第一，改总统制为责任内阁制。总统的权力受到参议院和国务员的大大牵制。第二，进一步扩大了参议院的权力。如规定参议院在拥有立法权的同时，还拥有对由总统决定之重大事件的同意权和弹劾总统的权力，显然加强了国会对总统的监督。第三，专章规定人民的权利义务。《中华民国临时政府组织大纲》只是一个政府组织法，并无人民权利义务之规定。而《中华民国临时约法》则列有"人民"专章，显示了对人民的基本权利和自由的重视。第四，规定了严格的修改程序。只有经过参议院议员三分之二以上或临时大总统之提议，经参议院议员五分之四以上之出席，出席议员四分之三之可决，才能增修之。

2. **答案**：根据《民事诉讼条例》和《刑事诉讼条例》，中华民国北洋政府的诉讼审判具有如下特点：

（1）普通法院实行四级三审制。初级审判厅为普通民事刑事案件的第一审机关。地方审判厅,为普通民事刑事案件的第二审机关和特别案件的第一审机关。高等审判厅,为普通民事刑事案件的第三审(终审)机关和特别案件的第二审机关。大理院,为法令属于大理院特别权限的案件之初审,亦即终审机关,亦为不服高等审判厅判决的案件之第三审(终审)机关。

(2)县知事兼理司法审判。按规定,初级审判厅审理第一审案件,而实际上却未成立,仍由县知事这一行政长官兼理民刑事案件。实际上恢复了封建时代行政与司法合一、行政长官干预司法的审判制度,从而造成重大弊端。

(3)行政诉讼相对独立。中华民国北京政府采取欧洲大陆司法制度,把行政诉讼与普通民事、刑事诉讼分开。

(4)特别法优先于普通法。中华民国北京政府除修订刑律外,还根据加强军阀专制的需要,制定了一系列刑事特别法规。其适用优先于普通法,以发挥特别法的专门制裁作用。

(5)军事审判的专横武断。中华民国北京政府设立的各级军事审判机关,按规定平日管辖军人案件,战时或戒严期间负责审理普通案件。

(6)广泛引用判例与解释例。中华民国北京政府为了更有效、灵活、及时地镇压人民反抗,维护自身统治,还大量引用大理院的判例和解释例,作为审判的依据,成为主要法典法规的重要补充。

综上所述,中华民国北京政府的法律制度,一方面深受西方资本主义国家法律影响,另一方面又保留了不少中国封建法律的传统。反映了中华民国北京政府的法律体系、法律内容及实施方法方面在新旧交替时期的特点。中华民国北京政府的法律制度就其本质来说,在于竭力维护封建买办阶级的统治;就其在中国法制史上的历史地位来看,却起着承上启下的作用。它继承了晚清法律近代化转型的成果并有所前进,对后来中华民国南京政府的法律制度产生了很大影响。

3. 答案:(1)北洋政府刑事立法的特点主要有:①以《中华民国暂行新刑律》为国家基本刑律,刑事法律多沿用清末立法。《中华民国暂行新刑律》是北洋政府在删修《大清新刑律》的基础上而正式颁行的刑事律典。这部刑律的出台,表明了北洋政府法律与清末修律之间的继承关系。但《暂行新刑律》较之《大清新刑律》有所进步,使得中国刑法与欧美资本主义国家的刑法之间的差距有所缩小。②重视刑法修正草案的拟定,对后世刑法发展影响较大。北洋政府先后于1915年和1918年两次拟定刑法修正草案。由于第二次刑法修正草案采用了近代资产阶级刑事立法的某些原则和内容,减少了封建色彩,在体例上也作了较大变动,因而成为后来中华民国南京政府制定《中华民国刑法》的蓝本。③颁布了大量单行刑事法规。如《陆军惩罚令》《预戒条例》《惩治盗匪法》《易笞条例》《徒刑改遣条例》《陆军刑事条例》和《海军刑事条例》等,其中不少是特别法,这是为了适应军阀专制统治的需要。④复活封建刑罚。《易笞条例》《徒刑改遣条例》就以早已被废除的封建时代的身体刑笞刑和发遣来代替现行的一些刑罚,这无疑是逆历史之潮流而动的。

(2)根据《中华民国暂行法院编制法》规定,北洋政府全国的普通法院组织由(中央)大理院、(省)高等审判厅、(较大商埠或中心县)地方审判厅及(州、县)初级审判厅四级组成。在各级审判机关中相应平行设置检察机关,即总检察厅、高等检察厅、地方检察厅和初级检察厅,负责侦查、公诉和监督判决等职权。司法行政职权则由中央司法部和省司法筹备处行使,后来省司法行政划归高等审判厅或高等检察厅兼管或会同办理。实际上,有的层级的普通法院并未完全成立。北洋政府曾因财政原因撤销初级审判厅,改为在有地方审判厅的县份,厅内设简易厅,办理初级审判厅的事务。在普通法院之外,北洋政府于1914—1923年还在首都设立平政院,作为行政诉讼机关,专门受理行政诉讼案件,这是仿效欧洲大陆国家司法制度的结果。此外,为加强军阀统治,北洋政府还设有名目繁多的特别法院,包括陆海军内的军事审判机关和边疆地区及特区的特别法院。

4. 答案:《中华民国民法》的制定背景。《大清民律草案》未能为民初政府颁行采用,但它成立了专门的法律编修机构,经仔细参酌《大清民律草案》,进一步调查各省民商事习惯,参照各国最新立法例,于1925—1926年间完成了民法各编草案,即"第二次民律草案"。该草案编成后,适值"北京政变"发生,法统被废弃,国会一直未能恢复和召集,故它没机会成为正式民法典,但司法部曾通令各级法院将之作为事理予以援用。

南京国民政府成立初期,一度沿用北洋政府的做法审理民事案件,而并无统一适用的民法典。由于感民法制定施行之重要,于1928年成立了民法起草委员会。1929年,立法院成立后,开始起草《中华民国民法》。该民法典采用分编草拟、分期公布、实施的方式,至1930年陆续完成,共为五编。依次为总则编、债编、物权编、亲属编、继承编。

《中华民国民法》的主要内容:

(1)采用民商合一的立法体例。清末修订法律时,曾经采用民商分立的立法体例,分别编纂《大清民律草案》和《大清商律草案》两个部门法典。南京国民政府成立后,立法院决定编纂一部民商合一的民法典,将通常属于商法总则之经理人及代办商,商行为之交互结算、行纪、仓库、运送营业及承揽运送等内容一并编入民法债编;其他不宜合并的内容,分别制定单行商事法规,而不再制定统一的商法典。这一编纂方式受到了苏联及瑞士民法的一定影响。

(2)吸收更多的西方资本主义国家的民法原则,愈加注意继受法与固有法的结合。在法典编目上,将原来第二编的"债权"改为"债",表明法律兼顾债权人和债务人的合法利益,而不单单保护债权人。在结婚的法律效力上,采用仪式制,而不采用登记制。在家庭关系和继承制度上,取消嫡子与庶子的区别,废止宗祧继承制度,子女有平等的遗产继承权,规定配偶之间有相互继承遗产的权利等。在男女平等方面,还删除对女子行为能力的特别限制,规定已婚妇女对个人财产有完全处分能力,并取消男女之间权利义务的不同规定。

(3)肯定习惯的法律效力。法典一方面将习惯确认为民事法律渊源。该法第1条规定:"民事法律所未规定者,依习惯。"另一方面将习惯吸收到民法典。其途径有两种:一种为直接纳入法典,例如规定"买卖不破租赁";另一种为间接援引,即在法律中并不直接规定该习惯的具体内容,而是在某些情况下规定遵从习惯。

(4)采取社会本位主义原则。该民法典,特别是债编,通篇贯穿着注重社会公益的精神。对于个人权利的行使、契约的订立及其他民事法律行为,该民法典也作出严格限制。如第148条规定:"权利之行使,不得以损害他人为主要目的。"

(5)保留传统婚姻家庭制度的部分内容。该法仍然确认以夫权为中心的婚姻家庭制度,维护夫妻之间事实上的不平等,规定夫妻财产由夫管理,妻子冠以夫姓,子女从父姓等。该法也确认以父权为中心的家长制度,规定"家置家长",子女之财产由父管理,父母得于必要范围内惩戒子女。该法还肯定包办婚姻的合法性,规定"未成年之男女订定婚约,应得法定代理人之同意",允许父母在子女未成年时便为其订下终身。

评价:这是中国历史上第一部正式颁行的民法典,是中国实现民事立法近代化的重要标志之一。

5. 答案:中华民国法制的特点表现在如下方面:

第一,在立法方面。中华民国各个时期均设立专门法律起草机关,选派专家立法,这是积极方面;立法权主要掌握在独裁者手中,并不为最高人民代表机关所行使,这是其消极的方面。立法院只是名义上的立法机关。

第二,在法律技术方面。总体上,中华民国阶段实现了形式上的法律近代化,建立了较为完备的法律体系。中华民国北京政府时期,法律近代化所取得的成就,不仅在于对清末法律的修订，而且在于大理院通过判例和解释例的方式，完善了整个法律体系。南京国民政府时期，在北京政府复合型法律体系的基础上，最终完成了近代化的法律体系——六法体系。

  第三，在法律实施方面。近代化的法制没有实现法治秩序，近代化的法典成了政府掩盖专制的装饰物。符合专制统治需要的特别法，成为确实得到全面适用的法律。宪法的制定与实施没有实现真正的共和民主，宪法中规定的权利与自由最终没有向人民兑现。刑事法律蜕变为专制政府的统治工具。民商事立法并没有解决民生问题。民国时期的诉讼法律，其实际效果差强人意。

第十三章　革命根据地新民主主义法律制度

✓ 单项选择题

1. 答案：B。《中华苏维埃共和国惩治反革命条例》颁行于 1934 年 4 月；《赣东北特区苏维埃暂行刑律》颁行于 1931 年 2 月；《陕甘宁边区抗战时期惩治汉奸条例》颁行于 1939 年，《惩治匪盗条例》则是南京国民政府于 1944 年颁布的刑事特别法。1939 年，陕甘宁边区也颁行过一部《抗战时期惩治匪盗条例（草案）》。从性质来看，D 项并非根据地立法成果，A、C、D 项均属于单行刑事法规。B 项则属于题干所说的刑法典，当选。

2. 答案：D。《井冈山土地法》和《兴国土地法》相继颁布于 1928 年和 1929 年，前者是革命根据地的第一部土地法，与后者同样，代表革命根据地土地立法的早期成果。1931 年 12 月 1 日，中华工农兵苏维埃第一次全国代表大会通过《中国苏维埃土地法》，这是第二次国内革命战争时期适用时间最长、流行区域最广、影响最大的一部土地法。《中国土地法大纲》颁布于 1947 年，已不属于工农民主政权时期。故本题选 D。

3. 答案：C。1946 年，陕甘宁边区通过了《陕甘宁边区宪法原则》，确定人民代表会议制度为政权基本制度。标志着各级权力机关由抗战时期的参议会形式向人民代表会议制度发展。

4. 答案：A。《中华苏维埃共和国宪法大纲》规定：中华苏维埃共和国之最高政权为全国工农兵苏维埃代表大会，在大会闭会的期间，全国苏维埃临时中央执行委员会为最高政权机关。

5. 答案：C。四选项颁布时间分别为 1946 年、1941 年、1931 年和 1954 年。

6. 答案：C。管制是解放战争期间人民政权创造的新刑罚，是指反动分子、反革命分子向人民政府登记后，交由基层政权和群众监督改造、限制人身自由、定期报告行动的刑罚措施。

7. 答案：D。1922 年 8 月，中共中央委托以邓中夏为主任的中国劳动组合书记部制定了《劳动法案大纲》，这是中国共产党领导制定的最早的劳动法。《中华苏维埃共和国劳动法》制定于 1931 年，《晋冀鲁豫边区劳工保护暂行条例》制定于 1941 年。《井冈山土地法》不属于劳动法律。

✓ 多项选择题

1. 答案：ABCDE。《中华苏维埃共和国婚姻法》是在 1931 年《中华苏维埃共和国婚姻条例》的基础上修订而成，确立了婚姻自由、一夫一妻、保护妇女儿童三大原则，废除了封建包办买卖婚姻制度。

2. 答案：ABCD。对抗制诉讼形式是流行于欧美法系的诉讼形式。控辩双方平等对抗，法官居中裁判，在审判中的地位相对消极。这并不是马锡五审判方式的特点之一。

3. 答案：ABC。《中华苏维埃共和国宪法大纲》确定了公民各项权利，包括平等自由权、参政议政权、参军参战权、经济发展权、劳动权、受教育权、妇女解放与婚姻自由权、民族自治权和信教自由权等多项民主权利。所谓迁徙自由，是指公民可以依照自己的意志选择居住和工作地，在本国迁徙，是现代社会公民的一项基本权利，这并未见于《中华苏维埃共和国宪法大纲》。

4. 答案：ABC。所谓"三三制"，由 1941 年《陕甘宁边区施政纲领》确定，是指政权机关候选人名单中，共产党员、党外进步分子和中间派各占三分之一。

5. 答案：ABCD。制定《中华苏维埃共和国惩治反革命条例》时，战争形势动荡，故固定监禁期限最高为十年，没有规定无期徒刑。

名词解释

1. 答案： 1931年11月7日第一次全国苏维埃代表大会正式通过的《中华苏维埃共和国宪法大纲》，是革命根据地的第一个宪法性文件。它的基本内容是宣告了中华苏维埃中央临时政府的成立，确定中华苏维埃共和国的政权性质是工农民主专政，政权的组织形式是工农兵苏维埃代表大会制度，并确定以彻底实现反帝反封建的革命纲领作为工农民主专政的基本任务，同时还规定了苏维埃公民的基本权利。

2. 答案：《井冈山土地法》是1928年12月井冈山革命根据地颁行的土地法规，是革命根据地的第一部土地法。它规定没收一切土地归苏维埃政府所有，以人口或劳动力为标准，男女平均分配。作为早期苏区土地立法的代表，这部土地法也有一些原则错误，如没收一切土地而不是只没收地主土地；农民只有土地的使用权而没有所有权；禁止土地的买卖等。未能充分调动农民的积极性。

3. 答案："三三制"是对《陕甘宁边区施政纲领》中规定的政权机关的人员分配原则的概括，规定共产党员占三分之一，非党的左派进步分子占三分之一，不左不右的中间派占三分之一。对于纠正"左"倾关门主义、发挥党外人士参政议政的积极性，起到了重要作用。

4. 答案： 抗日战争胜利后，中共中央根据国际国内形势和阶级关系的变化，为了满足农民的土地要求，于1946年5月4日发布了《关于土地分配的指示》（即"五四指示"），决定由减租减息政策转变为没收地主土地分配给农民的政策。1947年7月至9月，中国共产党在河北平山县西柏坡村召开全国土地会议，制定了《中国土地法大纲》。于1947年10月10日公布。基本特点是：不但肯定了"五四指示"中关于"没收地主土地分给农民"的原则，还修改了对某些地主照顾过多的条款，同时也避免了历史上犯过的"地主不分田，富农分坏田"的政策错误。其主要内容有：实行耕者有其田；确定土地财产分配办法；确定土改机关。

5. 答案：《陕甘宁边区施政纲领》是以反对日本帝国主义，保护抗日人民，调节各阶级利益，改良工农生活和镇压汉奸、反动派为基本出发点，经中共中央政治局批准，于1942年11月由陕甘宁边区参议会通过施行的宪法性文献。

6. 答案： 马锡五审判方式是马锡五同志在土地革命战争时期，把群众路线的工作方法创造性地运用到审判工作中的司法民主的崭新形式，也是从一系列司法案件中总结归纳出的经验成果。其特点包括：①深入农村，调查研究，实事求是地了解案情；②依靠群众，教育群众，尊重群众意见；③方便群众诉讼，手续简便，不拘形式。马锡五审判方式的出现和推广，培养了大批优秀司法干部，解决了积年疑难案件，减少争讼，促进团结，利于生产，保证抗日，使新民主主义司法制度落到实处。

简答题

1. 答案：《中华苏维埃共和国宪法大纲》是1931年11月7日在江西瑞金召开的第一次全国苏维埃代表大会正式通过的宪法性文件，是革命根据地的第一个宪法性文件。这部宪法大纲的基本内容是：

（1）宣告了中华苏维埃中央临时政府的成立，确定中华苏维埃共和国的政权性质是工农民主政权。

（2）确定政权的组织形式是工农兵苏维埃代表大会制度，即确定实行民主集中制的、"议行合一"的工农兵苏维埃代表大会制度，此即我国人民代表大会制度早期形式。

（3）确定以彻底实现反帝反封建的革命纲领作为工农民主专政的基本任务。

（4）规定苏维埃公民的基本权利，包括参政权、武装自卫权和其他民主权利。

该宪法大纲的主要特点是：

（1）它与历史上的一切"约法""宪法"根本不同，是共产党领导人民制定的第一部宪法性文献。

（2）它具有国家根本法的性质并兼有施

政纲领的特色。它把革命人民已经取得的成果，用根本法的形式确认下来，同时又指出今后的奋斗目标，规定了中央工农民主政府的各项方针政策。

2. **答案**：（1）新民主主义婚姻制度的主要原则，在中国共产党第二次、第三次全国代表大会及其他的一些重要会议的有关决议中已经基本确定下来。如党的"二大"的"帮助妇女们获得普通选举权及一切政治上的权利与自由"；党的"三大"通过的"女性保护"以及"结婚离婚自由"等项原则。这些原则成为革命根据地婚姻立法的指导原则。

（2）《中华苏维埃共和国婚姻法》是中华苏维埃共和国于1934年4月8日正式颁布的一部婚姻法律。该法共七章二十一条，规定男女婚姻以自由为原则，废除一切包办强迫和买卖的婚姻制度，禁止童养媳，实行一夫一妻制，禁止一夫多妻或一妻多夫；同时这部法律还对结婚和离婚（特别是红军战士的离婚）等问题作了专门规定。

（3）抗日根据地的婚姻立法，没有制定统一的全国性的婚姻法规，而是由各边区的抗日民主政府分别制定了若干地区性的婚姻条例。其基本特点是各地区的婚姻立法在大政方针上是一致的，但在具体内容上又有较大的灵活性，各地区根据各地的实际情况，作出某些具有本地特点的规定。其主要内容是：第一，比较全面地规定了婚姻立法的基本原则。第二，法定最低婚龄的规定。第三，增加"订婚""解除婚约"专章。第四，具体列举离婚条件。

（4）解放战争初期，一些老解放区基本上沿用抗战时期制定的婚姻条例，如华北人民政府宣布，原晋察冀边区和晋冀鲁豫边区制定的婚姻条例继续有效。有些地区重新修订了婚姻法规，新解放区参照老区的规定，制定了婚姻法规，在这个时期的婚姻立法中，针对当时出现的问题，强调了以下几个方面的法律规定的精神：婚姻自由政策、保障革命军人的婚姻以及干部离婚的处理原则等。

3. **答案**：革命根据地的继承制度，是在废除封建宗法制度的基础上形成的。以《陕甘宁边区继承处理暂行办法》为代表的各人民民主政权制定的继承法规，体现了这一时期继承立法的共同的基本原则：

（1）坚持男女平等的原则。自中国共产党成立以来，就为争取女子继承权而奋斗。各个时期都提出了一些保护措施，并在部分地区开始实施，但由于旧习惯根深蒂固，思想阻力仍然很大。

（2）坚持养老育幼、团结互助的原则。特别是对于丧失劳动能力的老年人和未成年人的正当权益都有必要照顾。在处理继承问题时，应提倡互谅互让、和睦团结的风尚，并以调解协商方式予以合理解决。

（3）权利与义务相一致的原则。在确定继承范围、顺序、份额大小时，既考虑婚姻血缘关系，也应考虑到互相抚养的权利义务关系。上述基本原则为中华人民共和国成立后的继承立法所吸取，并得到相应的发展。

4. **答案**：《中国土地法大纲》是中国共产党于1947年10月10日公布的指导解放区土地政策的基本法律文件。

根据其规定：（1）实行耕者有其田。废除一切地主的土地所有权，废除一切庙宇、学校、机关、祠堂等的土地所有权，废除一切乡村中在土地制度改革以前的债务，并接收地主的牲畜、农具、房屋、粮食及其财产，征收富农的上述财产的多余部分。

（2）确定土地财产的分配办法。土地按乡村全部人口，实行平分原则。在土地数量上抽多补少，质量上抽肥补瘦。政府发放土地证，允许土地所有人自由经营、买卖及在特定情况下出租土地。

（3）确定土改机关。确定改革土地制度的合法执行机关为乡村农民大会及其选出的委员会、贫农团大会及其选出的委员会和区、县、省农民代表大会及其选出的委员会。这个大纲的制定和颁布，提高了农民的经济和社会地位，调动了农民的劳动积极性，使中国共产党民主革命原则和目的通过土地立法的方式得以具体体现；同时，也为新中国的土地制度改革提供了宝贵的经验。

5. **答案**：革命根据地的劳动立法可以分为三个

部分。

（1）工农民主政权时期。其劳动立法的典型代表是《中华苏维埃共和国劳动法》，这是1931年11月中央苏区工农兵第一次代表大会通过的一部重要的劳动法律。该法共十二章七十五条，主要规定了有关集体合同、工时、工资福利、劳动保护、休假、社会保险以及劳资纠纷的解决等方面的制度，大大改善了苏区工人阶级的社会地位和生活状况。

（2）抗日战争时期。1941年后，各边区政府根据中共中央的有关指示精神，陆续制定了劳动保护条例或保护农村雇工的决定。其中具有代表性者，应属《晋冀鲁豫边区劳工保护暂行条例》。该条例经晋冀鲁豫边区临时参议会通过，1941年11月由边区政府公布实施，并于1942年、1944年多次修正公布。共七章四十五条，各章分别规定的是总则、工资、作息时间、劳动保护、劳动合同、职工会、附则。

（3）解放战争时期。为了全面贯彻新民主主义国民经济和劳动立法的"发展生产、繁荣经济、公私兼顾、劳资两利"的指导方针，1948年8月中央在哈尔滨召开了第六次全国劳动大会，通过了《关于中国职工运动当前任务的决议》和《中华总工会章程》。其基本内容是：确定解放区职工运动的任务；实行适合战时经济条件的劳动福利政策；确立劳动契约与劳动争议处理的原则；决定恢复中华全国总工会等。各解放区人民政府根据全国劳动大会的决议精神，先后制定了许多单行的劳动法规。

6. **答案：**《中华苏维埃共和国土地法》是1931年12月1日由中华工农兵苏维埃第一次全国代表大会通过的重要的土地立法。它的基本内容是：

第一，确定没收土地财产的对象和范围。该法规定"所有封建地主、豪绅、军阀、官僚以及其他大私有主的土地，无论自己经营或出租，一概无代价地实行没收"。"中国富农性质兼地主或高利贷者，对于他们的土地也应该没收"。"没收一切反革命的组织者或白军武装队伍的组织者和参加反革命者的财产和土地"。

第二，规定了土地财产的分配办法。被没收的土地，应选择最有利于贫农和中农利益的方法，或按劳动力与人口多寡进行分配。红军应分得的土地由苏维埃政府代为耕种。

第三，规定了"现在仍不禁止土地的出租与土地的买卖，苏维埃政府应严禁富农投机与地主买回原有土地"。

苏区的土地立法的伟大成就和历史意义：第一，在苏区彻底消灭了地主豪绅的政治统治和封建土地剥削制度，实现了"耕者有其田"的理想，从而提高了农民群众的生产热情，初步改善了农民的生活状况。第二，通过土地革命，极大地提高了农民群众的革命积极性，农民群众踊跃参加红军，支援前线，进一步巩固了无产阶级的领导权，加强了工农联盟，成为建设革命根据地的力量源泉。第三，为土地革命和土地立法积累了丰富的斗争经验与教训，从而保证以后的土地改革不走或少走弯路。

7. **答案：**马锡五采取巡回审判方式，依靠群众深入进行调查研究，运用审判与调解相结合的方法，纠正了一审判决中的若干错案，及时审结了一些缠讼多年的疑难案件，减轻了人民的讼累，因而被群众称作"马青天"，边区政府称之为"马锡五审判方式"。

这种审判方式是在当时的司法理念、制度和经验的基础上，总结、提炼和发展出来的较系统的民事诉讼模式。我们可以用以下四个特点归结马锡五审判方式：

（1）法官全面调查证据，发现案件事实真相；

（2）发动和依靠群众，调解为主，司法干部与群众共同断案；

（3）坚持原则，依法办事，廉洁公正；

（4）实行巡回审理、田头开庭等简便利民的诉讼程序。

其中许多具体原则和做法以后被直接运用于新中国的民事诉讼制度。

马锡五审判方式包括三个有机联系的步骤：查明案件事实、听取群众意见形成解决方案、说服当事人接受。

论述题

1. 答案： 革命根据地的法制建设是在中国共产党的领导下，在新民主主义革命时期，对人民实行民主，对敌人实行专政的法律史，又称作"新民主主义法制"。革命根据地法制建设的基本特征和立法指导思想是：

（1）以马列主义、毛泽东思想为指针，在中国共产党领导下进行。这是确保革命法制建设胜利发展的根本保证。

（2）反映无产阶级领导的、以工农联盟为基础的人民大众的根本利益和要求。革命根据地新民主主义法律的实质和内容，是以确保广大人民群众的根本利益和要求为己任，因此具有鲜明的人民性和革命性。

（3）以彻底反对帝国主义和封建主义为根本任务，对国内外的敌人坚决实行专政。革命根据地的法律制度，就是在总结实践经验的基础上，将反帝反封建的革命纲领和方针政策，加以具体化、条文化、制度化。最突出的特点是对国内外敌人和一切反革命分子，坚决实行专政，这是人民胜利的护身法宝和传家法宝。

（4）革命根据地法制建设始终贯彻人民民主的原则，即在为了群众、相信群众并依靠群众的思想指导下，发动人民亲自登上历史舞台，掌握政权，制定法律，执行法律，行使广泛的民主权利，建立了以人民代表大会制度为核心的新型政治制度，成立了人民的司法机关，实行便利人民的诉讼制度。这一切都是以民主集中制和贯彻群众路线作为根本指导方针的。

2. 答案：（1）革命根据地的人民司法机关，萌芽于第一次国内革命战争时期的国内运动中。中华苏维埃共和国成立后，建立了比较正规的司法组织体系：中央设代行最高法院职权的中央临时最高法庭；省、县、区则设受上级司法机关和同级政府主席团双重领导的裁判部；在红军中设初级和高级军事裁判所；检察机关附设于审判机关内，采取审检合一制；司法行政在中央采取"分立制"，即由最高临时法庭专管审判工作，在人民委员会下设立司法人民委员部专管司法行政工作，在地方采取"合一制"，即由各级裁判部兼司法行政工作。

抗战时期，各抗日民主政权司法机关的设置大同小异，一般都设立受边区参议会和边区政府委员会领导和监督的高等法院、作为独立审级的高等法院分庭、基层司法机关县司法处和地方法院。检察机关附设于法院内，实行审检合一制，但实际上多由各级行政首长或公安人员代行其职权。

解放战争时期，根据实际斗争的需要，先后成立了几种司法机关：土地改革中的人民法庭、军事管制时期的军事法院、各级人民法院以及司法行政机关。这些司法机关的建立，为中华人民共和国成立以后系统地建立各级人民法院奠定了基础。

（2）在革命根据地多年来的司法实践中，逐步形成了以下主要审判原则和诉讼制度：①逮捕审讯人犯只能由公安和司法机关依法进行，但这在战争的环境下往往难以做到。②废止肉刑，严禁刑讯逼供，实行重证据不轻信口供的原则。③实行审判会议制度和人民陪审员制度。其中，人民陪审制度有较大的发展。④实行审判人员的回避制度。包括陪审员在内的审判人员，可自行回避，当事人也有权向法庭申请回避。⑤实行公开审判的原则，但有关国家秘密或有伤风化的案件，一般不公开审判。⑥实行刑事辩护和民事代理制度。⑦上诉原则与审级制度。革命根据地基本上实行的是两审终审制，在敌后抗日根据地（如1942—1944年的陕甘宁边区）也有实行三审制的。⑧实行案件复核制度，包括死刑复核和有期徒刑复核，这在当时历史条件下，是实行审判监督、保证办案质量的有效办法。

3. 答案：《陕甘宁边区施政纲领》是以反对日本帝国主义，保护抗日人民，调节各阶级利益，改良工农生活和镇压汉奸、反动派为基本出发点，经中共中央政治局批准，于1942年11月陕甘宁边区参议会通过施行的宪法性文献。该纲领共二十一条，主要内容是：

（1）规定了边区政府的基本任务和奋斗

目标，即团结边区内部各社会阶级、各抗日党派，发挥一切人力、物力、财力、智力，为保卫边区、保卫西北、保卫中国、驱逐日本帝国主义而战。

（2）规定了抗日民主专政的政权性质，即是民族统一战线的，是一切赞成抗日又赞成民主的政权，也是几个革命阶级联合起来对于汉奸和反动派的民主专政。

（3）规定实行参议会制度和"三三制"政策。参议会制度是我国人民代表大会制度在抗战时期特定历史条件下变通的政权组织形式。边区各级参议会为边区各级之人民代表机关，由其选举产生同级政府委员会。"三三制"政策则是在民主政权组成人员的分配上，共产党员（代表无产阶级和贫民）、非党的左派进步分子（代表农民和小资产阶级）、中间分子（代表民族资产阶级和开明绅士）各占三分之一。这种政策的实行，对于纠正"左"倾关门主义，发挥党外人士参政议政的积极性，推动抗战的胜利，具有重要作用。

（4）规定了抗日人民的各项自由权利。如保证一切抗日人民的言论、出版、集会、结社、居住、信仰、迁徙之自由权，除司法系统及公安机关依法执行其职务外，任何机关、部队、团体不得对任何人加以逮捕审问或处罚，而人民则有无论用何种方式，控告任何公务人员非法行为之权利。

（5）规定了抗日民主政权的各项方针政策，包括实行减租减息的土地政策、调节劳资关系的劳动政策、实行男女平等的婚姻政策、发展工农业生产的经济和税收政策以及文教卫生、民族、侨务、外事方面的政策等。

4. 答案：新民主主义时期的土地立法可以分为以下三个阶段：

（1）工农民主政权时期的土地立法及其意义

苏区的土地立法，大体上经历了以下发展过程：

①前期，以1928年12月《井冈山土地法》为代表。由于缺乏经验，这个土地法有几个错误：没收一切土地而不是只没收地主土地；土地所有权属政府而不是属农民，农民只有使用权；禁止土地买卖。

②中期，以1929年4月《兴国土地法》为代表。内容有一点重要的变更，就是把"没收一切土地"改为"没收一切公共土地及地主阶级的土地"，这是一个原则的改正。

③后期，以1931年11月《中华苏维埃共和国土地法》为代表。该法规定了没收土地财产的对象和范围以及土地财产的分配办法，原则上确定农民的土地私有权，但是也存在"地主不分田，富农分坏田"的错误政策。红军长征到达陕北后，土地革命进入一个新的阶段。中共中央于1935年12月发布《关于改变富农策略的决定》，1936年7月又发布了《关于土地政策的指示》，纠正了"左"倾错误，使土地立法进入健康发展阶段。

（2）苏区的土地立法的历史意义

①在苏区彻底消灭了地主豪绅的政治统治和封建土地剥削制度，实现了"耕者有其田"的理想，从而提高了农民的生产热情，初步改善了农民的生活状况。

②通过土地革命极大地提高了农民群众的革命积极性，踊跃参加红军，支援前线，进一步巩固了无产阶级的领导权，加强了工农联盟，成为建设根据地发展革命战争的力量源泉。

③为土地革命和土地立法积累了丰富的斗争经验，从而保证了以后的土地改革不走或少走弯路。

（3）抗日战争时期的土地立法及其意义

抗日战争时期，依照抗日民族统一战线的总方针，陕甘宁边区自1937年3月起即停止没收地主的土地，而以减租减息作为抗战时期解决农民问题的基本政策。

①1944年12月，边区第二届参议会第二次会议通过了《陕甘宁边区地权条例》，其要点是：a. 在土地已经分配的区域，土地为一切依法分得土地人所有；在土地未经分配区域，土地仍为原合法所有人所有。b. 规定了公有土地的详细范围。c. 凡留居边区没有土地耕种的退伍抗日军人和抗属等，得呈

请政府领取公地或公荒。d. 合法土地所有人不在当地时，土地可以由他人或者政府代管。e. 规定政府得在一定条件下租用、征用或以其他土地交换人民或团体所有的土地。

②抗日战争时期的土地立法的重大意义。a. 减轻了农村的封建剥削，改善了农民的生活和经济地位。抗日民主政权实施减租减息的土地法规后，农村的封建剥削被削弱了。土地由集中在地主、富农手中逐渐分散到贫农、中农手里的趋势。b. 激发了农民的生产热情，促进了根据地经济的发展减租减息的实施，调整了农村的阶级关系，不仅有利于团结地主抗日，而且对根据地经济的发展也是有益的。c. 提高了农民的政治觉悟，激发了群众的抗日积极性农民经济地位和生活的改善，调动了农民的抗日积极性，广大农民踊跃加入民兵队伍并参战、参军。农民如此踊跃参军，保证了抗日军队的不断发展，有力地支援了长期抗战。

(4) 解放战争时期的土地立法及其意义

①抗日战争胜利后，为了满足农民的土地要求，于1946年5月4日发布了《关于土地问题的指示》，决定由减租减息政策转变为没收地主土地分配给农民的政策。②1947年制定了《中国土地法大纲》。主要有以下规定：a. 实行耕者有其田确定"废除封建性及半封建性剥削的土地制度，实行耕者有其田的土地制度"。b. 确定土地财产的分配办法，即以乡或行政村为单位，按乡村人口，不分男女老幼，统一平均分配。承认其土地所有权，由政府发给土地所有证。地主及其家属也分给与农民同样的土地和财产。c. 确定土改机关。确定改革土地制度的合法执行机关为乡村农民大会及其选出的委员会、贫农团大会及其选出的委员会和区、县、省农民代表大会及其选出的委员会。③解放战争时期的土地立法的重大意义：a. 使得农民分到了土地，提高了农民的经济地位与社会地位。b. 极大调动了农民的积极性，为解放战争的胜利打下了坚实的基础。c. 为新中国成立之后的土地改革打下了坚实的基础。

案例分析题

答案：材料中提到的"衙前调解组织"是我国的人民调解组织。人民调解制度是中国共产党领导人民在革命根据地创建的依靠群众解决民间纠纷实行群众自治的一种组织制度，是人民民主政权司法制度的重要组成部分，是人民司法工作的必要补充和得力助手，是在我国民间排难解纷的历史传统的基础上，加以创造而形成的一种具有中国特色的重要制度。

人民调解制度发端于第一次国内革命战争时期的工农运动中，在第二次国内革命战争的革命根据地时期被以法律形式规定于政府组织法中。

我国人民调解制度的调解范围，主要是一般民事纠纷，轻微刑事案件也可以调解。重大刑事案件或社会危害较大的刑事案件，必须交司法机关依照法律审理，不得调解。

调解的形式主要有四种，民间自行调解、群众团体调解、基层政府调解、司法机关调解。

调解的原则主要有三项。第一，自愿原则。调解必须建立在双方当事人自愿的基础上。第二，合法原则。调解必须依法进行，不得违背法律。第三，调解不是纠纷解决的必经程序，任何人不愿调解可径行向法院起诉。

综合测试题一

单项选择题

1. **答案**：B。《墨子》记载："昔者傅说居北海之洲，圜土之上。"
2. **答案**：D。"五听"是指"辞听、色听、气听、耳听、目听"，即通过观察当事人的言语表达、面部表情、呼吸、是否能集中注意听问、眼神是否游移躲闪，确定当事人陈述真伪的五种方式。
3. **答案**：D。《法经》是战国时期魏国李悝所作，分为《盗法》《贼法》《网法》《捕法》《杂法》《具法》。其中《具法》是关于定罪量刑中从轻从重法律原则的规定，相当于近代刑法典中的总则部分。《盗法》《贼法》是关于惩罚危害国家安全、危害他人及侵犯财产的法律规定，此两篇被列为法典之首。《网法》又称《囚法》，是关于囚禁和审判罪犯的法律规定；《捕法》是关于追捕盗贼及其他犯罪者的法律规定；《网法》《捕法》二篇多属于诉讼法的范围。《杂法》是关于"盗贼"以外的其他犯罪与刑罚的规定。
4. **答案**：A。秦律依据案件的性质及所涉及当事人范围，区分"公室告"和"非公室告"两种情形。根据《法律答问》，"贼杀伤、盗他人"属于"公室告"。
5. **答案**：B。四选项均为出土自云梦睡虎地秦墓的与法律相关的竹简。称为云梦秦简或睡虎地秦墓竹简。A、D两项不选，《秦律杂抄》、《秦律十八种》均是对秦律的摘抄。性质类似今天的实体法。B项应选，《封诊式》是关于司法机关审理案件的原则、治狱程式、调查勘验等方面的法律规定，同时也包括一些具体的案例。C项不选，《法律答问》主要是对秦律的某些条文、术语与立法意图以问答形式进行具有法律效力的解释，包括对诉讼程序中的一些具体问题进行解释和说明。
6. **答案**：A。A项当选。少府为财政机关，御史台为检察机关，尚书省为中央行政机关，均不当选。
7. **答案**：C。"六杀"包含谋杀、故杀、斗杀、戏杀、误杀、过失杀。
8. **答案**：B。《宋刑统》在内容上基本沿袭《唐律疏议》，在体例上的"分门类编"沿袭自《大中刑统》《大周刑统》（《显德刑统》）。
9. **答案**：B。尽管"结党营私"在传统中国颇含贬义，但直到明朝方才专门在律中规定"奸党"罪名。
10. **答案**：B。清朝法定死刑有绞、斩二等，执行中又分为立决和监候两类，具体有绞立决、斩立决、绞监候、斩监候四种。

多项选择题

1. **答案**：AB。《礼记》记载："殷人尊神，率民以事神，先鬼而后礼，先罚而后赏，尊而不亲。"
2. **答案**：ABC。"七出"是西周时期解除婚姻的制度，又称"七去"，即不顺父母，去；无子，去；淫，去；妒，去；恶疾，去；多言，去；盗窃，去。女子若有上述情形之一的，丈夫或公婆即可休弃之。
3. **答案**：ABE。东汉时百官朝会，一般接席而坐，唯有尚书令、御史中丞、司隶校尉有单独座位，故称三独坐。
4. **答案**：ABCD。八议、官当体现对官僚贵族的特殊保护，反映"尊尊"，服制制度则是对传统伦理秩序的保护，反映"亲亲"，重罪十条则两者兼有。四选项均当选。
5. **答案**：BC。《唐律疏议》体现了"礼法合一"，是中华法系形成的标志，故BC项正确。《唐律疏议》在《武德律》之后，由张斐、杜预完成法律注释的是《晋律》而非《唐律》，故AD项错误。

6. **答案**：ABCD。《问刑条例》是明代法律。
7. **答案**：ABC。D项不选。刺配，是宋代刑罚。明代的刺字主要是盗罪等少数犯罪的附加刑罚，与宋代的刺配存在区别。
8. **答案**：ACD。省提刑按察司为第三审级。职责是对府、直隶州、直隶厅上报的刑案进行复审。
9. **答案**：ABCD。清末变法修律的主要特点：(1)在立法指导思想上，清末修律自始至终贯穿着"仿效外国资本主义法律形式，固守中国封建法制传统"的原则。(2)在立法内容上，清末修律表现出封建专制主义传统与西方资本主义法学最新成果的奇怪混合：一方面，坚行君主专制体制和封建伦理纲常"不可率行改变"；另一方面，标榜"吸引世界大同各国之良规，兼采近世最新之学说"。(3)在法典编纂形式上，清末修律改变了传统的"诸法合体"形式，明确了实体法之间、实体法与程序法之间的差别，形成了近代法律体系的雏形。(4)它是统治者为维护其摇摇欲坠的反动统治，在保持君主专制政体的前提下进行的，因而既不能反映人民群众的要求和愿望，也没有真正的民主形式。

清末变法修律的主要影响：(1)清末修律标志着延续了几千年的中华法系开始解体。(2)清末变法修律为中国法律的近代化奠定了初步基础。(3)清末变法修律是中国历史上第一次全面系统地向国内介绍和传播西方法律学说和资本主义法律制度，使得近现代法律知识在中国得到一定程度的普及，促进了部分中国人的法治观念的形成。(4)清末变法修律在客观上有助于推动中国资本主义经济的发展和教育制度的近代化。

由上可知，ABCD均表述正确。

10. **答案**：ABC。《中华苏维埃共和国宪法大纲》确定了公民各项权利，包括平等自由权、参政议政权、参军参战权、经济发展权、劳动权、受教育权、妇女解放与婚姻自由权、民族自治权和信教自由权等多项民主权利。所谓迁徙自由，是指公民可以依照自己的意志选择居住和工作处，在本国迁徙，是现代社会公民的一项基本权利，这并未见于《中华苏维埃共和国宪法大纲》。

名词解释

1. **答案**：夏代为有效地镇压反抗奴隶主国家统治与扰乱社会秩序的犯罪，承袭并发展了舜禹时代习惯处罚方式，从而逐步确立了奴隶制五刑制度。它是奴隶制社会时期五种刑罚的总称即墨、劓、剕、宫、大辟。据《左传》引《夏书》说："昏、墨、贼、杀，皋陶之刑也。"

2. **答案**："五听"是古代中国法官审理案件辨别当事人陈述真伪的重要方式，确立于西周。要求法官通过对原告和被告察言观色，通过五种具体方式审理清楚案情，然后进行公正的判决。听即判断。五听是：辞听，看当事人是否言语错乱，前后矛盾；色听，看当事人是否因说谎而脸红；气听，看当事人是否喘息加重；耳听，看当事人是否注意力不集中，听不清法官的话；目听，看当事人是否两眼慌乱无神，躲避游移。"五听"反映西周的司法已经有了心理学的经验积累，但强调法官的主观判断，也容易产生冤假错案。

3. **答案**："城旦舂"是秦代的一项关于剥夺犯罪人人身自由，强制其参加劳役的刑罚制度。具体要求是男犯筑城，女犯舂米，但实际从事的劳役并不限于男犯筑城，女犯舂米。

4. **答案**："春秋决狱"是西汉中期儒家代表人物董仲舒提出来的，是一种审判案件的判断方式，主要用儒家经义来对犯罪事实进行分析、定罪。即除用法律外，可以用《易》《诗》《书》《礼》《乐》《春秋》六经中的思想来作为判决案件的依据。主张原心定罪，除了考虑客观的犯罪行为以外，也重点关注犯罪者的主观动机。

5. **答案**：唐律"十恶"是危及封建皇权和封建国家的十种重罪的总称。谋叛是"十恶"之一，指"背国从伪"的犯罪，即图谋背叛朝廷，投奔"藩国"或投奔国内与朝廷敌对的政权。《唐律·名例律》的"十恶"把"谋叛"列为重罪严厉处罚，充分表明唐代统治者对危害皇权与封建国家的政治性犯罪所采取的态度。

6. **答案**：翻异，指的是犯人推翻原来的口供；别勘，又称别推、别鞫、移推，指改换审判官重新审理。翻异别勘制就是犯人推翻原口供，是应该重审的制度。宋代，当犯人不服判决临刑称冤，或家属代为申冤时，则改由另一个司法机关重审或监司另派官员复审。

简答题

1. **答案**："礼不下庶人，刑不上大夫"是中国古代的一项重要法律原则。"礼"与"刑"两种法律规范适用的对象不同，部分贵族之礼不适用于平民，而贵族则可以免受部分刑罚的处罚。这一法律原则强调的是庶人与贵族官僚之间在法律适用上的等级差异。但这种区别并不是绝对的，实际上，"礼不下庶人"并不是说礼对庶人没有约束力，而是强调"礼"是有等级、差别的。天子有天子的礼，诸侯有诸侯的礼，庶人有庶人的礼，不同等级之间，不能僭越，任何悖礼、僭越的行为都会受到惩处。"刑不上大夫"也并不是说对大夫以上的贵族绝对不会适用刑罚。在实际政治中，大夫以上的贵族，如果实施谋反、篡逆等严重的政治性犯罪，同样会招致法律的严厉处罚，不过，在一些非政治性领域，"贵族官僚"犯罪往往会得到许多的特权。

2. **答案**：文景时期的刑罚改革的背景和起因。汉初在黄老思想的指导下，朝廷有宽省刑罚的主张，而承袭自秦法的严苛肉刑，不仅断绝了犯罪者的自新之路，也严重破坏了社会生产力。汉文帝时期，齐太仓令淳于意犯罪，于法应受肉刑。其女缇萦随刑车至长安，上书汉文帝，愿意将自己没入官府为奴婢，以赎其父当受肉刑。汉文帝感念其孝诚，遂下诏改革肉刑。此事即肉刑改革的直接动机。

  肉刑改革的内容。（1）汉文帝十三年（公元前167年），下诏废除肉刑，规定：当完者，完为城旦舂；当黥者，髡钳为城旦舂；当劓者，笞三百；当斩左趾者，笞五百；当斩右趾者，弃市。

  （2）景帝即位元年（公元前156年）至中元六年（公元前144年）曾两次下诏减少笞数，第一次是笞五百减为三百，笞三百减为二百。第二次是笞三百减为二百，笞二百减为一百，而且规定了刑具规格、受刑部位以及施行时中途不得换人。改革之后，除死刑外，还有笞刑，而宫刑未改。

  影响和评价。对汉初文帝"除肉刑"之举，后世多有评说，大多认为是出于"怜悲"缇萦，体现了文帝的"德政"。然而，从封建制度确立到汉初，已经历了三百多年，地主阶级在其统治实践中逐步认识到，既要使犯罪者受到惩罚，又能使其保存劳动能力，是更为有利的。这一刑制的改革，在中国法制史上意义重大，它是中国古代刑制由野蛮阶段进入较为文明阶段的转折点。这一改革，更加适应了封建经济基础需要，同时为封建刑制向新"五刑"的过渡奠定了基础。不过，这一改革也存在令人诟病之处，导致刑罚体系内部轻重失衡，故班固对此曾有"外有轻刑之名，内实杀人"的批评。

3. **答案**：化外人相犯是处理化外人犯罪的法律原则。唐宋律是同类相犯各依本俗法，即化外人与化外人相犯者各依本国法律；异类相犯者以法律论，即化外人与化内人相犯者以中国法律论。至明清律，则化外人犯罪悉依律断罪，即不论是化外人与化外人相犯，还是化外人与化内人相犯，均以中国法律论。

4. **答案**：《大清新刑律》以"中外通行，有裨治理"为指导思想，与封建旧律相比较，具有比较浓厚的资本主义色彩。其主要特点是：（1）体例上打破了几千年来诸法合体的传统法典形式，成为中国历史上第一部专门刑法典。（2）采用西方近代刑罚体系，将刑罚分为主刑和从刑。（3）引进西方近代刑法原则、制度和术语。（4）废除、新增、调整一系列罪名。

论述题

答案：人民调解制度，最早发端于第一次国内革命战争时期的工农运动中，在第二次国内革命战争时期的革命根据地，以法律形式规定在政府组织法规中。

  1937年到1940年，各抗日根据地民主政府广泛推行调解工作，积累了丰富的实践经验，为调解工作的制度化和法律化提供了有利条件和实际可能。从1941年起，各抗日根据地民主政府相继颁布了适用本地区的有关调解工作的单行条例和专门指示，其中主要有：《山东省调解委员会暂行组织条例》《晋西北村调解暂行办法》《晋察冀边区行政村调解工作条例》《陕甘宁边区民刑事件调解条例》《苏中区人民纠纷调解暂行办法》等。这些规定使得人民调解制度法律化、制度化。

人民调解制度是中国共产党领导人民在革命根据地创建的依靠群众解决民间纠纷、实行群众自治的一种组织制度，它是人民司法工作的必要补充和得力助手，是在我国民间排难解纷的历史传统的基础上，加以改造而形成的一种具有中国特色的重要制度。其内容主要有：

（1）调解组织多样化。如果说政府调解是第二次国内革命战争时期见诸法律文献的主要调解形式，到了抗日战争时期，情况就发生了重大变化。各地抗日民主政府的法律确定和认可的调解工作组织形式发展到以下四种：

①民间自行调解。民间自行调解就是人民群众自己动手解决自己的纠纷，无固定组织形式。在陕甘宁边区，调解"由双方当事人各自邀请地邻亲友，现场评议曲直，就事件之轻重利害提出调解方案，劝导双方息争"。这种以双方当事人自愿为原则，经由双方所信赖的、在群众中享有威望的人物所进行的调解，在晋冀鲁边区也曾广泛采用，取得了良好的效果。

②群众团体调解。群众团体调解是依靠群众组织解决群众之间的纠纷。至于群众团体调解的组织形式，各抗日根据地的情况不尽相同。在陕甘宁边区，各群众团体设有专门的调解委员会，而在晋冀鲁边区的太岳区，工农青妇各群众团体以及冬学、互助组直接履行调解的职能，不另设调解委员会。因此，群众团体调解就其组织形式而言，又可分为设有专门调解机构（调解委员会）的调解和不设专门调解机构的调解两种形式。

③政府调解。政府调解就是在基层政权主持下对民间纠纷进行的调解。它在各抗日根据地的实际运用中基本采取两种形式，一是不设专门调解机构，由基层政府直接调解。调解时，基层政府可以邀请群众代表和地方公正人士予以协助。多数抗日根据地采取的是另一种形式的政府调解，即在基层政府内设置负责调解的专门机构——调解委员会或民政委员会，由他们接受来自群众的调解申请，实地进行民间纠纷的调解工作。这种形式的调解，实际上带有民间调解的性质。

④法院调解。法院调解属诉讼内调解，是当时重要的调解形式，分法庭调解和庭外调解，无论前者还是后者都与上述三种形式的调解在性质上有所不同，它们是审判机关处理案件的方式。经法院调解达成的协议，对双方当事人具有同等的约束力。

（2）调解范围。凡因债务、物权、婚姻、继承等而发生的一般民事纠纷和轻微的刑事案件，都可进行调解，但法律另有规定的除外。

（3）调解工作"三原则"。人民调解的三项基本原则，即调解必须出自双方当事人的自愿（自愿原则）、调解必须以人民政府的法令和善良习俗为依据（合法原则）以及调解不是诉讼的必经程序（保护当事人诉讼权利原则），是除法院调解外，任何其他形式的调解都必须遵循的原则。这些原则是相互联系的，是以调解工作的实践经验为基础，在抗日战争时期逐步形成的。调解工作三项基本原则的确立，是人民调解制度形成的主要标志。

解放战争后期，人民调解制度已推广到全国广大解放区，为适应新形势发展的需要，华北人民政府于1949年2月25日发布了《关于调解民间纠纷的决定》，这是新民主主义革命时期人民调解制度日趋统一和完善的重要标志。该决定针对当时各地在推行调解工作中存在的主要问题，强调调解的重要作用，具体规定了调解的组织、调解的范围以及调解工作必须遵守的原则。

综合测试题二

✓ 单项选择题

1. **答案**：C。与习惯法相对的是成文法，故本题实际考查成文法公布的时期，成文法之公布一般认为在春秋时期，故在此之前的西周为习惯法的鼎盛时期。

2. **答案**：C。西周实行一夫一妻多妾制的婚姻制度，即无论是贵族还是平民，正妻只能有一个，奴隶主贵族可以在妻之外拥有数目不等的妾，平民也可以有多个妾。

3. **答案**：B。当时宫刑被视为贷死之刑，汉武帝时的司马迁即曾受宫刑。

4. **答案**：A。《北齐律》将魏晋律首创的"刑名""法例"两篇合为一篇，正式确立"名例律"的总则篇目，使法典结构及篇章内容更加规范。

5. **答案**：A。A项应选，此为类推原则的适用。唐律中规定当处理某一件案件而没有明确的法律规定时，可以适用类推原则，题干所言来自《唐律·名例律》的规定："诸断罪而无正条，其应出罪者，则举重以明轻；其应入罪者，则举轻以明重"，"出罪"是指减轻或免除处罚，"入罪"是指确定有罪或加重刑罚，对那些应当减轻或免除的犯罪，举出重罪条款，以比照从轻处断，这就是所谓"举重以明轻"；对那些应当加重处罚的犯罪，则列举轻罪处罚的规定，比照从重处断，这就是所谓"举轻以明重"。

6. **答案**：B。耐刑是剃去犯人胡须的惩罚，在秦律中适用范围很广，可与劳役刑复合使用。

7. **答案**：B。清朝的秋审等会审是在明朝会审制度的基础上发展而来的。

8. **答案**：B。清朝法定死刑有绞、斩二等，执行中又分为立决和监候两类，具体有绞立决、斩立决、绞监候、斩监候四种。

9. **答案**：C。谘议局与资政院分别为地方和中央的咨询机构，具有一定的议会性质，并非正式的议会，《中华民国临时约法》上的参议院有立法权，是正式的议会。

10. **答案**：C。四选项颁布时间分别为1946年、1941年、1931年和1954年。

✓ 多项选择题

1. **答案**：ABC。ABCD。《大清民律草案》的身份法部分，既采用新的立法体系，又充分考虑到中国固有的礼教民情风俗，希望能维持天理民彝。规定家长以一家中最尊长者为之，家政统于家长，亲等制度采寺院计算法，以与原有的服制图亲等接近。

2. **答案**：AD。AD两项应选，周礼的基本原则，可归纳为"亲亲"与"尊尊"两个方面。"亲亲"，即要求在家族范围内，各成员举止言谈应符合自己的身份。父对子要慈，子对父要孝，兄对弟要友，弟对兄要恭，夫对妻要和，妻对夫要柔，不能以下凌上，以疏压亲等，而且，"亲亲父为首"，全体亲族成员都应以父为中心。

   "尊尊"，即要在社会范围内，各社会成员之间要尊重比自己地位高的人，君臣、上下、贵贱都应恪守本分，即在君臣之间，君对臣要仁，臣对君要忠，而且"尊尊君为首"，一切臣民都应以君主为中心。在"亲亲""尊尊"两大原则下，又形成了"忠""孝""义"等具体精神规范。

   BC两项不选，BC两项表述中的"以德配天，明德慎罚"是西周统治者所提出的政治观和治国方针，并被儒家发挥成"德主刑辅，礼刑并用"的基本策略，为以"礼法结合"为特征的中国传统法制奠定了理论基础。

3. **答案**：ACD。ACD三项应选，"赀刑"是秦律中对轻微罪适用的强制缴纳一定财物的经济刑，"赀刑"是一种独立的刑种，包括三种：一是单纯罚金性质的"赀甲、赀盾"；二是发往边地做戍卒的"赀戍"；三是罚服劳役的"赀徭"。CD两项均属赀刑。

B项不选，B项的"赎刑"是指以钱赎罪，也就是说，已被判刑的犯人通过缴纳一定金钱或服一定劳役的方法，来赎免其刑罚，赎刑不是独立刑种。秦代的赎刑适用的范围非常广泛，从"赎耐"到"赎死"，均可适用。

4. **答案**：CD。A项，在《法经》诞生之前，商周以来的法律无不维护君主等级制度，然而《法经》的历史意义在于其所维护的是封建君主等级制度，而旧的奴隶制君主等级制度。其历史意义要放在社会大变革的背景下认识。故A、B、E三项不选。

5. **答案**：AB。晋朝首次规定了品官占田荫户制和"准五服以制罪"的原则，故AB正确；北魏首次规定了存留养亲制度；《北齐律》首次规定了重罪十条，故CD错误。

6. **答案**：ABD。《唐律疏议》（《永徽律疏》）是唐高宗李治在位时期完成的，并非唐太宗在位时制定。《北齐律》首次确立了"重罪十条"制度，隋《开皇律》确定了"十恶"制度。《永徽律疏》的完成标志着中国古代立法达到了最高水平。

7. **答案**：ABCD。《问刑条例》是明代法律。

8. **答案**：ABC。皇帝亲军十二卫中的锦衣卫下设多个机构，处理不同事务。其中北镇抚司专理诏狱、刑侦、缉捕，有特务机关的性质。此外，由宦官掌控的东厂、西厂等机构也有类似权限，也是特务机关。

9. **答案**：ABD。清朝制定的适用于少数民族聚居区的专门法律包括《西宁番子治罪条例》《蒙古律》《回律》《番律》《苗律》《西藏禁约十二事》《番条款》等。C项，《钦定八旗则例》是清政府就所管辖的特定事项而制定的行政规则，适用于全国范围内的"八旗"满人。

10. **答案**：ABE。《中华民国临时约法》规定参议院的主要职权有议决一切法律案，议决临时政府预算、决算，制定全国币制和度量衡之准则。宣告戒严，代表全国接受外国之大使、公使的职权则归属于临时大总统。

名词解释

1. **答案**：九刑是西周时期成文刑书的总称，全书共分九篇。九刑基本沿袭商朝的五种制度（墨、劓、刖、宫、大辟共五刑），在此基础上又增加了赎、鞭、扑、流四种刑罚，称以上的九种刑罚为西周的九刑。

2. **答案**："出礼则入刑"反映的是西周时期"礼"与"刑"对立统一的关系。西周时期的"礼"与"刑"都是当时维护社会秩序、调整社会关系的重要社会规则，二者相辅相成、互为表里，共同构成了西周社会完整的法律体系。其中"礼"是积极主动的规范，是禁恶于未然的预防；"刑"是消极的处罚，是惩恶于已然的制裁。凡是"礼"所禁止的行为，以必然为"刑"所不容，即所谓"礼之所出，刑之所取，出礼则入刑"。"礼"与"刑"两者共同构成西周完整的法律体系。

3. **答案**：诬告反坐是秦代的定罪量刑的原则之一，即对于诬告他人者，以所告之罪罪之。按照《法律答问》，判断是否构成诬告需要区分故意和过失，只有故意陷害他人才构成诬告罪。若是出于过失则不算诬告，须依照"告不审"处理。但若诬告他人杀人，即使是由于过失，也要以诬告罪论处。

4. **答案**：指犯人直系尊亲属年老应侍而家无成丁，死罪非"十恶"，允许通过上请程序从宽处罚；流刑可免发遣，徒刑可缓期执行。将人犯留下以照料老人，老人去世后再实际执行。这是中国古代法律家族化、伦常化的具体体现。这一内容亦为后代法律所承袭。

5. **答案**：保辜是指对伤人罪的后果不是立即显露的，规定加害方在一定期限内对被害方伤情变化负责的一项特别制度。在限定的时间内受伤者死亡，伤人者承担杀人的刑责；限外死亡或者限内以他故死亡者，伤人者只承担伤人的刑事责任。

6. **答案**：最早提出这个原则的是孔子，他主张"父为子隐，子为父隐"。汉代儒家思想定为一尊之后，"亲亲得相首隐"便成为汉律中定罪量刑的一项原则。根据这一原则，卑幼首匿尊长，不负刑事责任；尊亲长首匿卑幼，除死罪上请减免外，其他也不负刑事责任。这一原则为后世封建法典所继承。

简答题

1. 答案：宗法制度是中国古代社会中存在的一种以血缘关系为纽带的家族组织与国家制度相结合，以保证血缘贵族世袭统治的政治形式。宗法制度的中心是掌握国家社会最高权力的周天子，天下的一切土地和臣民，都属于周天子所有。天子以下逐级分封诸侯、卿大夫、士，分别在自己的领地享有行政、司法、军事等方面的权力。这样层层分封，就形成了周天子、诸侯、卿大夫、士等相互间的支配和依赖的关系，形成了层层相依的等级结构，形成了以血缘关系为基础、以周天子为中心的家天下的宗法制度。宗法制度具体又包括三个方面的原则与制度：其一，从周天子到卿大夫、士，都实行嫡长子继承制；其二，小宗服从大宗，诸弟服从长兄；其三，各级诸侯王、卿大夫、士，即一种家族组织，又各自构成一级政权，共同向最高宗子——周天子负责。

从宏观上看，宗法制度构成了西周社会的基本结构。在宗法统治之下，家族组织与国家制度合二为一，家族观念、家庭家族间的伦理道德与国家的法律规范结合在一起，互为表里。

2. 答案：首先，从刑罚制度上看，隋《开皇律》删除了北周不少苛酷的刑罚内容，把死刑法定为绞、斩两种；改北周流刑五等为流刑三等，定为一千里、一千五百里、二千里；五等徒刑为徒一年、徒一年半、徒二年、徒二年半、徒三年五等；杖刑五等杖六十至杖一百；笞刑五等为笞十至笞五十。从客观上看，以绞、斩死刑替代以往残酷的生命刑，以笞、杖、徒、流刑替代以往野蛮的肉刑制度，无疑是历史上的进步。隋代五刑体系的出现，标志着封建刑罚制度趋于成熟，并直接影响到唐代。

其次，从刑律的内容上讲，《开皇律》吸收北齐"重罪十条"而加损益，正式定为"十恶"罪，隋变北齐"反逆""大逆""叛""降"为"谋反""谋大逆""谋叛"（吸收了欲谋投降的内容），扩大了打击范围。此外，增设"不睦"条，以便更好地维护封建宗法关系。唐后各代相继承袭。

最后，从官僚贵族特权法的角度来看，隋《开皇律》既承袭了魏、晋、南北朝的"八议""官当""听赎"制，又有所发展。首先，创设"例减"之制，即八议人员、七品以上官犯罪非"十恶"者，依例自然减刑一等。《开皇律》将官僚贵族特权法体系化，为违法犯罪的贵族官僚提供了更多的司法庇护。

综上可知，《开皇律》承袭北齐律的传统，对刑律体例加以调整，对法律内容作了重新修订。因此，在中国法制史上起到了承前启后的重要作用。

3. 答案："军政"时期结束后，进入了"训政"时期。1928年10月3日由国民党中央常务委员会通过的《训政纲领》，全文共六条要点有三：

（1）关于"政权"（即选举、罢免、创制、复决四项民权）的行使，规定在训政时期不成立全国国民大会，其职权由国民党全国代表大会代行，在国民党全国代表大会闭会期间，将"政权"托付给国民党中央执行委员会行使。

（2）关于"治权"（即立法、司法、行政、考试、监察五项政府权），规定在训政时期由国民政府"总揽而执行之"。

（3）关于"政权"与"治权"的关系，规定"指导监督国民政府重大国务之施行，由中国国民党中央执行委员会政治会议行之"。

该纲领宣称其总的宗旨是由国民党"训练国民使用政权"，而实际上，国民党不是在训练，而是在代替国民行使政权，国民党的中央政治会议凌驾于国民政府之上，一手包办各项国务事宜，从而为确立国民党的一党专政政权奠定了"理论"基础。

论述题

答案：唐律仍然体现了平民百姓与官僚贵族

地位的不平等。唐律对于贵族官僚的特权的保护体现在如下规定：

（1）"八议"。唐代沿袭曹魏以来的"八议"之制，对八类特权人物犯罪作了减免处罚的规定。"八议"一指"议亲"，即皇帝的亲戚；二指"议故"，指皇帝的故旧；三指"议贤"，即品行达到封建道德最高水准的人；四指"议能"，即有大才干的人；五指"议功"，即功勋卓著者；六指"议贵"，即封建大贵族大官僚；七指"议勤"，即勤于为封建国家服务的人；八指"议宾"，即前朝皇室后代被尊为国宾者。按照唐律规定，上述八类人犯罪，如是死罪，官吏必先奏明皇帝，并"议其所犯"，交皇帝裁处。按照通例，一般死罪可以降为流罪，流罪以下自然减刑一等。但犯有"十恶"罪的，不包括在此范围内。

（2）"请"。"请"的规格低于"议"，它主要适用于"皇太子妃大功以上亲""应议者期以上亲及孙""官爵五品以上，犯死罪者"。对这类人犯罪，官吏有权条陈其罪及应请的情状，如是死罪，则依律确定应斩或绞，奏明皇帝听候发落；流刑以下，自然减刑一等。"请"的限制条款比"议"多，除犯"十恶"外，"反逆缘坐，杀人，监守内奸、盗、略人，受财枉法者"，不适用"请"条。

（3）"减"。"减"的规格低于"请"，它适用于七品以上官，及应请者的亲属。如有犯罪，又在流罪以下，可以自然减刑一等。

（4）"赎"。"赎"的规格低于"减"，适用于九品以上官、七品以下官吏的亲属。上述人犯罪在流刑以下，听凭以铜赎罪。犯流刑以上罪的，不在减赎之列，为官的，要除名，配流依法照办。

（5）"官当"。指官吏犯罪可以官品抵当刑罪。按以官当徒原则，公罪比私罪抵当为多，官品高的比官品低的抵当为多。

（6）"免官"。指通过免官来抵当刑罪。凡免官者"免所居官者，比徒一年"。此外唐律还规定，免所居官者，一年后，降原级一等叙用；免官者，三年后，降原级二等叙用。

免官之外，唐代还规定"除名"，"除名"可以"比徒三年"，六年以后叙用。

唐代统治者通过"八议""请""减""赎""官当""免官"等方式。将贵族官僚的特权法律化，用于维护封建官僚体制，巩固专制统治的基础。清人薛允升说："（唐律）优礼臣下，可谓无微不至矣。"唐代贵族官僚的特权规定，较以前更加广泛、系统，从而反映了唐律的特权法性质，但必须指出，在封建君主专制条件下的唐代，任何贵族官僚的特权都只有相对的意义，并以不触犯皇权及地主阶级根本利益为限度，如犯有"十恶"之罪，则同样严惩不贷。

图书在版编目（CIP）数据

中国法制史配套测试 / 教学辅导中心组编. --2 版. --北京：中国法治出版社，2025.8.--（高校法学专业核心课程配套测试）. -- ISBN 978-7-5216-5285-7

Ⅰ.D929.04

中国国家版本馆 CIP 数据核字第 2025L6X300 号

责任编辑：白天园	封面设计：杨泽江　赵博

中国法制史配套测试
ZHONGGUO FAZHISHI PEITAO CESHI

组编/教学辅导中心
经销/新华书店
印刷/三河市紫恒印装有限公司

开本/787 毫米×1092 毫米　16 开	印张/ 15.25　字数/ 266 千
版次/2025 年 8 月第 2 版	2025 年 8 月第 1 次印刷

中国法治出版社出版

书号 ISBN 978-7-5216-5285-7	定价：39.00 元

北京市西城区西便门西里甲 16 号西便门办公区

邮政编码：100053	传真：010-63141600
网址：http://www.zgfzs.com	编辑部电话：010-63141792
市场营销部电话：010-63141612	印务部电话：010-63141606

（如有印装质量问题，请与本社印务部联系。）